隧道及地下工程理论与方法丛书

INNOVATIVE CONCEPTS IN
CONVENTIONAL
TUNNELLING

矿山法隧道工程修建理念的更新

王建宇 著

人民交通出版社股份有限公司
北京

内 容 提 要

本书基于作者在矿山法隧道工程修建中积累的经验和教训，以围岩稳定性和力学行为的控制、隧道结构设计模型、挤压性围岩大量级变形、地下水处治、衬砌结构形式的拓展等为主要内容，对矿山法隧道工程修建理念及其技术背景进行了论述，并就若干认识上的“模糊点”进行探讨。

本书可供隧道工程设计人员、施工人员、管理者以及相关专业研究生参考。

图书在版编目（CIP）数据

矿山法隧道工程修建理念的更新 / 王建宇著.

北京：人民交通出版社股份有限公司, 2025. 3.

ISBN 978-7-114-20142-4

Ⅰ. U45

中国国家版本馆CIP数据核字第202591WY63号

隧道及地下工程理论与方法丛书

Kuangshanfa Suidao Gongcheng Xiujian Linian de Gengxin

书　　名： 矿山法隧道工程修建理念的更新

著 作 者： 王建宇

责任编辑： 谢海龙

责任校对： 孙国靖　魏佳宁

责任印制： 张　凯

出版发行： 人民交通出版社股份有限公司

地　　址：（100011）北京市朝阳区安定门外外馆斜街3号

网　　址： http：//www.ccpcl.com.cn

销售电话：（010）85285857

总 经 销： 人民交通出版社股份有限公司发行部

经　　销： 各地新华书店

印　　刷： 北京建宏印刷有限公司

开　　本： 720 × 960　1/16

印　　张： 12.75

字　　数： 212千

版　　次： 2025年 3 月　第1版

印　　次： 2025年 3 月　第1次印刷

书　　号： ISBN 978-7-114-20142-4

定　　价： 95.00元

作者简介

ABOUT THE AUTHOR

王建宇 中铁西南科学研究院（原铁道科学研究院西南分院）研究员。1940年出生，1963年毕业于唐山铁道学院桥梁与隧道系，长期从事隧道及地下工程技术开发和科研工作。

1993年经国务院学位委员会批准为博士生导师，1995年获人事部“中青年有突出贡献专家”证书，是国家科学技术进步奖特等奖项目“大瑶山长大铁路隧道修建新技术”获奖人之一，1992年获茅以升铁道科学技术奖。曾任中国土木工程学会隧道及地下工程分会副理事长，中国岩土锚固协会副理事长，《现代隧道技术》主编。

业务专长：围岩稳定性分析和支护技术。

从事的技术开发和科研工作：

（1）推行和发展隧道工程锚杆—喷射混凝土技术。

（2）引进“新奥法”，革新软弱围岩隧道修建方法。

（3）隧道工程监测技术和信息化设计。

（4）高速铁路隧道空气动力学问题和设计参数研究。

（5）隧道防水技术和衬砌水压力荷载研究。

（6）隧道健康诊断和维护技术。

主要著作：

《地下工程锚喷支护原理和设计》（中国铁道出版社，1980）；

《隧道工程监测和信息化设计原理》（中国铁道出版社，1990）；

《隧道工程的技术进步》（中国铁道出版社，2004）。

INNOVATIVE CONCEPTS IN CONVENTIONAL TUNNELLING

前言

FOREWORD

隧道工程创新之树常青

在隧道工程界历来流行一种说法——“隧道工程是一门艺术”。与其说隧道工程是一种技术，不如说它是一门艺术，笔者理解这种说法的含意在于：隧道修建能力和水准的提升，不仅依靠相关技术的开发和进步，而且取决于工程理念的更新。

所谓“工程理念”，乃指对工程表象归纳和分析得出的藉以指导设计和施工决策的理性概念。

在隧道修建方法多元化发展的今天，“矿山法”依然是量大面广的一种主要修建方法。本书所称“矿山法”是指国际隧道协会（ITA）命名的“传统方法”（Conventional Method），其定义为“施工作业循环分为开挖、出渣和支护三个环节的隧道修建方法”。在这种方法中，工程理念的更新十分突出。本书的内容主要针对矿山法隧道工程。

在很长一段时期内，隧道修建的速度和修建长隧道的能力曾经是建设者们努力的目标。而今，面对可持续发展战略，一项隧道工程的“成功”，除了工期、材料消耗和造价达标，更在于**安全、优质、环保**。

安全——施工中成功地规避了（以围岩坍塌为主的）安全风险。

优质——围岩支护体系可靠耐久，隧道的适用性和服务品质达到既定水准。

环保——隧道修建对生态和人居环境的负面影响降至最低。

要想达到以上目标，除了技术的进步，还离不开正确、合理的工程理念。大量工程实例表明，隧道工程中困扰我们的一些难题不只是单靠技术能够解决的，先进的技术不一定能与工程的成功完成挂钩。举两个典型的例证：一是"强支硬顶"对付不了软弱围岩挤压型大变形；二是在高水头地下水面前，单纯的排导或封闭都不能得到良好的效果。

在隧道开挖前，岩体（地层）处于相对平衡状态，隧道工程的终极目的是在开发地下空间的同时，重建围岩新的稳定平衡，这有赖于合理地运用围岩支护手段，选择适当的工法，有效可靠地控制围岩力学行为。对于富含地下水的地层，还要求将隧道的修建对地层中地下水流场的扰动降至最小。隧道工程同自然生态和人居环境的保护及优化密切相关。工程建设和自然环境的协调和谐，应该成为隧道工程理念的基本内涵。

围绕围岩稳定和地下水处治这两个主题，隧道工程理念有一个显著的与时俱进的更新过程。

在"新奥法"理念尚未建立以前，隧道开挖后，围岩平衡的重建一直被认为是通过岩体坍塌后形成的"卸载拱"来实现的；"支撑"结构的功能在于承受可能坍塌离散岩土块自重产生的离散压力荷载。时至今日，这一理念还残留在隧道设计规范中。

以喷射混凝土和岩土锚固为代表的新型支护技术的开发和推广，使木排架时代用"支撑"结构抵御坍塌岩土体的理念转变为加固围岩，控制围岩变形，防范岩土离散。这样一来，"支撑"变成了"支护"。

从"支撑"到"支护"，术语中的一字之差，反映了工程理念更新的实质：在地层中开挖隧道后，运用围岩支护技术，激发岩体的自承能力，避免坍塌，平稳地建立起新的平衡，很多复杂环境条件下的隧道工程就是这样完成的。

隧道工程围岩支护技术的开发和创新层出不穷。如高性能喷射混凝土、各式各样的锚杆和格栅钢架、小导管超前支护，还有"岩土变形控制工法（ADECO）"中推荐的掌子面纵向临时锚杆等，可以说是面面俱到。但是，这些技术并没有完全解决复杂环境条件隧道工程尚存的难题。以具有高地应力背景的挤压性围岩大量级变形问题为例，"强大"的支护系统引来的是结构的翘曲和扭损，超前支护和掌子面锚杆并不能对远离掌子面的围岩变形控制起到作用，"二次衬砌紧跟"只会促使衬砌开裂。这就使工程师们迫切感到要从理念的更新入手，寻找"靠谱"的方案。于是，进行了按"屈服原则"对围岩变形"适度释放"的探索。

至于隧道工程地下水的处治，并不限于简单地在隧道内提供一个"防水"的干燥环境，还牵涉到保护地下水资源和自然生态环境，以及缓解衬砌水压力荷载、优化衬砌设计的问题。

早年，由于防水技术的局限，注意力被集中于地下水的排导系统，防止地下水经由衬砌结构渗漏和漫流，从而将隧道工程中的地下水处治理念归结为“以排为主”。工程实践表明，按这种理念进行地下水处治，虽然可以降低对衬砌防水性能的要求，缓解水压力荷载，但是会造成对水资源和自然生态环境保护的负面影响，显然有悖于可持续发展战略。

近年来，我国在隧道防水材料和工艺方面取得了长足的进展，如挂板防水、喷膜防水、衬砌环间止水带等技术均已掌握。于是，地下水处治理念转而改为“以堵为主”。采用全封闭的防水体系有利于地层水力势场的恢复，有益于保护地下水资源和自然生态环境。但是，遇到高水头的深埋隧道，如果在治水理念上一味强调“以堵为主”，简单地采用不设排导的全封闭衬砌方案，由此诱发的高量级水压力荷载会使得设计者十分为难，即使是将二次衬砌加强到不合理的程度，仍然会由于水压力过大导致防水系统（防水板和止水带）崩溃。本书第 4 讲给出的案例值得深思。

通过实践，对于高水头深埋隧道，提出了“限量排放”的地下水处治理念，即对于高水头情况，设置排导系统是必需的，应通过注浆降低围岩渗透系数，将地下水排放量控制在限量以内。这样一来，既能“减排”又能“卸载”（缓解水压力荷载），实现“双赢”。

在围岩支护和地下水处治两方面，理念的更新有着惊人的相似性和规律性，都体现了对工程和环境协调、和谐的追求。

隧道工程理念的更新不仅体现在施工技术合理运用和施工工法的变革，而且与隧道设计理论和手段的提升密切相关。

与一些地面结构工程不同，由于隧道工程环境条件复杂多变和数量化表达的困难，基于力学原理所进行的数值计算并不是设计的唯一手段和确定设计参数的定量依据。但是，这种特异性并不意味否定数值计算在隧道设计中的作用。在很多情况下，通过数值计算对围岩力学行为和支护结构响应所做的分析，对设计原则和施工方案的把握，能起到至关重要的作用。关于这一点，本书给出的算例会给读者留下印象。随着隧道工程理念的更新，工程师们一直在追求隧道结构设计模型和计算方法的发展和完善。从“作用和反力”模型到“连续体”模型，从“离散压力”到“形变压力”，力学计算理论和方法的进步是隧道工程理念更新的重要体现。

既然仅仅依靠力学计算并不能得出设计文件要求的定量结果，这就使工程类比的经验方法受到设计者的重视。希望本书以挪威岩土技术研究所“Q 系统地下工程岩体分级和支护设计方法”为例，对经验方法中的两个主要环节——岩体分级和既有工程数据库进行的探讨，能引发读者对工程类比经验方法进一步完善的思考。

与传统理念立足于最终可能发生的围岩坍塌结果不同，新的隧道工程理念着眼于隧道开挖后围岩力学形态演变过程的控制。因此，建立在施工阶段超前地质预报和监控量测基础上的信息化设计也是隧道工程理念不可忽略的重要组成部分。本书关于监控量测数据“形象化判识”以及开挖断面预留变形量预估的论述和算例，也许可以给读者提供一个启示：利用施工阶段采集的信息，对施工前由数值计算和工程类比相结合完成的“预设计”，加以验证、调整或修正是可行的。

对于隧道工程理念的更新，隧道工程界的同行们形成了很多共识。诚如本书所论述，如果把隧道工程的相关技术比作“硬件”，那么，正确的、与时俱进的工程理念则是不可或缺的“软件”。

作为隧道建设者队伍中的一员，笔者的职业生涯是从推广锚杆和喷射混凝土开始的，见证了隧道工程技术进步和理念的更新。我庆幸自己选择了隧道专业，因为我的国家对这个专业有着那么强烈的需求，从而造就了一大批真才实学的同行，他们创造了隧道修建史上令人瞩目的工程奇迹。本书根据在矿山法隧道工程中积累的一些经验和教训，以围岩稳定、衬砌结构和地下水处治等问题为重点，对隧道工程修建理念及其技术背景进行了一番思考，并尝试针对若干认识上的误区，做点分析和再认识。虽然在下笔前思考再三，我相信仍然会有我的同行在读完本书后觉得书中有些“拙见”，他（她）“不敢苟同”，如果能就此交流讨论，当然求之不得。通过探讨，取长补短，让思路更加清晰，不但能获得教益，还会带来愉快的心情。

对促进隧道工程建设的发展，理念更新和技术进步同样重要。就矿山法隧道工程而言，这两方面都有提升的空间、创新的余地。愿隧道工程创新之树长青！

作　者

2021 年 1 月于成都

目 CONTENTS 录

C O N T E N T S

第1讲

从“支撑”到“支护”

——围岩的力学行为和工程应对理念

1.1 隧道结构设计模型

包括衬砌在内的围岩支护结构的力学计算一直是隧道工程师十分关心的问题。在隧道设计相关规范中，关于“设计荷载”和“围岩压力”的条文始终占有重要位置。

1978 年，国际隧道协会（ITA）在东京年会上设立了一个“结构设计模型工作组”（The Working Group on Structural Design Models），发布调查问卷，向各国征集关于隧道结构设计模型方面的情况和意见。经整理和归纳，于 1981 年由 Heinz Duddeck 提出了一份题为“隧道工程结构设计模型概况”的报告[1]。

报告中归纳的设计模型有如下 4 类：

（1）“作用和反力”模型（Action and Reaction Models, 也称为 Bedded Ring）

按此模型，结构承受的荷载与结构的变形无关，只有围岩提供的地基反力与结构的变形有关（图 1–1）。

（2）“连续体”模型（Continuum Models）

该模型将围岩和支护结构作为连续统一体运用有限元等数值方法进行计算，其目的不仅在于得到结构物内力和变形，而且可以对围岩的力学行为、稳定状态和可能发生的坍塌模式进行判识和预测。此模型亦称“地层 + 结构”模型。

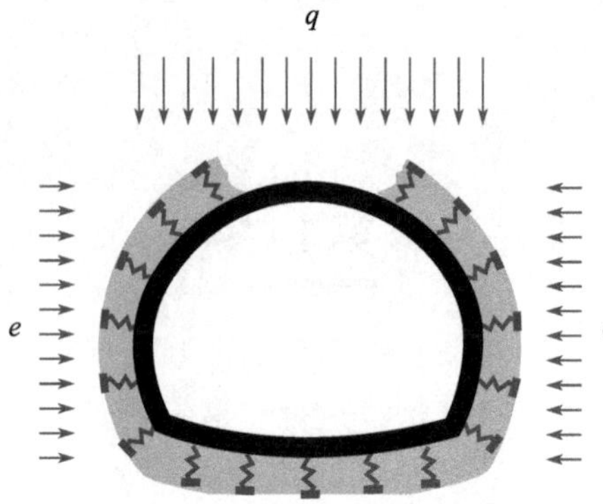

图 1–1 “作用和反力”模型

（3）“收敛—约束”模型（Convergence–confinement Models）

该模型考虑支护结构对围岩变形的约束，按两者的共同变形确定相互作用力，亦即支护结构的荷载。

（4）经验方法（Empirical Method）

主要指按围岩稳定性进行工程类比的设计方法。

其中，除去经验方法，“作用和反力”模型最为隧道工程师们所熟知。相关规范中关于隧道围岩压力荷载和衬砌设计计算方面的内容主要采用“作用和反力”模型。其余的两种结构设计模型乃是设计计算理论的拓展和完善，是工程理念更新的一个重要体现。

1.2 对“作用和反力”模型的质疑

我国铁路隧道设计规范从 1960 年到 2016 年，不断修订，但规范中关于隧道围岩压力荷载和衬砌设计计算方面的内容始终不变地采用“作用和反力”模型，将结构视为弹性地基上的曲梁（所谓 Bedded Ring）。其荷载即围岩压力的计算方法则立足于不加支护的条件下围岩力学形态变化的最终结果。根据“普氏理论”（M.M.Протодьяконов，1932 年），隧道开挖后即使不加支护，围岩坍塌范围也是有限的，会形成稳定的天然“卸载拱”（Разгружающий свод），如图 1–2 所示。因此，可以按卸载拱以下可能坍塌岩体的自重确定作用在支护结构的荷载，其方向为垂直和水平。这种荷载的量值仅取决于岩体特性和隧道跨度，与结构的变形没有关联性，与初始地应力以及支护结构的形式，建筑材料物理力学性能，支护的刚度以及施作时机等全然无涉。这种荷载来源于从围岩中离散的，脱离地应力背景的坍塌岩土块的自重，在规范和一些技术文献中称“松散压力”（Loosening Pressure），其实命名为“离散压力”更为恰当。

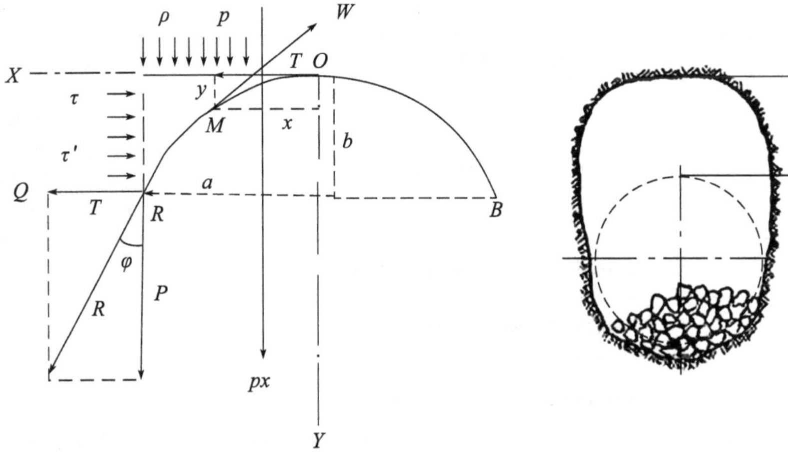

图 1–2　卸载拱（М.Протодьяконов，1932 年）

传统的普氏理论从散状介质的极限平衡假定出发，得出一个概化的卸载拱高度计算公式：

$$b=\frac{a}{f} \tag{1–1}$$

式中：a——隧道半跨度；

f——根据岩石强度确定的“围岩坚固系数”。

1960 年版的《铁路隧道设计规范》规定按普氏理论计算围岩压力。

1975 年版《铁路工程技术规范》第三篇隧道开始改用“塌方高度统计公式”。值得讨论的是，在塌方统计样本中，塌方高度系实地测得，与之对应的围岩类别的取值则带有强烈的先验色彩。

1999 年版《铁路隧道设计规范》将围岩“分类”改称围岩“分级”，依然采用“作用和反力”模式和“塌方高度统计公式”，直至现行的《铁路隧道设计规范》（TB 10003）[2][3]。

隧道设计规范中的围岩压力计算公式见表 1–1。

隧道结构设计中取离散压力作为荷载的技术背景是木排架、钢架一类传统支护手段和分部开挖工法。在传统工法条件下，支护的及时性以及与围岩的紧密贴合难以实现，支撑顶替和开挖作业对围岩的反复扰动也不能避免（图 1-3）。因此，依据无支护情况下可能坍塌的离散岩土体的重量来计算围岩压力有一定的合理性。

表 1-1　隧道设计规范中的围岩压力计算公式（深埋隧道）

版本	围岩压力计算公式	备　注
1960 年	$q=\dfrac{a_1}{f}\gamma$　　$a_1=a+h\tan(45°-\varphi/2)$	a- 隧道半跨度；h- 隧道高度；φ- 围岩内摩擦角；f- 围岩坚固系数
1974 年	$q=0.45\times2^{6-s}\gamma\omega$　　$\omega=1+i(B-5)$	s- 围岩类别；γ- 围岩重度；B- 隧道宽度：$B<5$m，i=0.2；$B>5$m，i=0.1
1985 年	$q=0.45\times2^{6-s}\gamma\omega$　　$\omega=1+i(B-5)$	
1996 年	$q=0.45\times2^{6-s}\gamma\omega$　　$\omega=1+i(B-5)$	
1999 年	单（双）线隧道作用标准值：$q=0.41\times1.79^{s}\gamma$	
2001 年	单线隧道作用标准值：$q=0.41\times1.79^{s}\gamma$	
	破损阶段法，容许应力法：$q=0.45\times2^{s-1}\gamma\omega$　　$\omega=1+i(B-5)$	
2005 年	单线隧道作用标准值：$q=0.41\times1.79^{s}\gamma$	
	破损阶段法、容许应力法：$q=0.45\times2^{s-1}\gamma\omega$　　$\omega=1+i(B-5)$	
2016 年	$q=0.45\times2^{s-1}\gamma\omega$　　$\omega=1+i(B-5)$	

a）上下导坑

上豪恩斯坦隧道 1853—1858 年（2.5km）

b）全断面木支撑先墙后拱

圣哥达隧道 1872—1881 年（14.9km）

图 1-3　木排架支撑和分部开挖工法

从20世纪70年代开始，喷射混凝土和岩土锚固技术在我国推广使用。这类新型支护的创新点恰恰在于实现了支护与围岩紧密结合、施作及时，避免了施工中支护撤换，顶替作业。这样一来，就可以使支护的功能由支承坍落的离散岩土体变为控制围岩力学形态的变化，维护围岩稳定，防范坍塌的发生，从而导致以“新奥法”为代表的现代隧道工程理念的形成。

“支护”这个术语是20世纪70年代以后才在铁路隧道工程技术文件中普遍使用的。在此以前，对于木排架、钢架一类结构物，通常直接沿用英语文献中的Support，称为“支撑”。

从“支撑”到“支护”，一字之差，反映了工程理念的转变。

奥地利国家地下空间委员会（1980年）对新奥法的定义是：“新奥地利隧道修建方法（简称“新奥法”）遵循这样一个原理，即调动隧道围岩（岩土体）使之成为环状承载结构的一部分。”

这就意味着，隧道修建要立足于对围岩力学行为的干预，及时有效地控制围岩的变形和松弛，避免围岩因离散而丧失自承能力。锚杆和喷射混凝土一类新型支护能够起到这种作用。这样一来，所谓“新奥地利隧道修建方法”实质上已经从一种施工方法提升到了工程理念的层面。

在这种情况下，自然要对基于围岩坍塌的离散压力荷载以及“作用和反力”模型提出质疑。

按现代隧道工程理念，隧道设计规范所描述的由离散岩土体自重形成的离散压力荷载，其量值和方向都不符合结构物受力的实际情况。

当前，我国隧道工程普遍采用“复合式衬砌”，其实，由于其中的防水板在界面上不能传递拉应力和剪应力，因此初期支护和二次衬砌并不是“复合”，而是“叠合”，或可直接引用英语文献中的术语“Double Shell Lining”称为“双重型衬砌”。现行《铁路隧道设计规范》（TB 10003）明确要求，对于Ⅳ～Ⅵ级围岩，二次衬砌应按“承载结构”设计，是需要“通过理论分析进行检算”的。这就使设计者陷入了十分尴尬的境地：他们明明知道，在一般情况下，作用在二次衬砌上的荷载主要与围岩的残余形变有关，并非由坍塌岩土体自重引起，作用方向也不是竖直和水平方向。囿于规范的规定，只好仍旧沿用塌方高度统计公式，加上一个主观确定的折减系数 β（表1-2），然后对二次衬砌进行计算。

在采用“作用和反力”模型的前提下，曾经做过在隧道结构设计中引入可靠度理论的努力。虽然取得了一些科研成果，但用于具体工程设计的期望未能圆满实现。

表 1–2　铁路隧道采用的二次衬砌荷载折减系数

围岩级别	折减系数 β	说　明
Ⅱ ~ Ⅲ级	0.3	二次衬砌作为安全储备
Ⅳ ~ Ⅴ级	0.5~0.7	二次衬砌作为承载结构

1999 年版《铁路隧道设计规范》中规定：“隧道和明洞衬砌均应采用以概率理论为基础的极限状态设计法，以可靠度指标度量结构构件的可靠度，采用以分项系数的设计表达式进行设计”（条文 10.1.1）。

到 2005 年版《铁路隧道设计规范》，则将概率极限设计法的适用范围限制为“旅客列车行车速度小于或等于 140km/h，货物列车行车速度小于或等于 80km/h 且不运行双层集装箱列车的一般地区单线铁路隧道整体式衬砌和洞门、单线铁路隧道偏压衬砌及洞门、单线铁路拱形明洞衬砌及洞门结构的设计”（条文 10.1.1）。这就是说，按 2005 年版规范，大部分隧道工程都还不能用概率极限设计法进行设计，显然是知难而退了。

基于上述变化，立足于“作用和反力”模型，在对衬砌荷载（或称为“作用”）的认识拘泥于塌方统计公式的情况下，要在隧道设计规范中融入可靠度理论的内容是困难的。

尽管对于浅埋隧道、水压力等“作用”（指荷载）明确的情况，“作用和反力”模型用以进行设计计算，仍能得出符合实际的结果，仍不失为一种有其使用价值的设计模型，但对于矿山法隧道工程的一般情况，这种模型的合理性是值得质疑的。

综上所述，对“作用和反力”模型的质疑出自隧道工程理念的更新。

1.3　围岩对隧道开挖的响应

1.3.1　从松弛到离散

现代隧道工程新理念，并不立足于隧道开挖后围岩的最终状态，而着眼于过程的控制。因此，有必要对隧道开挖引起的围岩力学行为的演变进行探讨。

1）完整硬岩

众所周知，岩体材料抗压不抗拉。拉应力致使的岩体破坏具有突发性，对此类工程可以借助岩体锚固技术，特别是采用预应力锚索，主动地对围岩的应力重分布进行干预，消除出露在临空面的拉应力区。

除了大跨度、高边墙地下工程和地应力性态特异等情况外，一般隧道都可以通过横断面形状的优化避免围岩中拉应力的出现[4]。如图 1–4 所示，直墙式和曲墙式断面，拉应力部位均限于隧底局部位置（地应力的侧压力系数 λ=0.25），拉应力产生的局部离散岩体坠落方向背向隧道净空，无安全风险。

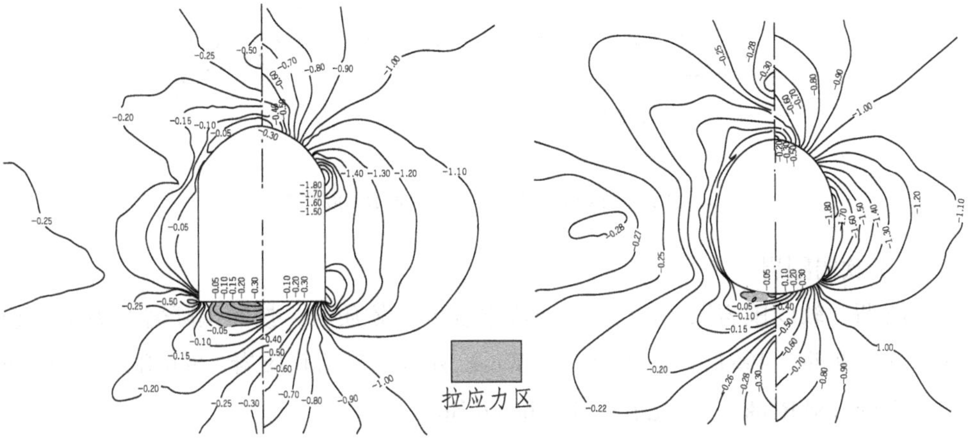

a）直墙式断面　　　　b）曲墙式断面

图 1–4　隧道开挖引起的围岩应力重分布

鉴于硬质岩石的抗压能力，在完整硬岩中开挖的隧道，一般情况下，围岩可以适应开挖引起的应力重分布，自行稳定，施工中仅需用初期支护防范可能随机出露在临空面的不稳定岩块。只有当初始地应力量级很大时，开挖时岩体会以岩爆的形式释放能量（压应力引起的劈裂或脆性剪切破坏）从而引发突发性坍塌，必须采取相应措施规避施工安全风险。

至于块状围岩和软弱围岩中的隧道，开挖后，即使是基本处于压应力状态的围岩，亦须借助支护取得稳定。但是，与拉应力致使的突发性破坏不同，在压应力作用下，围岩力学行为的发展均有一个从松弛到离散的过程。

2）块状围岩（节理硬岩）

由于组成块状围岩的岩块具有足够的抗压强度，在压应力的作用下，可以相互镶嵌、咬合而自稳。问题在于出露在临空面的某些倒楔形的“关键块”（Key Blocks）的坠落或滑塌，致使岩体因松弛而丧失稳定的镶嵌、咬合状态，如图 1–5 所示。必须有效遏制块状围岩由此产生的松弛，进而避免围岩全盘离散、坍塌。

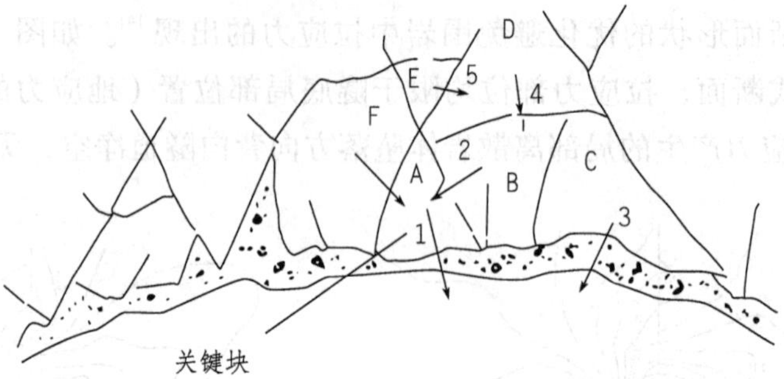

图 1–5　块状围岩的离散

注：字母表示块体编号，数字表示塌落顺序

3）软弱围岩

所谓“软弱围岩”，并不专指岩块强度低的软质岩。按照国际岩石力学学会的定义（东京，1981 年），软弱岩（Weak Rock）包括软质岩（Soft Rock）、破碎岩（Fractured Rock）、风化岩（Weathered Rock）。

需要指出的是，软弱岩体中的破碎岩体和风化岩体尽管不像软质岩体那样具有一定的连续性和匀质性，但由于岩体组分个体尺度小，用数值方法对其力学行为进行计算时仍可概化为均匀连续介质。

有别于块状围岩，软弱围岩的松弛由岩体的塑性变形所致，是与剪应力超限引起的剪切滑移相关的延性破坏。在松弛阶段，随着变形的发展，塑性区扩大，但仍然在一定程度上保持连续介质的性态，具有可资利用的自承能力，岩土介质并没有脱离地应力背景。

围岩松弛阶段产生的变形的量值除了取决于岩体强度外，还与初始地应力和支护抗力相关。

早在 20 世纪 30 年代末，R.Fenner 针对地应力为静水压力状态，岩体为各向同性均匀连续介质，隧道横断面为圆形的轴对称问题，用莫尔—库仑准则作为塑性判据，给出了解析表达，这就是熟知的表征围岩变形 u 与支护抗力 p_i 关系的“Fenner–Pacher 围岩特征曲线”。围岩应力重分布曲线如图 1–6 所示。

弹塑性理论分析的结论：由于地应力重分布，在隧道轮廓边缘，围岩中出现了外径为 R 的环形塑性区。R 的大小与提供的支护抗力 p_i 有关，表达为：

$$p_i=-c\cot\varphi+\left[c\cot\varphi+p_0(1-\sin\varphi)\right]\left(\frac{r}{R}\right)^{\frac{2\sin\varphi}{1-\sin\varphi}} \tag{1-2}$$

相应的围岩收敛值[5]：

$$u=r\left(1-\sqrt{1-B}\right) \tag{1-3}$$

$$B=\left[2-\frac{1+\mu}{E}\sin\varphi\left(p_0+c\cot\varphi\right)\right]\frac{1+\mu}{E}\sin\varphi\left(p_0+c\cot\varphi\right)\left[\frac{p_0(1-\sin\varphi)+c\cot\varphi}{p_i+c\cot\varphi}\right]^{\frac{1-\sin\varphi}{\sin\varphi}}$$

上述式中：c—— 黏聚力；

φ—— 内摩擦角；

E—— 弹性模量；

μ—— 泊松比；

p_0—— 初始地应力；

r—— 隧道内径。

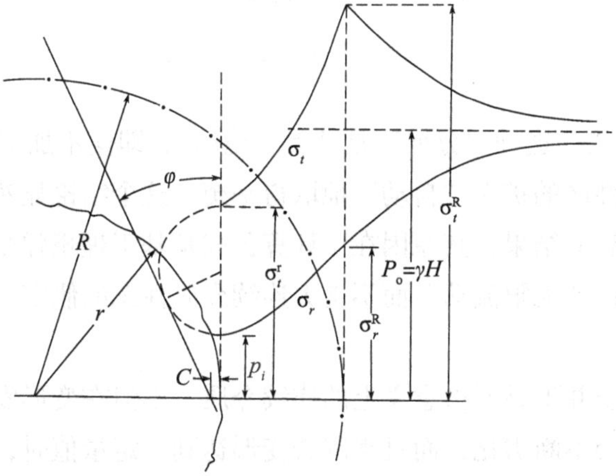

图 1-6　围岩应力重分布和塑性区（按理想弹塑性假定）围岩的塑性松弛

根据 Fenner 公式，随着围岩变形的发展，塑性区的半径 R 增大，所需提供的支护抗力 p_i 可以减小。这就对新奥法关于围岩作为承载“结构”，对“分摊荷载”的机理做了形象化的解释：这种“分摊“是通过围岩应力重分布所产生的塑性区实现的。

算例 1　绘制围岩特征曲线

已知：V 级围岩，φ=22°，c=0.1MPa，E=1.5GPa，μ=0.4，p_0=4MPa，r=7m。围岩特征曲线示于图 1–7。

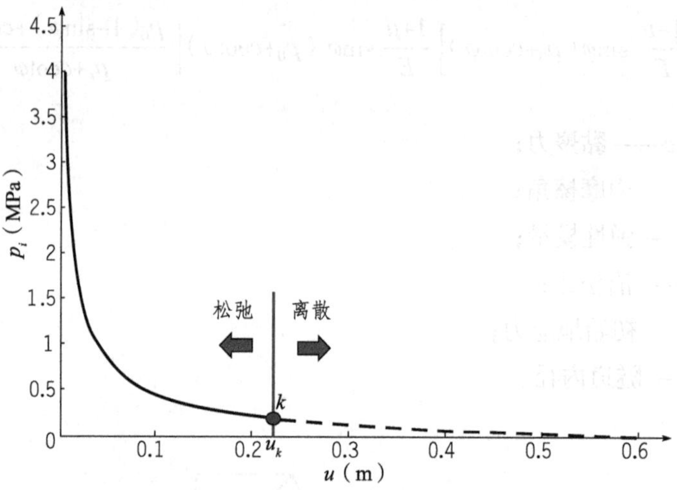

图 1–7　围岩特征曲线

按 Fenner 公式，这种“分摊”是“无止境的”，即使不加支护（p_i=0），任何围岩均可通过塑性区的扩大“自动”地取得平衡，这个结论显然是不合理的。计算出如此匪夷所思的结果，其原因在于计算公式是基于理想弹塑性理论，围岩达到塑性状态后可以“无限流动”而不丧失连续介质性态的假定，这自然不符合岩土体的实际情况。

实际上，岩土并不是严格意义上的连续介质，不但在变形发展的过程中用以计算的力学参数会不断劣化，而且当围岩变形达到一定量值时，会使部分岩土体离散，成为分离的、互不关联的、脱离原有地应力背景的无应力体，塌落或以其自重形成量值可能发展到隧道设计规范中描述的塌方高度相应的荷载，即离散压力，作用在支护结构上。至此，基于连续介质力学的弹塑性分析计算的功能戛然而止。从理论上说，围岩特征曲线上存在着一个位移为临界值 $u=u_k$ 的临界点 k，在此点以右的计算结果（图 1–7 的虚线部分）是没有意义的。

在新奥法的很多文献中，围岩特征曲线呈槽形，后半段上扬，以表达围岩“松散”（Loosening）的形成（图 1–8）。首先，“松散”这个词并不确切，应表达为“离散”。同时必须指出，这后半段曲线只是一种模糊的形象化表达，没有定量意义，更不可能与具体支护系统的设计计算相关联。由围岩变形引起的荷载和离散岩土体自重引起的荷载的方向根本不同，前者为径向，后者则为竖直和水平方向，两者不可能在同一条曲线上加以表达。

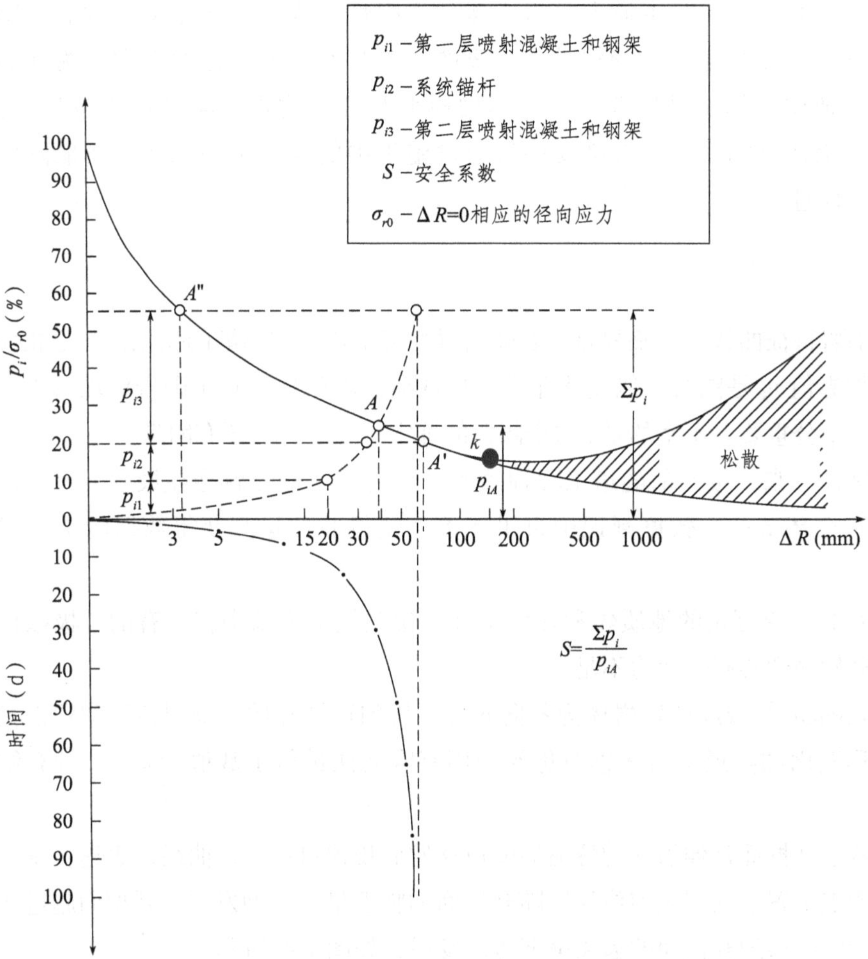

图 1–8　新奥法文献中常见的围岩特征曲线（J.Golser，等）

与围岩特征曲线上的分叉点 k 相应的位移 u_k 是一个十分重要的临界值，表征围岩从松弛到离散的“突变”，其量值不仅与支护的设计有关，也是施工中围岩坍塌预警的一个极为重要的阈值。可是，u_k 的确定不是一件容易的事。

在这个问题上，我国学者运用突变理论的研究报告[6]所提出的方法是：分析围岩中典型节点塑性应变随应力释放程度的变化而增长的规律，据以得出“突变特征值”，从而确定临界值u_k。研究报告还给出了不同围岩、不同埋深的铁路隧道的“极限位移”（即临界值u_k）的计算结果。从研究报告看，对围岩应变所进行的计算仍然基于连续介质弹塑性力学。可是，所探索的围岩性态突变和失稳，其本质上是岩土体不连续性的表现。从这个角度看，围岩的变形特点和稳定性，特别是处于离散临界状态的岩土体的力学行为强烈地取决于地质结构，是连续介质的本构模型和几个物理力学参数难以反映的。鉴于理论计算的困难，有必要探讨通过施工中的监控量测来获得离散阈值信息的可能性。

1.3.2 围岩离散的判识

围岩特征曲线上的临界点k表征围岩性态由松弛到离散的变化，与之相应的位移临界值u_k是围岩“似连续介质”显现离散的阈值，对于围岩坍塌预警，规避风险十分重要。不幸的是，这个阈值的确定，在理论上还有困难。

这样一来，按当前隧道工程理念所进行的施工监测就会在最后，也是最重要的一个环节——数据判识中束手无策，使得监控量测获得数据的努力成为徒劳。

面对千变万化的地质体和环境条件，相关规范附录中曾经有的“极限位移表”显然是“心有余而力不足”[7]。

M.Panet 等曾经假定岩体为各向同性，均匀连续介质，采用各种弹塑性模型对圆形断面的隧道围岩按轴对称问题用有限元法进行了数值计算[8]。计算结果如下。

隧道开挖面延伸引起的隧道周壁位移发展规律可用 S 形曲线来表达：掌子面到达测点位置前的“先前位移”随开挖面的临近呈上扬型发展；开挖面越过测点位置后的位移随开挖面的远离呈下弯形发展，如图 1–9 所示。

值得注意的是，开挖面后方监控量测可以测得的位移，随开挖面的远离的增长曲线，对各种岩体模型均呈下弯形，如图 1–10 所示。

由图 1–10 可见，图中黑色小点为有限元计算结果，实曲线为回归计算所得，采用的回归函数为：

$$C(x)=C_\infty\left[1-\left(\frac{1}{1+\dfrac{x}{0.84r_\mathrm{p}}}\right)^2\right] \tag{1-4}$$

式中：x——掌子面与测点间的距离。

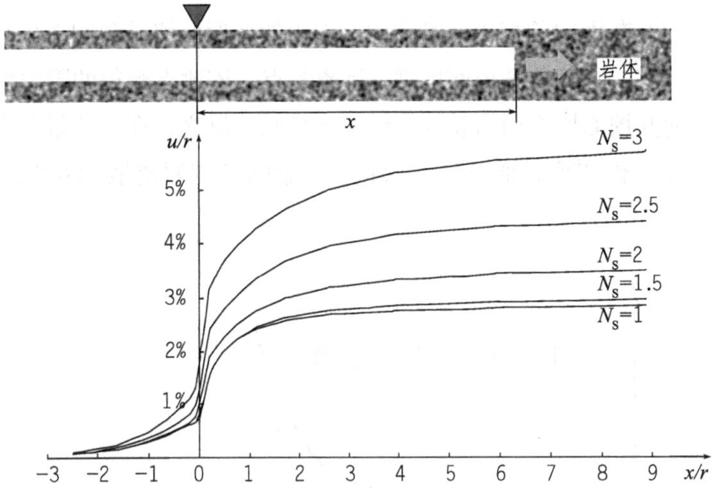

图 1-9　围岩收敛值的分布

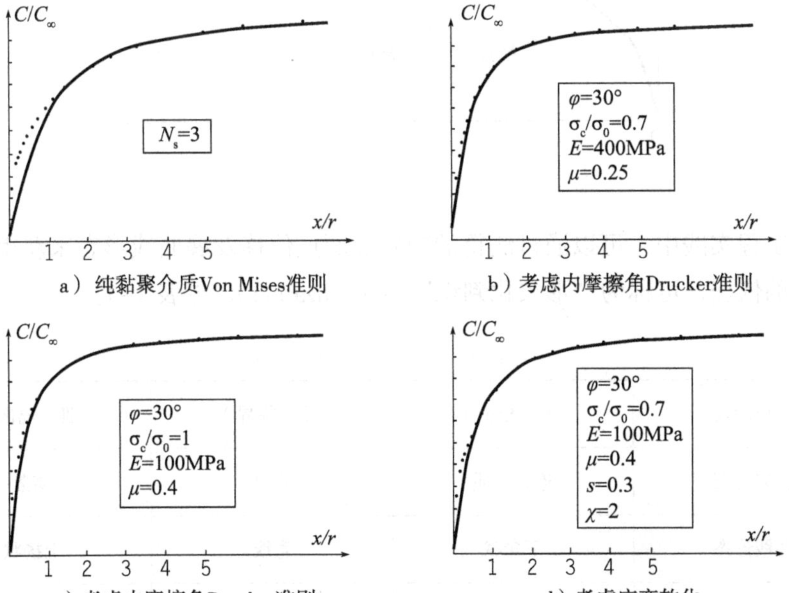

图 1-10　显现位移增长曲线

可以从回归系数 C_∞ 和 r_p 分别获得最终收敛量和塑性区半径的估算值。

以上表征弹塑性围岩变形发展规律的分析均建立在连续介质假定的基础上，即假定围岩在变形发展的过程中始终没有因岩体离散而失去连续介质特性。

可以得出如下重要结论：

如果在隧道全断面向前掘进的过程中，围岩的变形始终被限制在松弛阶段，保持连续介质的形态，则随着开挖面推进，远离测点，该测点测得的围岩变形速率递减，反映位移随开挖面推进而增长的曲线呈下弯状。反之，在监控量测中，如果发现变形速率递增，位移增长曲线呈上弯状，则意味着围岩离散的发生，如图 1-11 所示。

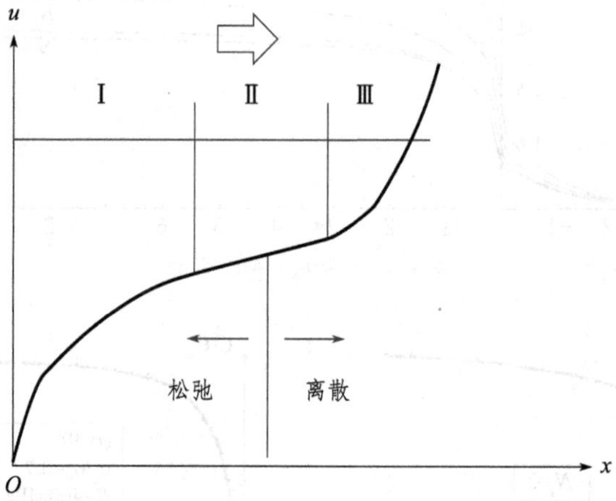

图 1-11　时态曲线的形象化判识

在工程实践中，可以通过测得的围岩表面点位移发展曲线形态来获得围岩坍塌预警的依据，可称为“形象化判识”（Visualization），见表 1-3。

表 1-3　围岩坍塌预警

变形阶段	Ⅰ（松弛）	Ⅱ（临界）	Ⅲ（离散）
围岩性态	连续介质	临界	离散
曲线形态	下弯状	直线	上扬状
施工措施	正常	警戒	加固

如果开挖进度保持基本不变，也可以用位移发展的时态曲线进行形象化判识。

案例 1　凤凰台 2 号隧道塌方

济晋高速公路凤凰台 2 号隧道在塌方前测得时态曲线上扬，遂发生塌方，如图 1–12 所示。

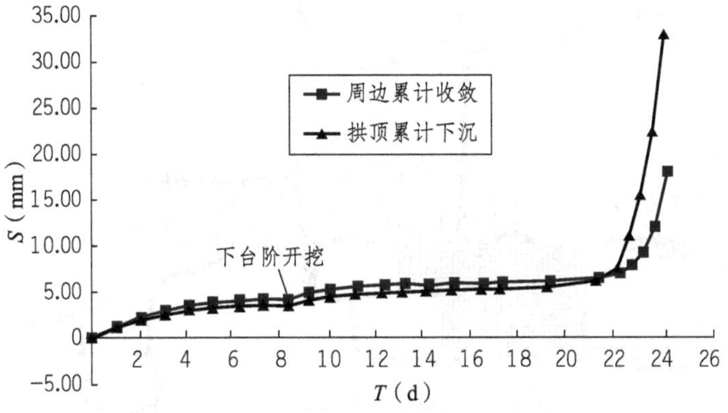

图 1–12　凤凰台 2 号隧道塌方预兆（本图由王玉文提供）

浅埋隧道可以通过地表沉降监控，利用全过程曲线拐点来进行坍塌预警，如图 1–13 所示。

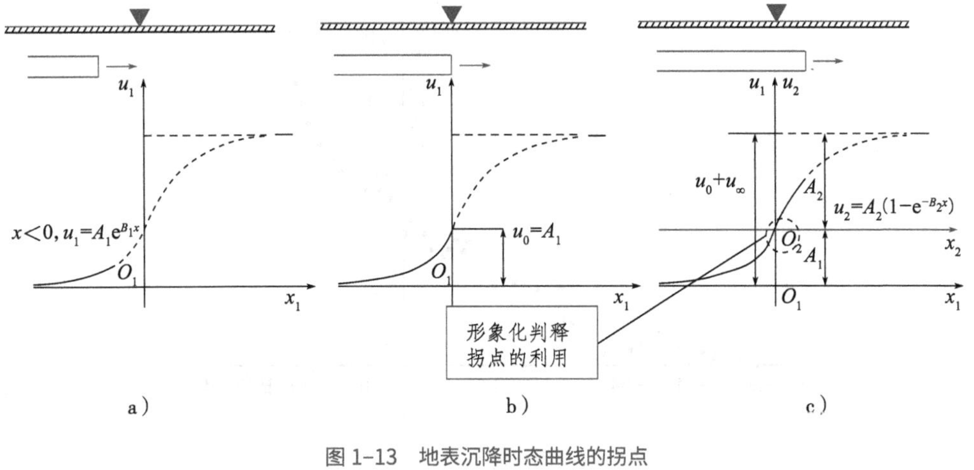

图 1–13　地表沉降时态曲线的拐点

案例 2 南岭隧道塌方

南岭隧道通过一低洼地，围岩为风化严重的砂页岩和泥岩。洼地处埋深仅 6.5~8.1m，隧道跨度 12m 左右。该隧道开挖至即将进入洼地段时曾发生冒顶大塌方（图 1–14）。

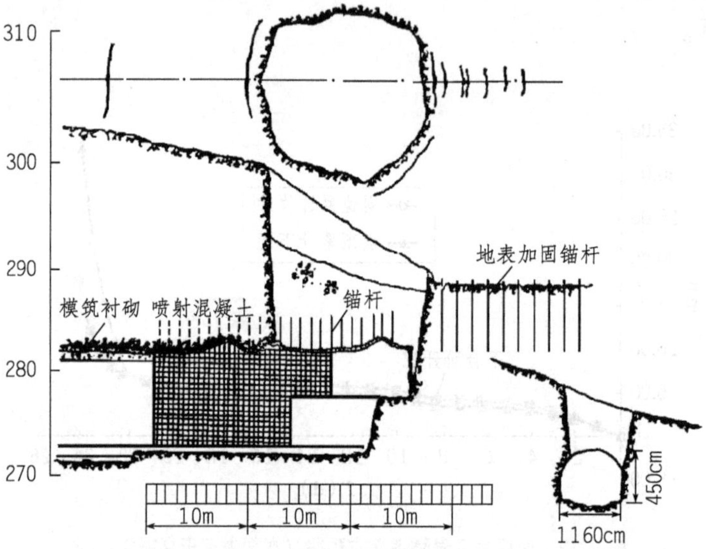

图 1–14 南岭隧道塌方

塌方区域地表沉降时态曲线如图 1–15 所示。从图中可知，当掌子面通过测点时，曲线继续上弯。塌方前的总沉降为 103mm。

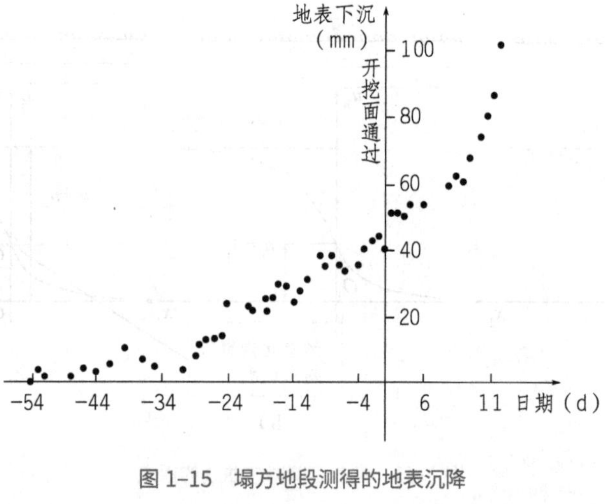

图 1–15 塌方地段测得的地表沉降

在前方洼地段的开挖中，预先在地表钻孔预设长锚杆，得以安全通过。总沉降达 130mm 以上，超过塌方段塌方前的临界值。在洼地段测得的地表沉降曲线如图 1-16 所示。由图可知，在掌子面通过测点后，位移速率逐渐下降，趋于稳定。这说明利用位移曲线形态来判断围岩稳定性是有效的。

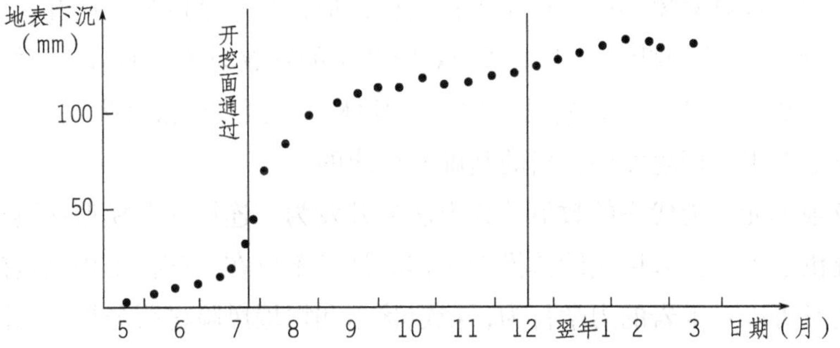

图 1-16　洼地段测得的地表沉降曲线

监控量测获得的位移发展曲线还可用以判识小净距距隧道围岩稳定性。当后行隧道开挖掌子面越过设置在先行隧道的测点位置，测得后行隧道开挖引起的变形增量 Δu 的发展曲线应该呈现拐点后的下弯状，否则应发布围岩离散预警，如图 1-17 所示。

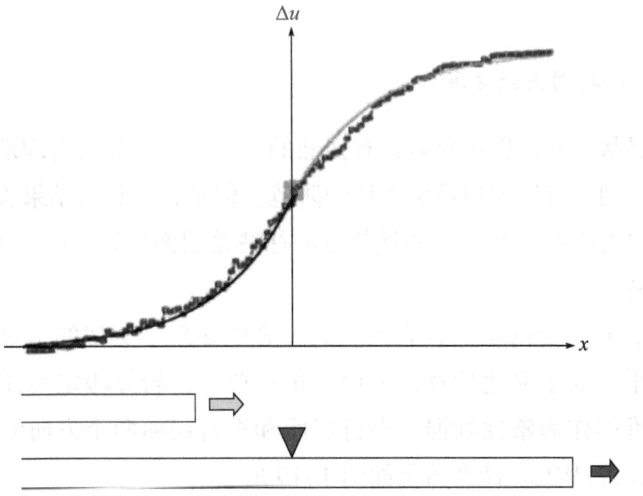

图 1-17　小间距隧道的监控量测

1.4 “连续体”模型

按照新理念，支护结构的功能并不限于“支撑”从围岩中离散的坍落岩土体，而在于使隧道围岩（岩土体）成为环状承载结构的一部分，那么，在隧道工程的设计中，计算对象不应仅仅是支护结构，应该是包括围岩介质和支护结构的连续体，“荷载”应包括地应力和开挖效应产生的释放力（表面力），并不是坍塌岩土体的重量。隧道工程结构设计的“连续体”模型（也被称为“地层＋结构”模型）正是在工程理念发展更新的基础上形成的。

以有限单元法为代表的数值计算方法的开发为“连续体”模型在隧道设计中的应用提供了条件。采用连续体模型所作的计算不仅在于获得支护结构的内力和变形，而且可以对围岩的力学行为，稳定状态和坍塌风险进行分析，为隧道设计和施工决策提供信息。

与“作用—反力”模型不同，采用“连续体”模型计算需要输入的信息很多，由于获取地应力定量信息的不易，以及岩土介质性态的随机性和数量化表达的困难，实际上要定量地模拟地质环境是困难的。因此，很难期待如同地面结构物那样，通过计算得到支护设计参数的定量依据。不过，只要在岩土本构关系和地质环境方面抓住了主要特征，不用面面俱到，也能通过计算得到用“作用—反力”模型计算得不到的、十分有用的信息，尽管它们是定性的或半定量的。

算例 2　层状围岩的支护

常见的层状围岩，岩体介质具有强烈的正交异性，如何合理地进行支护？很自然地会注意到开挖后围岩顺层滑移的防范。但是，计算的结果表明，对于薄层的情况，围岩的破坏区和变形的优势方向往往是层面法线方向，如图 1–18a）所示的计算结果。

1979 年，在一个薄层千枚岩围岩的计算中显现了类似的结果。限于当时的计算技术水平，为了简化计算，采用三角形单元，岩体假定为弹塑性介质，用莫尔—库仑准则作为塑性判据，平行层面和垂直层面两个方向的变形模量分别取 165MPa 和 115MPa，计算结果如图 1–19 所示。

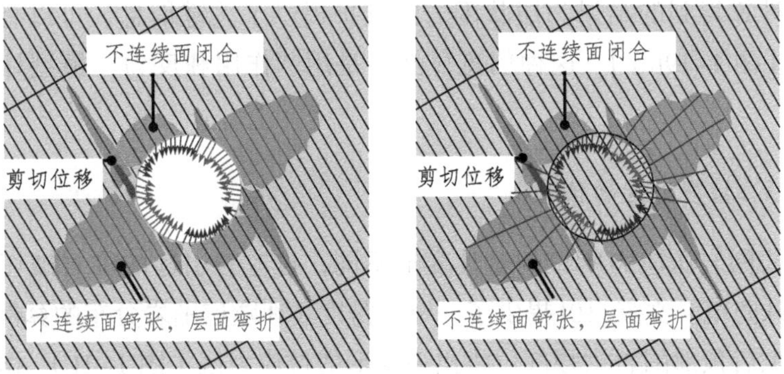

a）W.Schubert 计算结果[9]　　b）锚杆的非对称布设构想

图 1–18　层状围岩的计算

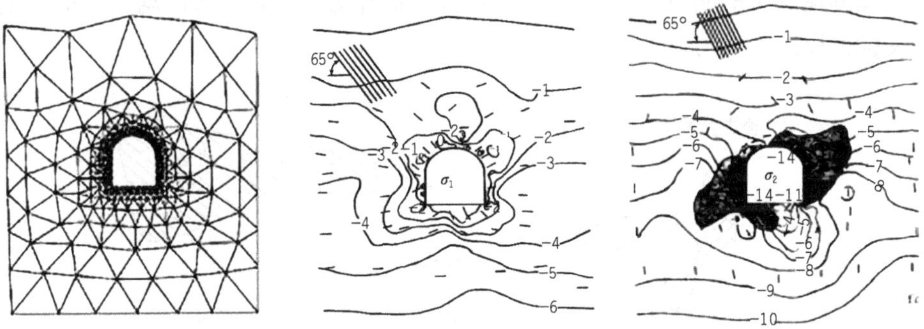

a）计算网格　　b）σ_1 及塑性区　　c）σ_2 及塑性区

图 1–19　下坑隧道薄层千枚岩

图 1–18 和图 1–19 显示的围岩破坏区与 Nick Barden 提供的模型试验结果吻合，如图 1–20 所示。

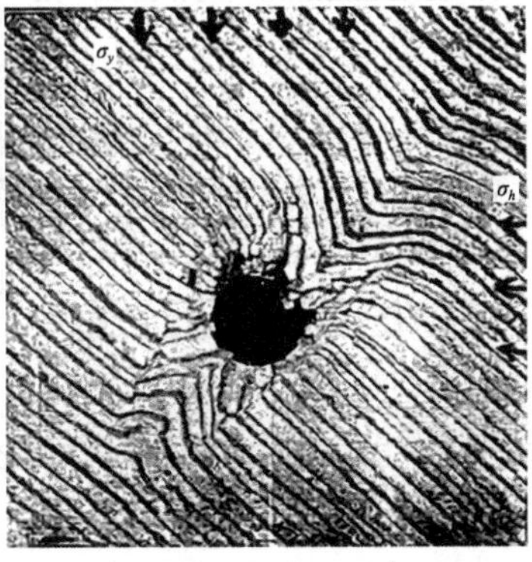

图 1–20　Nick Barden 提供的模型试验结果

数值计算得到的结果为层状围岩的支护提供了关键信息，可以有针对性地布设锚杆[图 1–19b）]。这种信息显然不是用“作用和反力”模型计算能得出来的。

算例 3　拉应力区的估算

与软弱围岩压应力所致的塑性变形不同，拉应力引起的围岩破坏具有突发性，须特殊防范。文献 [10] 提供了一个大跨度浅埋隧道围岩分布的算例，经计算发现，开挖后顶部围岩拱腰部位将出现蝶形的拉应力区（图 1–21）。据此，可以有的放矢地设置预应力锚索，将出露在临空面的拉应力区消除。数值计算的结果可为锚索的布置、长度以及预应力量值的确定提供信息。图 1–22 所示为日本一个大型隧道支护的实例，在拱部和高边墙可能出现拉应力的部位均用预应力锚索和长锚杆[11]。

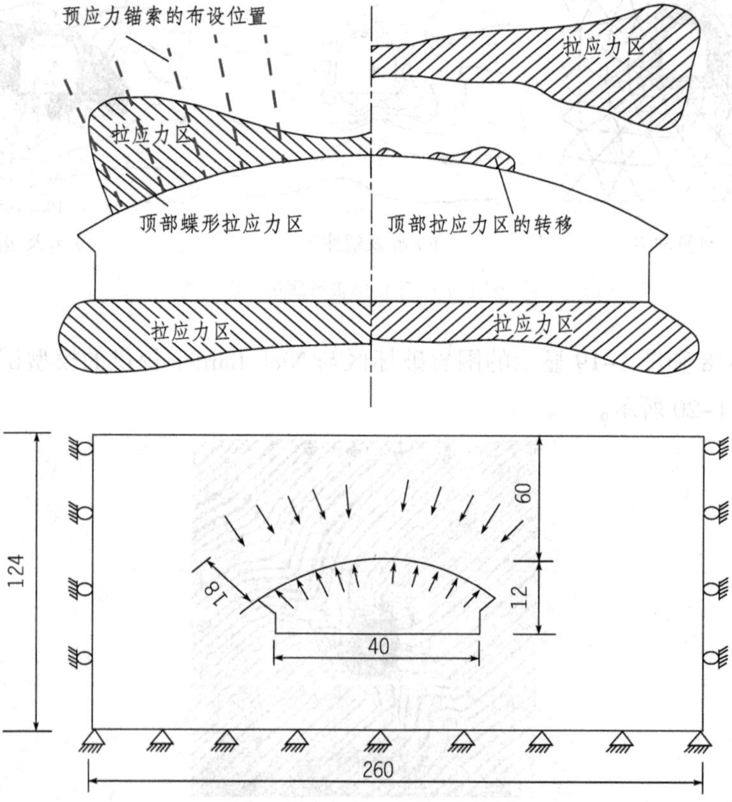

图 1–21　大跨度隧道顶部蝶形拉应力区（尺寸单位：m）

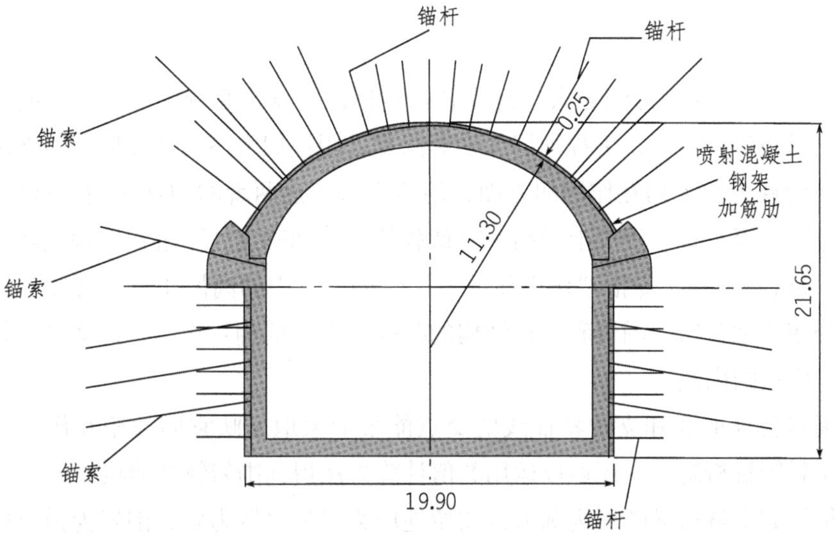

图 1–22　大型隧道支护（尺寸单位：m）

图 1–23 则为介绍的此类蝶形拉应力区诱发围岩突发坍塌的一个工程实例。

一些大型隧道支护重点往往不在拱顶，而在于拱腰、高边墙等处，对于这种情况，用连续体模型进行数值计算就十分必要了。

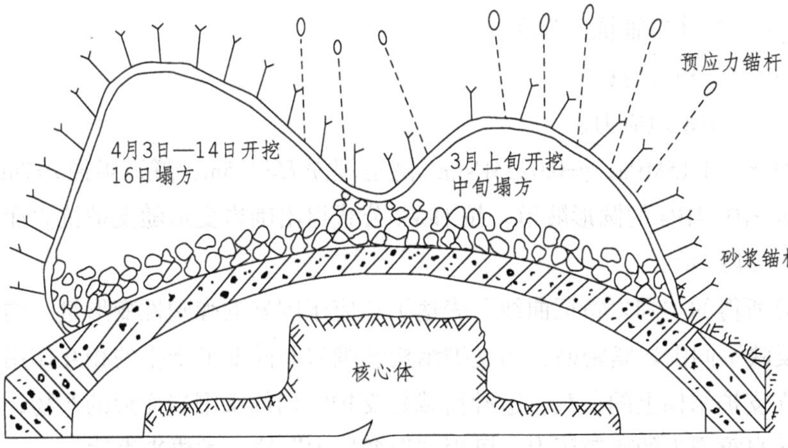

图 1–23　蝶形拉应力区坍塌示意图

1.5 “收敛—约束”模型

“连续体”模型为围岩力学行为和稳定性以及支护系统的工作状态的计算分析提供了条件。但是，工程师们似乎更愿意采用他们熟悉的计算模型，将围岩和支护结构视为两个相互作用的方面，用荷载来表达两者的相互作用。这样一来，隧道设计可以在很大程度上归结为对荷载的认识和确定。不过，按现代隧道工程理念，“荷载”并非专指“作用和反力”模型计算中的离散压力，必须考虑在应力重分布松弛阶段，围岩和支护结构的共同变形中的相互作用，这就是“收敛—约束”模型的内涵。

围岩特征曲线和支护特征线的交点能很形象地反映它们的相互作用。除了 Fenner 封闭解析解外，还可以运用数值计算方法得到围岩特征曲线。

仍然假定隧道横断面为圆形，初始地应力呈静水压力状，围岩为弹塑性连续介质，E.Hoek（2000 年）用轴对称有限元方法对各种软弱围岩进行了数值计算，从而用概化的岩体强度表征围岩特性，归纳出围岩变形量随初始地应力和支护抗力的变化规律[12]：

$$\varepsilon_t(\%)=0.15\times(1-p_i/p_0)\left(\frac{\sigma_{cm}}{p_0}\right)^{-(3p_i/p_0+1)/(3.8p_i/p_0+0.54)} \tag{1-5}$$

式中：ε_t——隧道壁径向位移与隧道半径之比；

σ_{cm}——岩体单轴抗压强度；

p_i——支护抗力；

p_0——初始地应力。

针对 σ_{cm}=1.15MPa，γ=0.023MN/m^3，隧道埋深 H=455m，隧道半径 r=7m，初始地应力 p_0=10.5MPa 的圆形隧道，按 Hoek 公式得出围岩变形随支护抗力而变化规律如图 1-24 所示。

计算所得的“围岩特征曲线”表达了相应于围岩的弹塑性变形量 u 的支护抗力 p_i，反映了同围岩紧密贴合的支护结构和围岩共同变形产生的相互作用力，亦即作用在支护结构上的荷载。这种荷载是支护结构约束围岩变形的产物，有别于离散岩体自重产生的离散压力，可用“形变压力”这一术语来表达。

早在 20 世纪 70 年代，随着隧道工程修建理念的更新，就已经有人对隧道结构荷载的不同类型进行过论述。在英语文献中，将形变压力称作“Genuine

Pressure”（真实压力），这可能是指这种同初始地应力相关的荷载来源于地应力重分布的围岩本身，而不是来源于从围岩离散岩土块的自重。

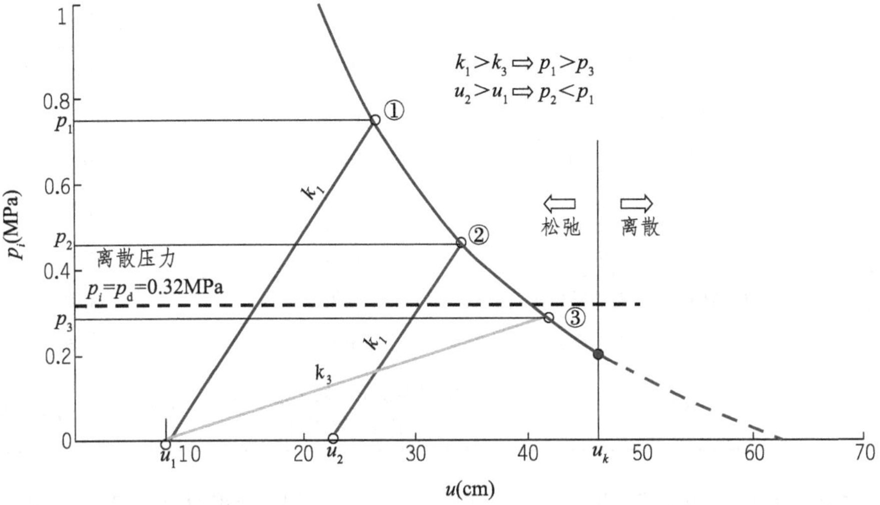

图 1–24　围岩特征曲线和形变压力

除了初始地应力对形变压力的关联性，支护施作时机以及刚度对形变压力量值的影响在图 1–24 中表达得十分清楚。

同 Fenner 公式一样，图 1–24 所示的围岩特征曲线也是基于理想弹塑性介质模型的计算结果，该曲线的后半段（用虚线表示）是不存在的，当围岩变形 u 发展到超过某一阈值 u_k，$u>u_k$ 部分岩体开始离散和坍塌。这就是对一般的软弱围岩隧道之所以要强调及时支护甚至于“超前支护”的原因。当然，高地应力背景围岩形变压力的处治又是一个情况骤然不同的特殊问题，本书将在第 3 讲进行讨论。

对于由离散岩体自重产生的荷载，长期以来，中英文均一律称“松散压力”（Loosening Pressure）。其实，“松”和“散”是两个不同的概念：从保护围岩的隧道工程修建理念出发，会引起坍塌的围岩离散是要防范的，但地应力松弛的围岩在相当程度上仍保持连续介质的性态，高明的隧道工程师会借助于松弛来利用围岩的自承能力。对于高地应力软弱岩体的挤压性围岩隧道工程，这一点具有特别重要的意义。

形变压力和离散压力两类荷载形成机理不同，其性态和量值确定方法截然不同，如表 1–4 所示。

表 1–4 形变压力和离散压力

参数			形变压力（Genuine Pressure）	离散压力（Discrete Pressure）
形成机理			支护约束围岩变形	离散岩体自重
围岩力学形态演变阶段			松弛	离散
作用方向			径向	垂直和水平
量值计算相关参数	围岩工程地质特性		相关	相关
	初始地应力		相关	无关
	支护结构	支护结构形式	相关	无关
		支护结构刚度	相关	无关
		支护施作时机	相关	无关
技术背景			喷射混凝土、岩土锚固等新型支护技术	构架支护、分部开挖

建立在对围岩松弛阶段力学行为和围岩—支护共同变形认识的基础上的“收敛—约束”模型充分体现了利用围岩自承能力的隧道工程修建理念。图 1–24 所示的围岩特征曲线明晰地表达了形变压力荷载的特性。本书第 3 讲关于高地应力软弱围岩挤压型变形机理，适度释放的理念和可让型支护系统的论述均借助于“收敛—约束”模型。

但是，要注意到，用以确定形变压力的“围岩特征曲线”和“支护特性曲线”是在圆形隧道、静水压力状地应力的轴对称假定的基础上得到的。相应地，“收敛—约束”模型的计算结果对初始地应力接近静水压力状，断面形状近乎圆形（如高速铁路隧道），支护结构的内力以轴向力为主的隧道工程的设计有一定的定量意义。但是，一般隧道工程断面并非圆形，地应力非静水压力状，应力重分布后围岩中形成的塑性区不是环状，开挖轮廓上各点的位移并不等值，计算结果就不能套用了。

1.6 隧道设计手段的综合

1.6.1 力学计算在隧道设计中的地位

在 20 世纪，“新奥法”理念推行以前，隧道工程的设计中一直沿用“作用和反力”模型进行力学计算。前面已经讨论过，这种计算模型同隧道技术进步和现代隧道工程理念并不协调。此外，由于普氏公式的推导中对岩土介质性征过于简略地概化以及塌方统计公式的主观先验性，即使是从防范坍塌的旧理念出发，采用“作用和反力”模型进行计算，其定量意义也是值得怀疑的。

然而，由于围岩地质体的性态具有不确定性。初期支护和二次衬砌不同的施作时机使“荷载历史”呈现复杂的情况。要通过“连续体模型”定量地得出设计参数仍然办不到。作为“连续体”模型的概化，“收敛—约束”模型，“真刀真枪”地用于具体工程的设计，也只能给出定性的贡献。

那么，能否因此得出“计算无用”的结论呢？答案当然是否定的。

只要在地质勘查中能获得具有一定代表性的岩体性态数据，在地质结构和地应力环境和岩体本构特征等方面能把握主要矛盾，通过“连续体”模型数值计算能够得到围岩稳定性特征和力学行为的规律，针对工程的具体环境条件提出合理的设计理念。此外，还可以对不同类型支护的功能和作用机理进行分析，得到明晰的结论，指导设计和施工。本书 1.4 节提供的算例就显示了“连续体”模型数值计算在隧道设计中的作用。

综上所述，得出两条结论：

（1）可以认为，从“作用和反力”模型到“连续体”模型，从离散压力到形变压力，隧道结构设计理论的提升是隧道工程理念更新的重要体现。

（2）按上述 3 种模型所进行的力学计算都不能得到定量的结果。完全依赖数值计算进行设计对于隧道工程是不现实的。不能过分强调力学计算的定量意义，不能认为“计算万能”，不能要求“一切通过计算”。

可是，设计文件须给出的恰恰是定量表达，否则就不能称为“设计”。

怎么办？有如下两个办法：

（1）将工程类比的经验方法和力学计算相结合。

（2）在施工中根据超前地质预报和对围岩力学形态的监控量测进行信息化设计。

1.6.2　工程类比的经验方法

所谓经验方法具体是指通过同既有工程的类比，提出设计参数。隧道工程的使用要求和环境条件千变万化，要在设计时找到一个“同样的”既有工程是不可能的。采取的办法是将矿山法隧道工程可能遇到的围岩按稳定程度分级，利用既有工程数据库，归纳出相应于不同等级围岩的衬砌结构设计参数。在隧道设计时，首先确定围岩级别，然后通过比照，选定结构形式和相关参数。现在很多隧道工程的设计实际上也是这样完成的。

因此，工程类比经验方法包括两个重要环节：既有隧道工程数据库和岩体分级。所谓岩体分级是把地质勘探获得的资料综合成一个定量指标——“岩体品质指标”（Rock Mass Quality），据以评定围岩稳定性级别，作为工程类比经验方法的基础。

1）Q 系统岩体分级

早在 1963 年，Deere 就认为，岩体的完整性对其稳定性有重要影响，提出可以用 RQD 指标对岩体稳定性进行分级。RQD 指标通过地质钻探获得，其定义是：岩芯中介于天然节理之间，长度大于 10cm（或钻芯直径 2 倍）的岩芯段总长同钻芯全长的百分比。

此外，用以表达岩体完整性的指标还有如下两个。

（1）岩体完整性系数：

$$K_v=\left(\frac{v_{pm}}{v_{pr}}\right)^2 \tag{1-6}$$

式中：v_{pm}、v_{pr}——岩体和岩石的弹性波纵波速度。

（2）单位体积节理数：

J_v 为国际岩石力学学会推荐表征岩体完整性的指标。

表征岩体完整性的 3 种指标对应关系见表 1–5。

表 1–5　表征岩体完整性的几种指标的关联性

级别	优	良	中	差	劣	注
RQD	100~90	90~75	75~50	50~25	＜25	
$K_v=(v_{pm}/v_{pr})^2$	1.00~0.85	0.85~0.65	0.65~0.45	0.45~0.25	＜0.25	文献 [39]
$J_v=(110-RQD)/2.5$	0~7	8~12	13~19	20~27	＞27	文献 [62]

但是，从物理意义上看，RQD 仅表达了岩体几何形状的“完整性”，并不能从物理力学性征角度准确反映岩体品质。

20 世纪 70 年代，挪威岩土技术研究所（NGI）（Barton 等，1974 年）开始研究一种被称为 Q 系统（Q-system）的地下工程岩体分级和支护设计方法[62]。

NGI 认为，影响岩体稳定性的因素中，最重要的是：节理发育程度，即岩块尺度（Degree of Joining -block Size）；节理面摩擦特性（Joint friction）；应力（Stress）。

为此，Q 值在 RQD 指标的基础上，考虑 5 个系数，经计算得到：

$$Q=\frac{\mathrm{RQD}}{J_n}\times\frac{J_r}{J_a}\times\frac{J_w}{\mathrm{SRF}} \tag{1-7}$$

式中：J_n——根据节理的组数确定，是对岩体完整性描述的补充；

RQD/J_n——进一步表征了节理岩体岩块的尺度和形状；

J_r、J_a、J_w——分别与节理面的粗糙度、蚀变性和含水率有关，表征节理面贴合程度、摩擦特征和抗剪能力。

因此，Q 值岩体品质分级是对 RQD 分级的补充，发展和完善，将硬质节理岩体稳定性等级确定的依据从“完整性”发展为“整合性”。此外，还考虑了“应力影响指数”（SRF）。

计算 Q 值时，所涉及参数的取值见表 1-6 ~ 表 1-11。

表 1-6　RQD 指标

参　数		每立方米岩体含节理数	RQD
A	很差	＞27	0~25
B	差	20~27	25~50
C	中等	13~19	50~75
D	好	8~12	75~90
E	优秀	0~7	90~100

注：1. 当获得的 RQD ≤ 10（含 0）计算 Q 值时取 10。

2. RQD 值级差为 5 已足够精确。

表 1-7　节理组数

参　数		J_n
A	完整，无节理或少量节理	0.5~1.0
B	1 组节理	2
C	1 组节理和随机节理	3
D	2 组节理	4
E	2 组节理和随机节理	6
F	3 组节理	9

续上表

参　数		J_n
G	3组节理和随机节理	12
H	4组或4组以上节理，随机节理，严重节理化，呈“方糖”状等	15
J	破碎岩体、土状岩体	20

注：1. 交叉区取 $3.0J_n$。

2. 洞口段取 $2.0J_n$。

表1-8　节理粗糙度

参　数		J_r
a）岩面直接接触；b）岩面错动10cm前保持接触①		
A	不连续节理	4
B	粗糙或不规则，起伏状	3
C	平整，起伏状	2
D	光滑，起伏状	1.5
E	粗糙或不规则，平直状	1.5
F	平整，平直状	1
G	光滑，平直状	0.5
c）错动时岩面不接触②		
H	足够厚的黏土矿物充填阻止岩面接触	1

注：①对于接触情况a）和情况b），表中描述适用于小尺度和中等尺度特征。

②对于错动时岩面不接触情况，节理平均间距大于3m，表中数字加1.0；J_r=0.5适用于光滑、平直状且具有线理的节理，当线理为预估的滑移方向时取用。

表1-9　节理蚀变度

参　数		Φ_r	J_a
a）岩面接触（无充填矿物，仅覆盖层）			
A	紧密弥合、硬质、无软化，充填物无渗透性，如石英、绿帘石		0.75
B	无蚀变节理面，仅表面沾染	25°~35°	1
C	节理面轻微蚀变，覆盖层为非软化矿物、砂性颗粒，和不含黏土破碎岩等	25°~30°	2
D	粉砂或砂黏土覆盖，少量黏土（无软化）	20°~25°	3
E	软化的或低内摩擦力矿物覆盖，如高岭土、云母、绿泥石、滑石、石膏、石墨等，少量膨胀黏土	8°~16°	4
b）错动10cm前保持接触（薄层矿物充填）			
F	砂质颗粒，不含黏土的岩石破碎体等	25°~30°	4

续上表

	参 数	Φ_r	J_a
G	强烈超固结的非软化黏土矿物充填（连续，但厚度小于 5mm）	16° ~24°	6
H	中度或低度超固结，软化，黏土矿物充填（连续，但厚度小于 5mm）	12° ~16°	8
J	膨胀性黏土充填，如蒙脱石（连续，但厚度小于 5mm）。J_a 根据膨胀性黏土颗粒尺度和水的接触等情况取值	6° ~12°	8~12
c）错动时岩面不接触（厚层矿物充填）			
K	解体或破碎岩分布带或区域高强度超固结	16° ~24°	6
L	黏土，解体或破碎岩分布带或区域，中等或低强度超固结或软化充填	12° ~16°	8
M	黏土，解体或破碎岩分布带或区域，膨胀性黏土，J_a 取决于膨胀性黏土颗粒含量	6° ~12°	8~12
N	厚层黏土连续区或分布带，高强度超固结	12° ~16°	10
O	厚层黏土连续区或分布带，中等或低强度超固结	12° ~16°	13
P	厚层黏土连续区或分布带，含膨胀性黏土，J_a 取决于膨胀性黏土颗粒含量	6° ~12°	13~20

表 1–10 地下水影响指数

	参 数	J_w
A	干燥或小量渗流（潮湿或少量滴水）	1.0
B	中等流量，局部可冲刷节理充填物（多处水滴 / 雨状）	0.66
C	射流状出水或无充填节理完整岩体高水压	0.5
D	大流量或高水压，考虑节理充填物被冲刷	0.33
E	流量很大或水压很高，但随时间衰减，致使显现冲出物甚至形成空穴	0.2~0.1
F	流量很大或水压很高，致使显现冲出物甚至形成空穴，持续，未见衰减	0.1~0.05

注：1. C 和 F 数据系粗略估计，若采用疏导措施或注浆，J_w 可增大。
2. 冻害问题须另行考虑。

表 1–11 应力影响指数

	参 数	SRF
a）可能致使岩体松散的软弱体穿插隧道①		
A	包含黏土或化学风化岩的软弱体在短区段多次出现，岩体非常松散（任何深度）或者长区段不完整（软弱）岩（任何深度），关于挤压性见本表 L、M 项	10
B	剪切体多次出现在短区段无黏土坚固岩体中，围岩松散（任何深度）	7.5
C	单一软弱体，包含或不包含黏土或化学风化岩（开挖深度≤ 50m）	5

续上表

参数				SRF
D	松散，张开节理，密集节理，或呈方糖状等（任何深度）			5
E	单一软弱体，包含或不包含黏土或化学风化岩（开挖深度）> 50m）			2.5
b）坚硬，基本完整岩体应力问题②		σ_c/σ_1	σ_θ/σ_c	SRF
F	低应力，近地表，张开节理	> 200	< 0.01	2.5
G	中等应力，有利的应力状态	10~200	0.01~0.3	1
H	高应力，非常紧密结构，通常有利于稳定性，不利情况通常由应力走向与节理 / 软弱面之间的关系确定	5~10	0.3~0.4	0.5~2 2~5
J	完整岩体的中等剥落（和 / 或）板裂在 1h 后发生	3~5	0.5~0.65	5~50
K	完整岩体的剥落和岩爆数分钟后即可发生	2~3	0.65~1	50~200
L	完整岩体强烈岩爆和直接动力变形	< 2	> 1	200~400
c）挤压岩：高地应力影响下软弱岩的塑性流动③		σ_θ/σ_c		SRF
M	轻微挤压性压力	1~5		5~10
N	严重挤压性压力	> 5		10~20
d）膨胀岩：化学膨胀在遇水时发生				
O	轻微膨胀压力			5~10
P	严重膨胀压力			10~20

注：① 如果剪切体未与开挖穿插，仅为影响带，则将 SRF 值降低 25%~50%。

② a. 强烈各向异性初始应力场（如果测得）：当 $5 \leqslant \sigma_1/\sigma_3 \leqslant 10$，将 σ_c 降至 $0.75\sigma_c$；当 $\sigma_1/\sigma_3 > 10$，σ_c 降至 $0.5\sigma_c$。其中，σ_c 为单轴抗压强度；σ_1 和 σ_3 分别为最大和最小主应力；σ_θ 为切向应力（用弹性理论估算）。

b. 个别工程拱顶埋深小于隧道跨度，在这种情况下，建议将 SRF 值从 2.5 增为 5.0（见 F）。

③ 围岩挤压性的确定必须按相应文献（Singh 等，1992 年；Bhasin 和 Grimstad，1996 年）。

该系统用综合指标 *Q* 值表征岩体品质，据此对围岩稳定性分级。此外，NGI 基于 1993 年获得的挪威 1050 个工点的数据，2015 年又补充了 900 个来自挪威、瑞士和印度相关工点的数据，提出了 Q 系统岩体分级支护设计手册（简称“Q 系统手册”）[62]，即按 *Q* 值和地下工程的线性尺度（跨度或高度）来确定支护结构的形式和设计参数。目前 Q 系统手册已成为运用较广的隧道设计经验方法，本书第 5 讲将对此进一步介绍。

2）我国铁路隧道设计规范岩体分级

Q 系统手册中除了强调岩体节理发育程度对围岩稳定性的影响，还明确指出：“对于软质岩，其变形的发生可能并不同节理直接相关，节理发育的程度并不像硬岩那样重要。”

因此，从总体来看，我国隧道设计规范中采用的“岩石坚硬程度”和“岩体完整程度”双因数岩体分级更适合我国的自然条件，具体如下。

（1）围岩基本品质指标：

$$BQ=100+3R_c+250K_v \tag{1-8}$$

（2）基本品质指标修正值：

$$[BQ]=BQ-100(K_1+K_2+K_3) \tag{1-9}$$

式中：R_c——岩石单轴抗压强度；

K_v——岩体完整性系数；

K_1——地下水影响系数；

K_2——主要软弱结构面产状系数；

K_3——初始地应力影响系数。

1.6.3　力学计算和经验方法相结合——经验方法的局限性

隧道工程的设计内容包括结构形式和设计参数的确定以及修建工法的选择，所依据的环境条件信息应该包括工程地质，水文地质和构造地质等多方面，主要如下。

（1）岩体的品质。在工程类比的经验设计方法中通常被综合地用围岩稳定性等级来表达。

（2）地下水环境。在矿山法隧道工程的设计中，往往采用“水岩分算”，用渗流理论单独地对流量和水压力荷载进行分析和计算。

（3）地应力环境。特别值得重视的是高地应力背景围岩应力的脆性释放引起的岩爆和延性释放引起的大量级挤压型变形，以及大跨度、高边墙、浅埋等情况引起的围岩拉应力。

对于岩体的品质，Q 系统手册明确指出：“大多数工点资料来自硬质节理岩体，包含软弱体。但少节理或无节理的软质岩体案例甚少，对于这类围岩的工程，支护的评估应该用其他方法对 Q 系统支护设计进行补充。对挤压性围岩或非常软弱围岩，重要的是将 Q 系统同变形量测和数值模拟相结合使用。”希望隧道工程师们不要忘掉这个重要的提醒。

对以上地下水环境、地应力环境两项，Q 系统手册中一并归纳为“主动应力”（Active Stress），它们对设计的影响表现为：分别通过 J_w 和 SFR 参数，调整对岩体品质的综合指标 Q 值的“折扣”，从而加强支护参数。在铁路隧道设计规范中，地下水和初始地应力的影响也是用对围岩基本品值指标加以“修正”处理的。实际上，这两项“主动”作用对设计的影响并不能简单地归纳到“岩体品质”中，也不是相应地采取对支护参数“加码”就能解决的。

一个明显的例子是对于高地应力软弱围岩的挤压性围岩大变形，并不是对 Q 值加以折减，调整一下支护参数就可以解决的。相反地，“强支硬顶”往往带来失败的结局。

Q 系统手册中应力影响指数 SFR 同地应力及岩石强度相关联，这个参数的物理内涵十分复杂，表中还将软弱岩体的穿插，高地应力背景下软弱围岩的挤压型变形和硬岩岩爆等问题统统放在一起，思路并不清晰。将地应力背景归纳在表征“岩体品质”的综合指标中，其逻辑上的合理性也值得探讨。将岩石强度及矿物特征纳入其中，是必要的，但思路尚待系统化。这可能同基于建立 Q 系统的既有工程数据库缺乏相应的案例有关。

地下水的影响很难简单地归结为按表 1-10 得到的 J_w 对岩体品质 Q 值的折减，地下水的处治措施也不是相应加强支护参数那么简单。注意到 Q 系统手册认为，“当采取疏排措施时”，可以“考虑增加 J_w 的数值”亦即减少 Q 值的折减。事实上，对补给充分的富水地层，长期疏排造成的地下水流动对节理岩体品质的影响是负面的。从“水岩分算”出发，就岩体品质而言，对于低水头情况，地下水实施全封堵，尽量保持地下水的初始状态反倒是有利的。

通过以上的思考，可以领会到，单纯依赖工程类比的经验方法，根据围岩稳定性分级，有时也不能解决隧道设计问题，因为隧道工程设计所依据的环境条件并不能统统包含在“岩体品质”这样一个概念之中。这就是说，经验方法也不是“万能”的。力学计算（特别是连续体模型的数值计算）应该在隧道设计中起重要作用。通过力学计算，分析具体工程围岩力学行为，稳定性特征和支护系统的作用，确立正确的设计理念，用以和经验方法相结合是十分重要的。

1.6.4 监控量测和信息化设计

在隧道工程施工前，地质勘查很难获得足够的，同环境条件实际情况相符合的资料和数据。因此，用力学计算和经验方法完成的设计文件，在严格的意义上只能称为“预设计”，还需要在施工过程中通过监控量测和超前地质预报，进行验证，修改和调整，这个隧道工程特有的设计工序被称为“信息化设计”“动态设计”或“Observational Design”。

施工过程中的超前地质预报的目的在于及时对施工前获得的地质环境资料进行补充，为修改预设计提供依据。

与传统理念立足于最终可能发生的围岩坍塌结果不同，现代隧道工程理念着眼于隧道开挖后围岩力学形态演变过程的控制。将监控量测数据进行判识，可以了解围岩稳定状态，预估围岩变形量，特别是对岩体离散给出预警，规避施工安全风险，及时调整预设计。信息化设计也是当前隧道工程理念不可忽略的重要组成部分。

隧道施工中监控量测的重要性已成为同行共识。从卷尺式净空收敛计、水准仪到激光测距、全站仪，从电阻式和电感电容式传感器到光纤光栅，测试技术进步显著；还有人致力于量测数据的实时、在线传输。

但是，仅仅依靠数据采集和传输技术，没有在监控量测工作中最重要的环节——量测数据的判识上面下功夫，仍然是难以让监控量测发挥实际作用的，即便量测信息已经实时、在线地传输到了办公桌上。

面对所获得的大量量测信息，只是简单地从规范、资料中找到“极限位移”，“位移速率”一类“准则”来进行“稳定性判别”很难取得效果。由于隧道工程环境条件的复杂性和不确定性，对具体工程，这一类“准则”往往缺乏针对性。

与应力—应变测试相比，围岩中既定点的位移，特别是隧道周壁表面点的位移较易测得，而且它直接，宏观地反映了围岩的变形情况，最适合作为围岩稳定性的判据和定量地掌握变形动态的手段，也是我国隧道工程中最常用的监测项目（包括水平收敛、拱顶下沉以及浅埋隧道地表下沉等）。

本书 1.3.2 节论述了根据监控量测数据对围岩的离散做出预判的“时态曲线形象分析法”，在 3.7 节还将给出根据监控量测数据对挤压型大变形隧道的断面预留变形量参数进行预估的案例。这些内容也许能为读者提供一个启示：对施工前由数值计算和工程类比相结合完成的“预设计”，通过施工阶段的监控量测，加以验证或修正是必要和可行的。

1.6.5 结论

隧道工程的设计手段是综合性的，如图 1-25 所示。

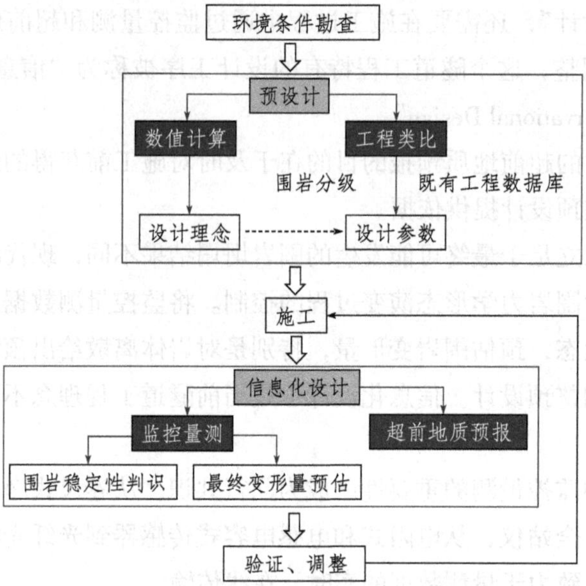

图 1-25　隧道工程的预设计和信息化设计

（1）力学计算同工程类比相结合，编制预设计。

（2）在施工中通过超前地质预报和监控量测实施信息化设计（又称“动态设计），对预设计进行验证，调整和修正。

应该看到，对于隧道工程设计，在力学计算、工程类比的经验方法和信息化设计这三个方面，都需要不断完善，大有创新的余地。

第 2 讲

隧道修建理念更新的技术背景

——围岩支护技术的进步

在喷射混凝土技术引入隧道工程的初期，人们觉得这不过是一种混凝土无模板浇筑的新工艺而已，敷设在岩面的喷层，其作用也不过是防范围岩表面个别离散岩块的剥落。至于置入围岩的锚杆，能起到的作用仅仅在于把出露在临空面的危石“悬吊”于稳定的“深部围岩”中。时至今日，工程实践不但显示了它们对各类围岩的支护能力，而且给隧道工程修建理念带来了更新。

众所周知的“新奥法”，早期曾被称为“喷射混凝土工法”（Shotcreting Method）和“喷射混凝土支护隧道快速施工法”（RSST），经过无数次实践和不断完善，被提升到隧道工程理念的层面。正是借助于喷射混凝土速凝、早强、同围岩表面紧密贴合的特性，以及锚杆从内部对围岩进行“改良”的功能，把对围岩“支撑”更新为“支护”。

对于围岩支护而言，锚杆和喷射混凝土相结合是一种“绝配”，是隧道工程理念更新的主要技术背景。因此，探讨隧道工程修建理念，需要从喷射混凝土和岩土锚固技术开始。

2.1 纤维喷射混凝土

2.1.1 喷射混凝土的耐久性

施工机具的创新改革了干喷工艺，实现了对集料、混合材、外掺剂的精确计量，特别是精确计量水灰比的湿喷工艺，加上无碱速凝剂等相关材料的研发，提高了喷射混凝土的性能，混凝土强度等级达到C30以上已经不成问题。

与采用木排架支撑和与之相对应的分部开挖工法不同，喷射混凝土可以将锚杆、钢筋网、格栅或型钢钢架组合在一起，形成初期支护系统，并不占据隧道净空，即使后期施作二次衬砌结构，也无需拆换顶替。至于这种初期支护系统能否与二次衬砌一起，成为整个衬砌系统的组成部分，甚至于取代模筑混凝土二次衬砌，在很大程度上取决于对初期支护耐久性的认定。

解决初期支护的耐久性问题，关键如下：

（1）改变喷射混凝土材料的脆性，使得喷层对围岩变形有一定的适应性，不会因变形开裂而丧失支护能力。

（2）确保包括喷射混凝土层在内初期支护各组分的紧密结合。

（3）使喷射混凝土材料具有不透水性，为取消二次衬砌、不设置防水层的“单一型衬砌”提供条件。

2.1.2 从脆性到韧性

喷射工艺本身并没有改变混凝土材料固有的脆性，当喷层因与围岩共同变形而开裂后，喷射混凝土的应力会突然“跌落”，丧失强度。按照新奥法原理，初期支护是控制围岩变形，保证围岩稳定性的主要措施。为了使喷射混凝土层对围岩的支护作用不因开裂而失效，通常要在喷层中配置钢筋网。可是，在喷射作业时由于钢筋网的阻挡，会形成“阴影区”（图2–1），对喷射混凝土的施工质量、喷层和围岩间的密贴性，以及整个初期支护系统的密实程度产生不利影响。更有甚者，由于钢筋网本身同围岩并不密贴，于是在其背后用碎石填充，这就使喷射混凝土层完全丧失了支护能力，成为名副其实的“装饰品”［图2–1b）］。

掺入纤维材料（特别是钢纤维）可以改变喷混凝土材料的脆性，使其具有明显的韧性。所谓韧性是指材料吸收变形的能力，即保持裂后强度的特性。钢纤维喷射混凝土具有一定的裂后强度，能适应围岩的变形，可以取代设置在喷层中的钢筋网，从而提高初期支护系统的密实程度，增强支护能力和耐久性。

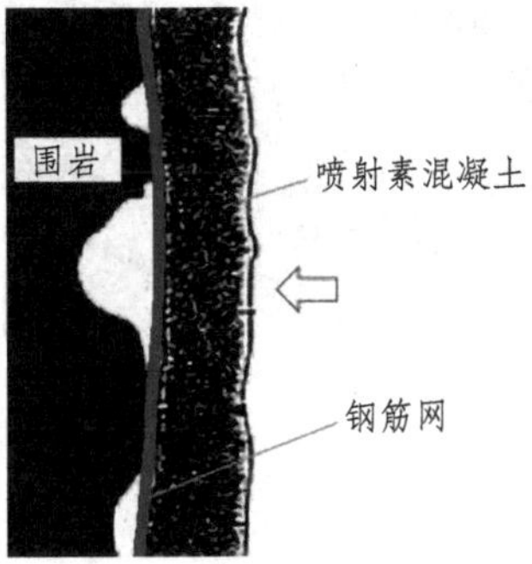

a）钢筋网喷射素混凝土

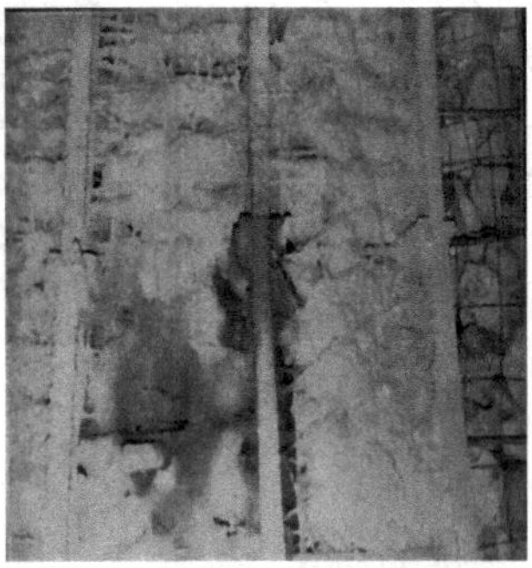
b）钢筋网背后充填碎石

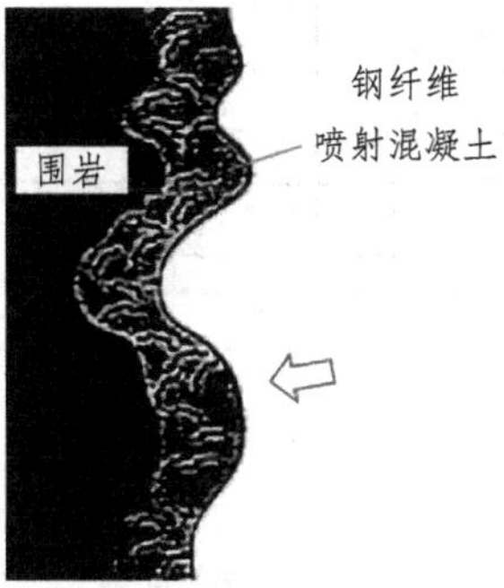

c）钢纤维喷射混凝土

图 2-1 喷层背后的“阴影”效果

试验研究表明，钢纤维的掺入对喷射混凝土韧性的提高，即裂后强度的保持效果十分明显[13]（图 2-2）。

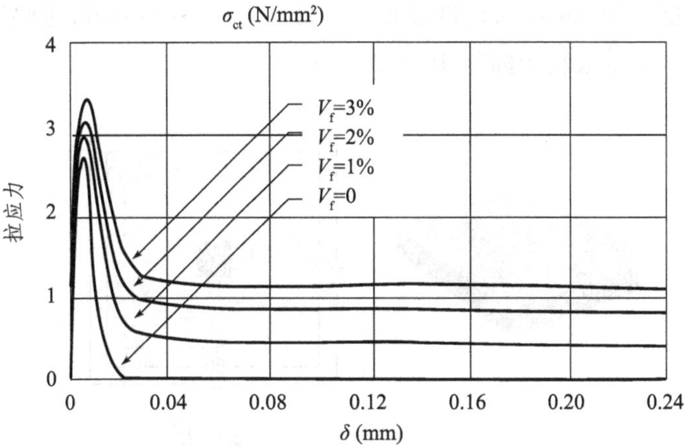

图 2-2 钢纤维的增韧效果

为了提高初期支护系统整体的密实程度以及同围岩的密贴性，在采用钢纤维喷射混凝土的基础上，除了避免使用钢筋网，还可以尽量减少钢架、格栅架一类钢结构的配置，用局部配筋的喷射混凝土加筋肋来加强初期支护[14]（图 2-3）。

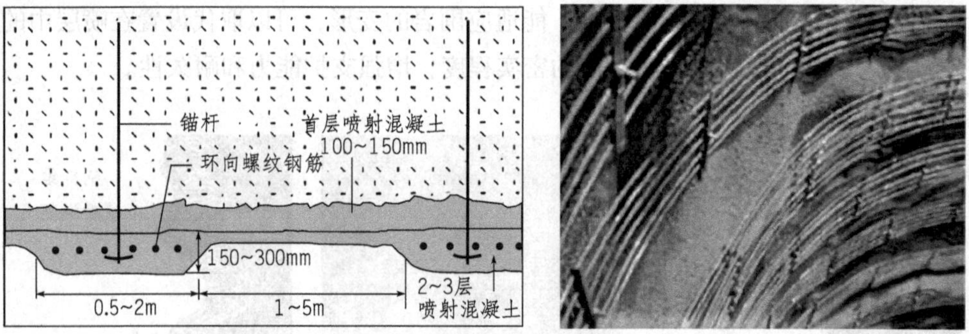

a）　　　　b）

图 2-3　喷射混凝土加筋肋

2.1.3　纤维喷射混凝土韧性的测定

用能量吸收指标和残余抗弯强度均可表征钢纤维喷混凝土的韧性。

1）平板试验和“能量吸收指标”[15-16]

按照《欧洲喷射混凝土规范》(EFNARC)规定，对尺寸为 600mm × 600mm × 100mm 的方形平板试件（图 2-4）加载，通过荷载—挠度曲线（图 2-5）获得相应于方板中心挠度为 25mm 时试件吸收的能量值，用以度量钢纤维喷射混凝土的韧性，称之为“能量吸收指标”（图 2-6）。

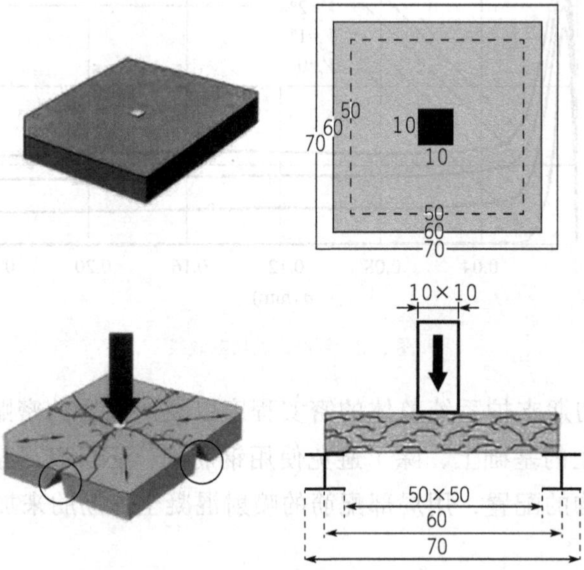

图 2-4　平板加载试验（尺寸单位：cm）

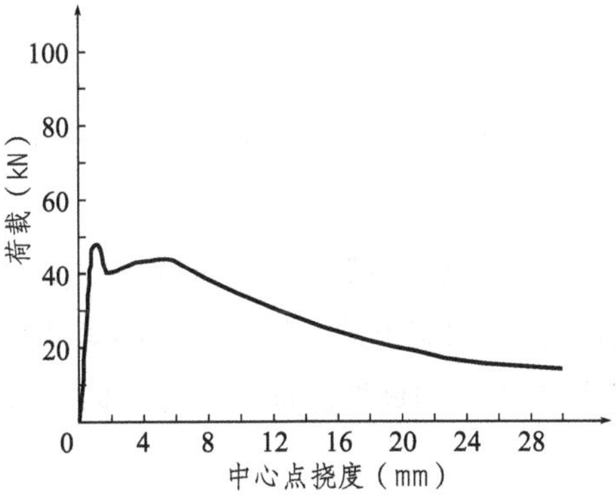

图 2-5　荷载—挠度曲线

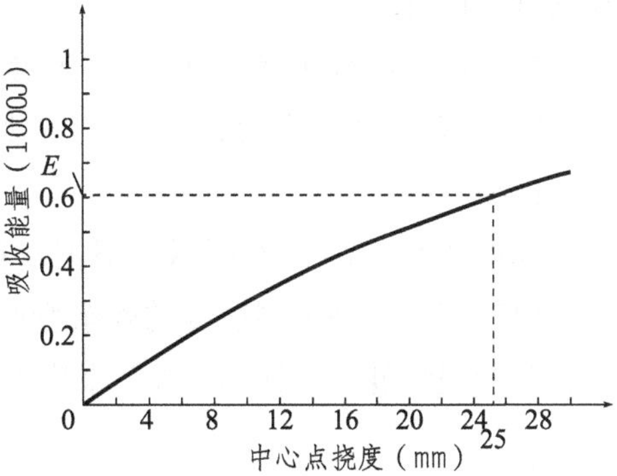

图 2-6　荷载—能量曲线

采用平板试验，可对喷射混凝土掺入钢纤维和设置钢筋网的效果进行比较。平板试验荷载—挠度曲线（图 2-7）和平板试验能量吸收柱状图（图 2-8）均表明，喷射混凝土中掺入 30~50kg/m³ 的钢纤维，其增加韧性的效果可以与设置网格为 120mm × 120mm 的 ϕ6 钢筋网基本相当。因此，用掺入钢纤维取代在喷层中设置

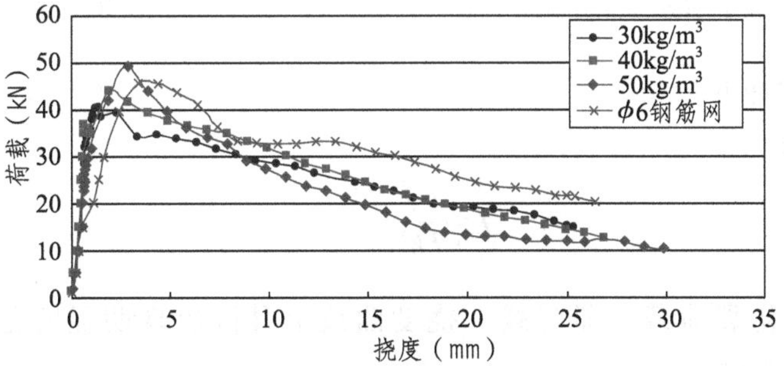

图 2-7　平板试验荷载—挠度曲线

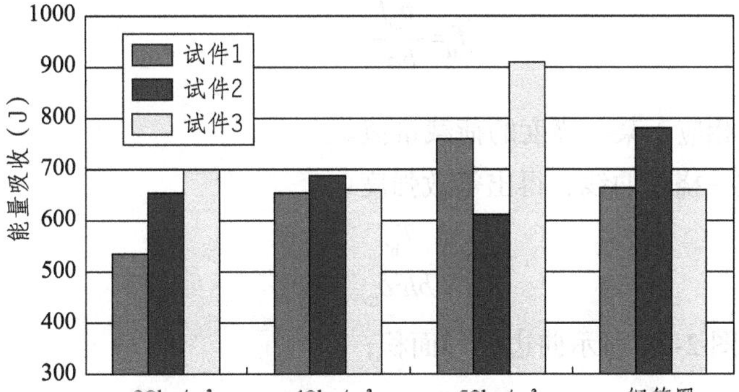

图 2-8　平板试验能量吸收柱状图

钢筋网是可行的[17]。

2）“残余抗弯强度”及“弯曲韧度”

（1）双点加载抗弯试验［日本规范《钢纤维混凝土弯曲韧度实验方法》（JSCE-SF4）］

如图 2–9、图 2–10 所示，根据双点加载抗弯试验加载得到的荷载—挠度曲线可以计算出各种不同挠度的残余弯曲强度 f_{ri}，用相应于某一特定挠度的等效强度 f_e 与初裂强度 f_u 的比值（%）来度量钢纤维混凝土的韧性，称为“弯曲韧度”。

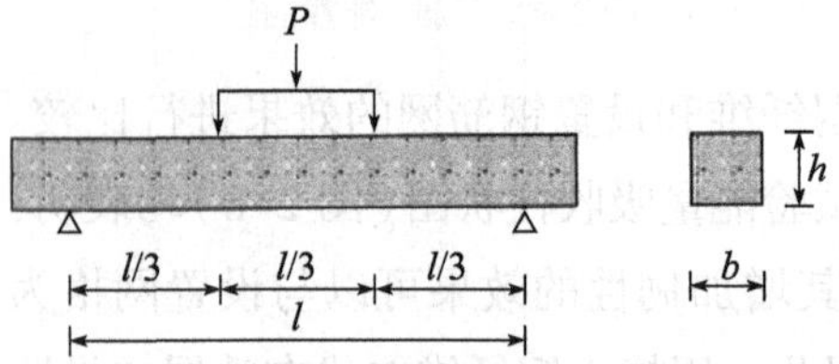

图 2–9　双点加载抗弯试验

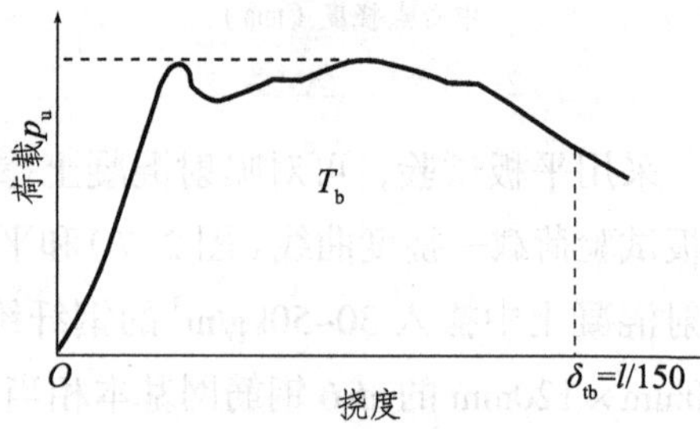

图 2–10　挠度—荷载曲线

计算公式如下。

初裂强度：

$$f_u=\frac{p_u l}{bh^2} \tag{2-1}$$

式中：p_u——初裂荷载，即荷载—挠度曲线上升段出现明显峰值时对应的荷载值。

残余强度：

$$f_{ri}=\frac{p_{ri} l}{bh^2} \tag{2-2}$$

式中：p_{ri}——相应于某一挠度的荷载量值。

根据荷载—挠度曲线，得出等效强度：

$$f_e=\frac{T_b l}{bh^2\delta_{tb}} \tag{2-3}$$

式中：T_b——图 2–10 所示曲边梯形面积；

$\delta_{tb}=\dfrac{l}{150}$。

弯曲韧度：

$$R_e = \frac{f_e}{f_u} \quad (\%) \tag{2-4}$$

（2）单点加载抗弯试验［欧洲标准《金属纤维混凝土用试验方法》（EN 14651—2005）］

如图 2-11、图 2-12 所示，根据单点加载抗弯试验得到荷载—裂口张开量（CMOD）（或跨中挠度）曲线。

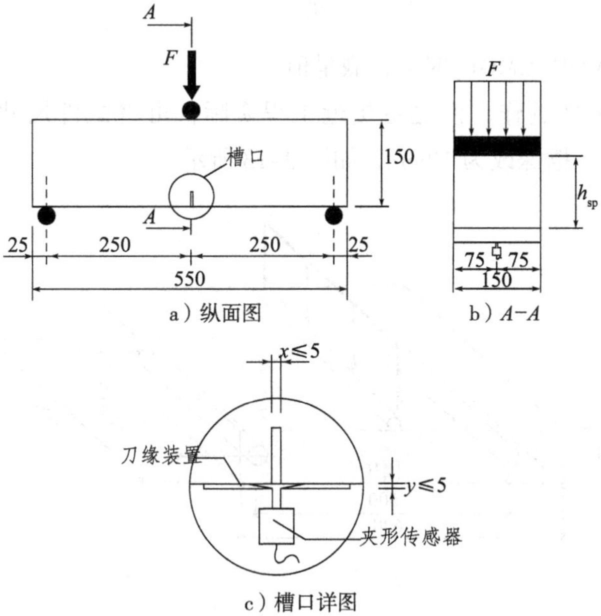

图 2-11　单点加载抗弯试验（尺寸单位：mm）

注：本试验中，试验梁底部切槽（槽深 25mm、宽 5mm），采取中点加载

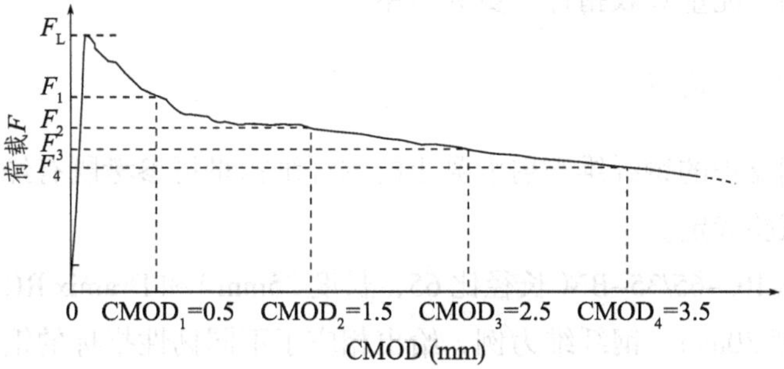

图 2-12　荷载—裂口张开量（CMOD）曲线

初裂强度（比例极限 Limit of Proportionality）：

$$f_{\mathrm{L}}=\frac{3F_{\mathrm{L}}l}{2bh_{\mathrm{sp}}^{2}} \tag{2-5}$$

式中：F_{L}——初裂荷载，即荷载—挠度曲线上升段出现明显峰值时对应的荷载值。

CMOD=CMOD$_i$ 时的残余强度：

$$f_{\mathrm{r}i}=\frac{3F_{i}l}{2bh_{\mathrm{sp}}^{2}} \tag{2-6}$$

式中：F_i——CMOD=CMOD$_i$ 时的荷载量值。

为了便于试件制作，使之更接近工程实际，可将试件尺寸改为 600mm × 600mm × 100mm，槽深改为 10mm，如图 2-13 所示。

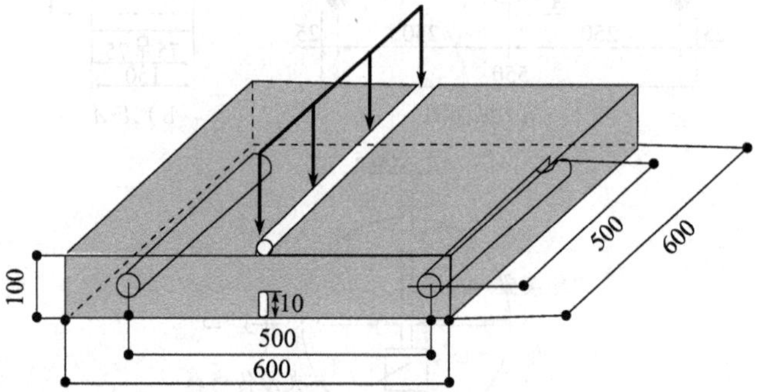

图 2-13　改进的韧性试验试件（尺寸单位：mm）

采用残余强度来表征钢纤维混凝土的韧性为工程设计中的结构计算提供了条件。但是，对于广泛运用于隧道初期支护的钢纤维喷射混凝土，从控制围岩变形角度，宏观的“能量吸收指标”更为适用 [18]。

2.1.4　钢纤维掺量

作为初期支护的钢纤维喷射混凝土的钢纤维掺量可参考既有经验，并通过韧性指标测定试验确定。

以 Dramix RC-65/35-BN（长径比 65，长度 35mm）和 Dramix RC-65/30-BN（长径比 65，长度 30mm）钢纤维为例，给出相应于不同韧性指标的钢纤维喷射混凝土钢纤维实际含量，见表 2-1，以供参考 [13]。

表 2-1　钢纤维实际含量与韧性指标间的关系

钢纤维含量（kg/m³）	Dramix RC-65/35-BN		Dramix RC-65/30-BN	
	能量吸收指标 E（J）	弯曲韧度 R（%）	能量吸收指标 E（J）	弯曲韧度 R（%）
20	800	50	650	41
25	910	56	762	49
30	1015	62	880	56
35	1130	67	965	64
40	1245	72	1050	72
45		75		74
50		77		76

湿喷按 10%（5%~15%）考虑回弹引起的钢纤维损失，钢纤维掺量见表 2-2。

表 2-2　钢纤维掺量（考虑回弹）[19]

能量吸收指标 E（J）	钢　纤　维	掺量（kg/m³）
700	Dramix RC-65/35-BN	25
1000	Dramix RC-65/35-BN	35

钢纤维最小掺量是由散布在混凝土中的钢纤维“最小重叠值”（Minimum Fiber Overlap）要求计算的“最大平均间距”（Maximum Average Spacing Value）s 确定的，旨在保证钢纤维在混凝土中分布的连续性。欧洲标准《喷射混凝土 . 第 1 部分：定义、规范和一致性》（EN 14487-1）要求 $s < 0.45l_f$，根据比利时环境和基础部有关文件推荐，取 $s=0.4l_f$ 即可保证钢纤维有足够的“重叠”。

据此可计算钢纤维的最小含量为：

$$w_{min}=\frac{6162}{\alpha^3\lambda_f^2}$$

$$\alpha=\frac{s}{l_f}\text{，}\lambda_f=\frac{l_f}{d_f} \tag{2-7}$$

式中：w_{min}—— 钢纤维最小含量，kg/m³；

s—— 钢纤维平均间距。

新加坡地铁工程参照按 $s=0.4l_f$ 计算结果，考虑到喷射混凝土的工艺特点，规定同钢纤维的长径比有关的最小含量见表 2-3。可参考此表确定最小掺量。

表 2–3 钢纤维最小含量

钢纤维长径比 l_t/d_t		40	45	50	55	60	65	70	75	80
β（kg/m³）	α=0.45	43	34	28	23	19	16	14	13	11
	α=0.40	61	48	39	32	27	23	20	18	16
新加坡地铁工程	β（kg/m³）	65	50	40	35	30	25	20	20	20
	体积率（%）	0.83	0.64	0.51	0.45	0.38	0.32	0.25	0.25	0.25

考虑回弹后的最大掺量不宜大于 78.5kg/m³（体积率 1%）。试验表明，对于增强韧性，使用钢纤维比非金属纤维有效。聚丙烯纤维一类非金属纤维由于其弹性模量相对较低（E=3~5GPa），难以起到增强和增韧的作用。研究表明，只有当残余强度满足 $f_{r1}/f_L > 0.4$，$f_{r3}/f_{r1} > 0.5$ 时，才能起到增强作用。掺入聚丙烯纤维一类非金属纤维的喷射混凝土显然不能满足要求。此处 f_{r1}、f_{r3} 分别为按欧洲标准《金属纤维混凝土用试验方法》（EN 14651—2005），用单点加载梁试验所得与裂缝口张开量 CMOD=0.5mm 及 CMOD=2.5mm 相对应的残余强度，f_L 为比例极限强度。

对于变形量级较大的挤压性围岩或膨胀性围岩，往往需要多次施作喷射混凝土才能控制围岩变形。在这种情况下，喷层总厚度可能超过 20cm。

国际上应用较为广泛的 Q 系统围岩分级衬砌设计参数建议图（Barton，等）规定，不设模筑混凝土二次衬砌的"单一型衬砌"（文献中常称"单层衬砌"），其喷射混凝土必须掺入钢纤维使韧性按不同的围岩稳定性等级分别达到"能量吸收指标"E 为 500J、700J 和 1000J 的水平。本书第 5 讲将对此进行介绍。

2.1.5 合成纤维的止裂效果和"单一型衬砌"结构

从技术和经济角度考虑，隧道衬砌结构免除模筑混凝土的二次衬砌，取消防水层，采用自防水的喷射混凝土"单一型衬砌"，是一个值得追求的目标。对此，除了衬砌结构的支护能力，还要求衬砌混凝土自身具有防水性能。对于喷射混凝土，除了控制集料配比、混合材和添加剂等方面的措施外，掺入合成纤维，控制水泥硬化过程中的收缩，防止混凝土"非结构性"裂缝的形成是一个很重要的措施。

聚丙烯纤维一类非金属纤维弹性模量相对较低（E=3~5GPa），而且在混凝土中高度分散，以长度为 19mm，直径为 48μm 的聚丙烯纤维为例，当掺量为 0.1%（0.9kg/m³），每立方米混凝土中所含纤维可达 2.88×10^7 根。因此，其具有良好的阻裂性能，特别是对于早期潜在裂缝的反应十分灵敏，能有效阻止其扩散。在喷射混凝土中掺入聚丙烯一类非金属合成纤维，其掺量一般为 0.7~0.9kg/m^3。

一般情况下，“单一型衬砌”有两层（或多层）喷射混凝土组成。紧贴围岩的喷层宜采用钢纤维喷射混凝土，增强韧性，而面临隧道净空的内层喷射混凝土宜掺入低弹性模量的合成纤维，以防止混凝土早期非结构性开裂，增强其不透水性和衬砌结构的耐久性。

按现代隧道工程理念，围岩的稳定和自承主要是靠开挖后施作的初期支护实现的。其中喷射混凝土是初期支护组合的关键。施作模筑混凝土的二次衬砌，并在其背后敷设防排水设施，形成叠合式的“双重型衬砌”（国内文献常称“复合式衬砌”），主要是从隧道结构的可靠度、耐久性和承受某些特殊荷载（例如高地应力软弱围岩挤压型变形造成的残余形变压力荷载）以及地下水处治等角度考虑的。

高性能喷射混凝土技术的开发，为满足隧道衬砌结构对可靠度、耐久性和防水性能要求创造了条件。在一定条件下，采用清一色的喷射混凝土“单一型衬砌”来取代叠合式的“双重型衬砌”已经成为可能。隧道衬砌结构形式的这一变动，带来的技术、经济、工效等方面的改善是可以期望的。

掺入纤维材料是高性能喷射混凝土技术一个十分重要的进步。

虽然国内外均已经有成功采用喷射混凝土“单一型衬砌”的工程实例，但是其适用范围、设计方法和相关技术尚待进一步研究和完善，以达到可以纳入规范的程度，详见本书第 5 讲。

2.2　岩土锚固技术

2.2.1　对锚杆支护的理解不能局限于悬吊作用

岩土锚固技术是现代岩土工程技术进步中的一个亮点。实践证明，在不同的岩土工程中，各种类型的锚杆（索）发挥了其他支护手段和支挡结构难以起到的作用。运用于隧道工程中的锚杆可以对围岩实现加固，约束和控制开挖引起的岩土介质的力学行为，激发岩土体的自承能力。因此，岩土锚固技术同喷射混凝土技术一样，可以视为隧道工程理念重要的技术背景。

但是，如果按照对传统木支撑和钢架的“支撑”作用来思考锚杆的支护能力，习惯于使用厚重、“强大”的型钢钢架的工程师们，就很难理解为什么插入围岩中的一些钢筋居然也能起到支护作用。

事实上，在我国从事隧道工程的同行中，是有人对锚杆的支护能力提出质疑的，其中具有代表性的观点反映在《中国隧道及地下工程修建技术》一书中[20]（以下简称“专著”）。

在这部专著中，作者明确地提出了“锚杆在设计计算中无法作为支护结构来考虑”的观点，同时，给出了示意图（图 2–14），说明所设置的锚杆大部分都在图中“平衡拱”以下，“破裂面”以内的范围内，“没有锚固点，起不到锚固作用”“拱部需要设计很长的锚杆才能够深入到稳定围岩中起到锚固作用。”其结论是：“在软弱地层中取消系统锚杆”，以及“顶部锚杆施作危险，处于围岩脱离区，不论地层软硬均应取消”。这一段关于“锚杆无用”的论述值得商榷。

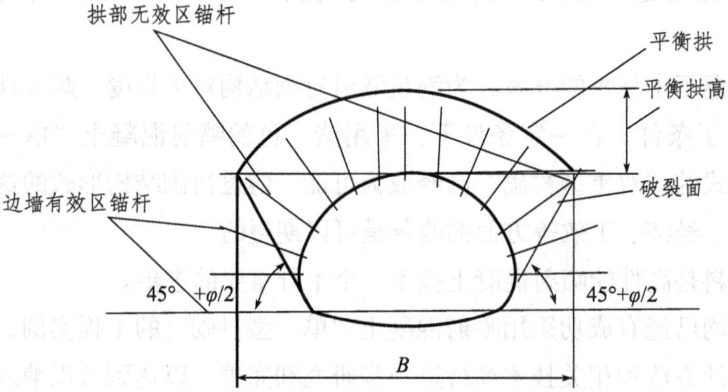

图 2–14　文献 [20] 给出的示意图

从锚杆技术的发展历程来看，人们对锚杆的认识确实是从“悬吊作用”出发，简单地将锚杆的支护作用理解成把围岩表层 [1959 年的俄文文献称“直接顶”（Непосредственная кровля）] 可能坍塌的岩土体用锚杆“悬吊”于不会坍塌的稳定层，俄文文献称“基本顶”（Основная кровля）[21]，如图 2–15 所示。

为了全面理解锚杆支护作用，围绕图 2–14 加以讨论。

（1）图中的“锚固无效区”并不存在。

图 2–14 所示的“平衡拱”［指普氏理论中的“卸载拱”（Разгружающий свод）[22]］和“破裂面”是隧道开挖后对围岩不加约束，任其自由坍塌的最终形态。要让锚杆像被动支护结构那样承受围岩自由坍塌最终可能产生的全部离散压力荷载，自然是不现实的。问题在于在采用锚杆和喷混凝土等施作及时，

同围岩紧密结合的支护的条件下，围岩并不会产生图 2–14 所示的那种坍塌，从而不可能出现图中被“平衡拱”和“破裂面”包围的“锚杆无效区”。

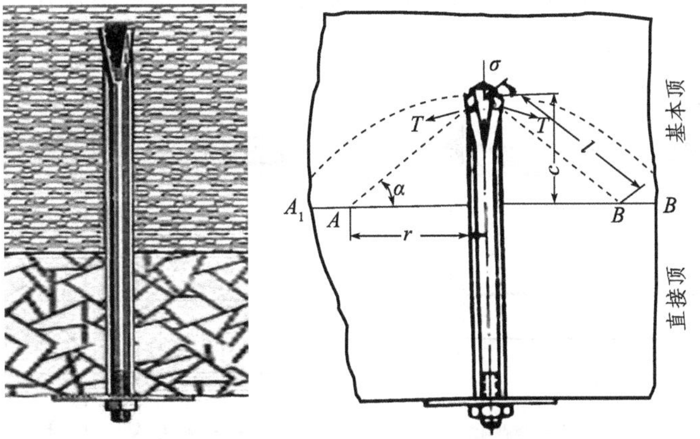

a）　　b）

图 2–15　早年（1959 年）文献对锚杆悬吊作用的描述

（2）“锚固点”的概念并不符合全长锚固锚杆的实际情况。

隧道工程中锚杆的应用最早是从作为施工临时支护的点状锚固锚杆开始的，如图 2–16a）所示，这种锚杆通过分别置于锚杆两端的锚头和垫板两个点起到支护作用。而目前隧道工程中早已广泛采用灌浆锚杆，即通过岩孔中的砂浆沿杆体全长对围岩提供支护作用的“全长锚固”锚杆［图 2–16b）］。这种锚杆即使无锚头和垫板，也具有对围岩加固和支护的功能［图 2–16c）］。

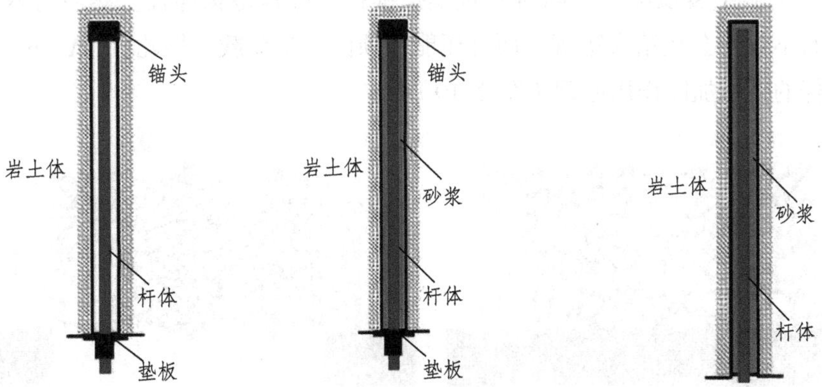

a）点状锚固锚杆　　b）全长锚固的灌浆锚杆　　c）销钉（Dowel）无锚头、无垫板

图 2–16　不同形式的锚杆

从图 2–17 看出，点状锚固锚杆确实是靠锚头（文献 [20] 称之为“锚固点”）和垫板两个关键节点对围岩起到支护作用的，而全长锚固锚杆则通过砂浆的抗剪黏结力对围岩起到支护作用，与点状锚固锚杆不同，完全不存在“锚固点”的问题。

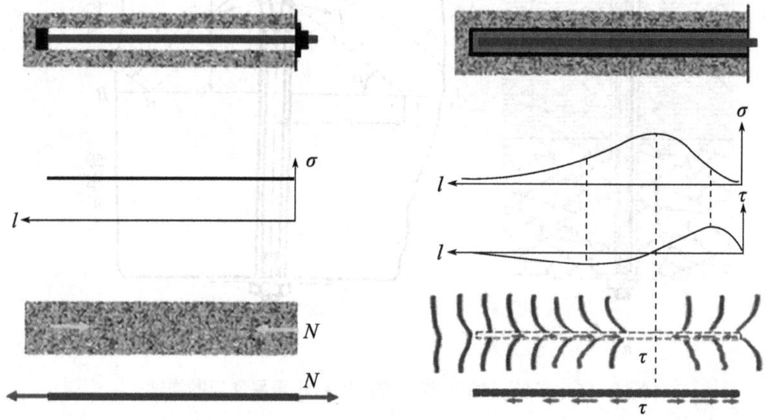

a）点状锚固　　b）沿全长锚固（未设垫板）

图 2–17　点状锚固和全长锚固

（3）对锚杆支护的理解不能局限于悬吊作用。

其实，即使对于点状锚固的锚杆，它对围岩的支护作用也不是能用悬吊作用所能概括的。

多年前，澳大利亚雪山水利工程做过一个有趣的试验，如图 2–18 所示，在一个无底木箱中装填碎石，同时安置模拟锚杆，拧紧垫板螺栓。然后将木箱提起，碎石不仅不会从箱底坠落，而且还能在顶面承受荷载。据此，T.A.Lang 等提出了锚杆的挤压加固作用原理（图 2–19）。

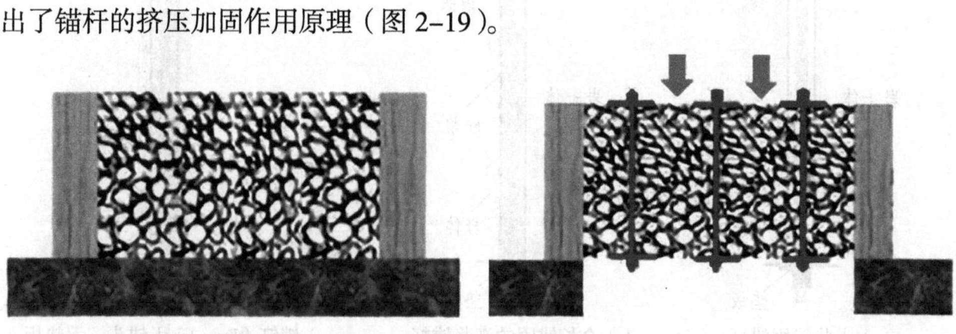

a）　　b）

图 2–18　无底木箱试验示意图

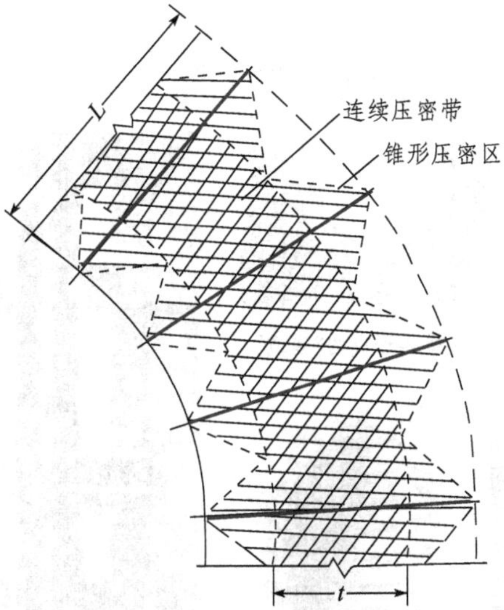

图 2–19　挤压加固作用原理

受此试验启发，1978 年，在铁道部科学研究院西南研究所的试验室里做过的一个卵石模型试验，更形象地演示了锚杆的支护能力[23]（图 2–20）。在试验中用粒径 5~10mm 的卵石来模拟散状“岩体”，把它装在四周镶有有机玻璃版的模型框架中。为了在卵石堆成的“岩体”中形成一个洞室，先用多根钢筋条组成一个形如隧道轮廓的栅栏置于框架中间，并在栅栏外围裹上模拟喷射混凝土的棉线网。然后，往栅栏背后装填卵石，使之在栅栏和棉线网的支挡下形成洞室。这种卵石“围岩”本身毫无自承能力，将组成栅栏的钢筋条抽去，洞室连同“无济于事”的棉线网一起，立即坍塌。如果在装填卵石的过程中沿洞室周边埋入径向系统锚杆，并拧紧模拟垫板的螺母（用 φ0.27mm 的铜丝模拟杆体，用粘在铜丝端部的石膏粒模拟内锚头。将铜丝外露部分用环氧树脂粘上一段紫铜管，套丝扣，以便安装“垫板”），这样当栅栏状支挡的钢筋条逐一抽去，卵石围岩中的“隧道”不仅不坍塌，并可在试体上加载至 1.3MPa，仍不坍塌（图 2–21）。

模型试验得到的结论：即使是卵石模拟的散状介质，经锚杆加固也能具有自承能力。那么，为什么对锚杆的认识要局限于“悬吊作用”呢？

其实，将锚杆对围岩的支护归纳为“加固作用”更为确切。不同岩体结构的围岩，具有不同的加固机理，悬吊作用（或可称为“连接作用”）只是加固作用的一种特定情况。

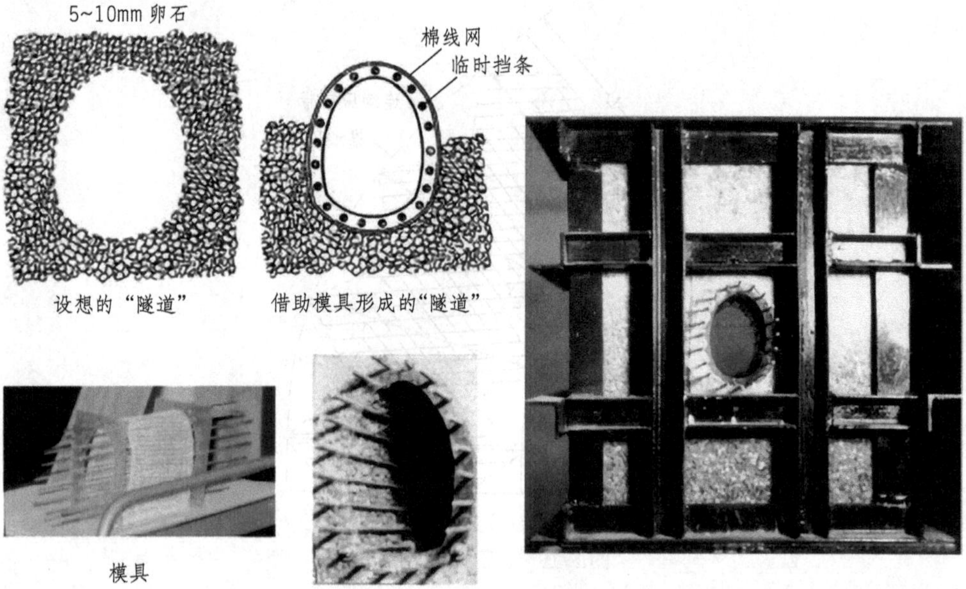

图 2-20　模拟围岩和模具

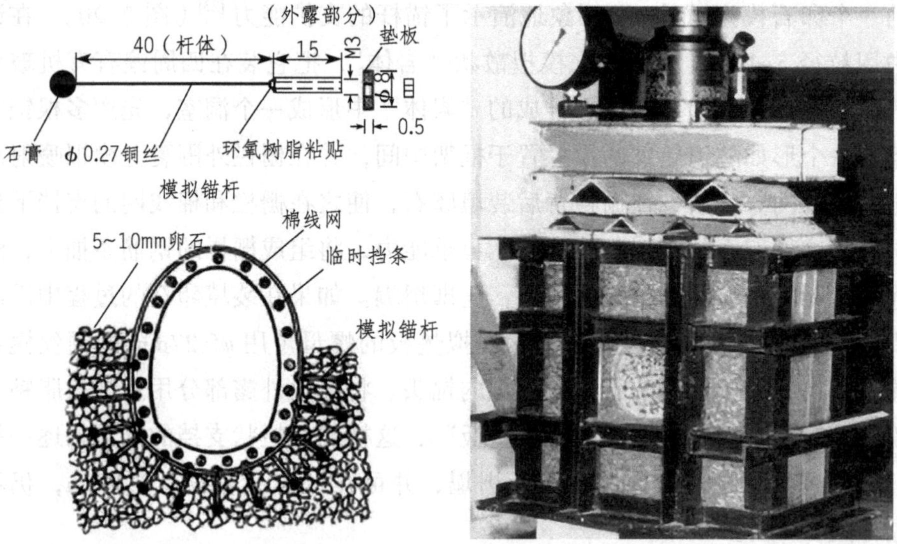

图 2-21　加载试验（尺寸单位：cm）

2.2.2　各类岩体结构锚杆加固作用的不同方式

岩土工程的大师 L. Mueller 按节理分布特征将工程岩体分为完整岩体（Unfractured）、局部节理岩体（Partially Jointed）、节理岩体（Jointed）、强烈破碎岩体（Strongly Fragmented）等四类[24]，并分别采用不同的力学介质模型进行分析。

在讨论隧道工程中的锚杆支护作用原理时，着重针对下列几类岩体结构的围岩。

（1）块状围岩

块状围岩的岩块强度 $R_c > 30\text{MPa}$，地质结构面发育，将岩体切割块状。该类围岩岩体相当于 Mueller 分类中的节理岩体，坍塌往往由出露在临空面上的不稳定块体（图 1–5 中“关键块”）坠落或滑塌而引起岩体离散所致。

组成块状围岩的岩块具有足够的抗压强度，在压应力的作用下，可以相互镶嵌、咬合而自稳。如图 2–22 所示，用锚杆可以将出露在临空面的“关键块”同周围岩体连接在一起，阻止其坠落和滑塌，遏制块状围岩的松弛，避免离散，保持和发挥块状围岩由岩块镶嵌、咬合产生的自稳自承。

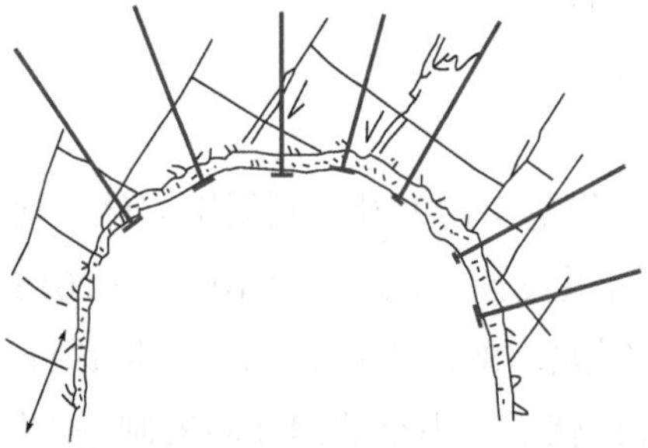

图 2–22　锚杆对块状围岩的支护作用

出露在临空面上的“关键块”的塌落可以分为以下两种形式。

①**直接坠落**：岩块坠落时不同其余块体摩擦。

②**滑塌**：岩块沿地质结构面滑落。

值得指出的是，锚杆防止块体塌落除了通过杆体抗拉，还可以通过杆体抗剪来实现。对于块体滑塌的情况，犹如销钉的沿全长锚固锚杆可以提供地质结构面的抗剪能力（图 2–23）。

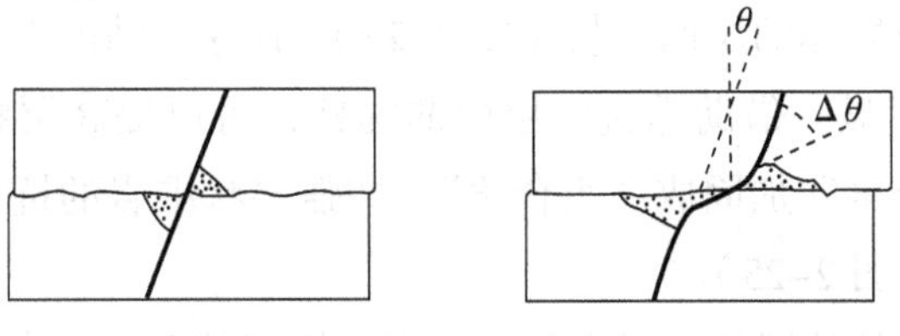

a）$R_c > 100\text{MPa}$　　b）$R_c < 100\text{MPa}$

图 2–23　锚杆的销钉作用（据 M.Panet）

M. Panet[25] 和 F.Pellet 分别给出了锚杆对抗剪能力贡献的表达式：

$$\frac{C}{N_0}=a+b\tan\varphi \tag{2-8}$$

$$a=f_1(R_c,\ \theta,\ \varphi,\ \delta)$$

$$b=f_2(R_c,\ \theta,\ \varphi,\ \delta)$$

以及

$$\frac{C}{N_0}=[(1.55+0.0011R_c^{\ 1.07}\sin^2(\theta+\delta)]R_c^{\ 0.14}(0.85+0.15\tan\varphi) \tag{2-9}$$

式中：C——锚杆对抗剪能力的贡献；

N_0——杆体的屈服力；

θ——杆体的倾斜度；

φ——节理的摩擦角；

δ——节理剪胀角；

R_c——岩石强度。

由此可见，将出露在临空面的关键块同周围岩体连接在一起所需提供的支护抗力，会远小于《铁路隧道设计规范》（TB 10003—2016）规定的根据塌方统计公式计算的压力量值。因此，即使对块状围岩，把锚杆的支护作用归结为“悬吊”，也并不确切。这或许就是“小小的钢杆能遏制塌方”的奥秘所在。

（2）层状围岩

一些沉积岩或沉积变质岩，岩层较薄，岩体中层面同其他地质结构面相比，成为决定围岩稳定条件的主要因素。层状围岩在力学属性上表现出明显的正交异性，其物理力学指标在沿层面方向和垂直层面方向有很大的差异。层状围岩岩体是 Mueller 分类中节理岩体的一种特殊形态。

诚如本书 1.4 节中关于层状围岩支护的算例表明的那样，强烈正交异性的层状岩体，其破坏区和变形区的优势方向往往在层面的法线方向。从而，围岩典型的破坏形态表现为岩体的层面弯折（图 2-24）。在这种情况下，锚杆的销钉抗剪作用的效果分外明显。借助垂直于层面的锚杆，可以提高层状围岩层间抗剪强度，从而将“叠合梁”加固成“组合梁”，增强层状围岩的抗弯折的能力，使之获得可靠的自承（图 2-25）。

在一些水平产状的层状围岩中开挖隧道，拱部的开挖轮廓形状不易控制，平坦的顶板很难用拱形的钢架可靠地支护。在这种情况下，设置锚杆能取得事半功倍的好效果。

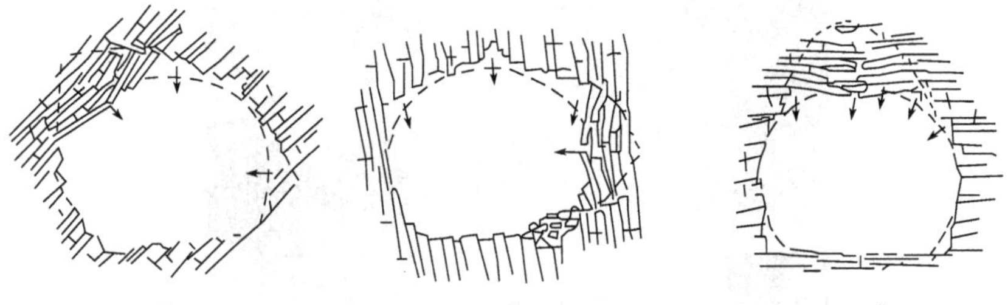

图 2-24　层状围岩的弯折破坏（本图引自文献 [26]）

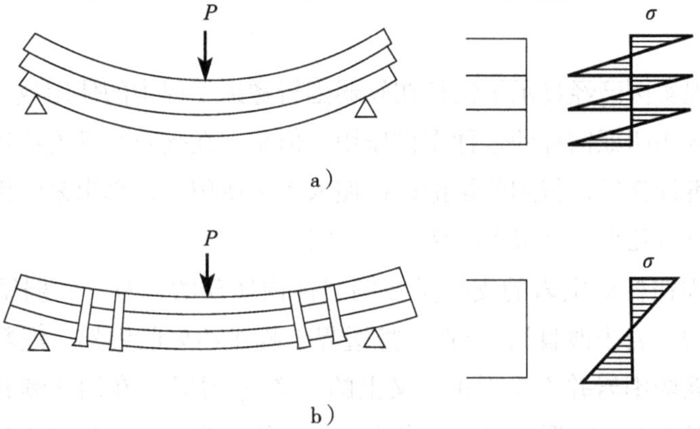

图 2-25　锚杆的组合梁作用

达成铁路万山寺隧道施工 2001 年曾发生拱部衬砌突然坍塌掉落的事故。该隧道通过水平产状的层状围岩，而拱部锚杆缺失，衬砌背后的回填又不密实，致使围岩离层坍塌。对于这种水平状的顶板，在垂直于层面的方向设置锚杆是十分重要的（图 2-26）。

（3）软弱围岩

国际岩石力学学会（ISRM）定义的软弱岩体包括破碎岩、风化岩和软质岩。

隧道开挖引起的应力重分布使软弱围岩产生塑性变形。锚杆的作用在于控制围岩的变形，防止围岩因过度变形、岩体力学性能劣化而“离散”，坍塌。在此过程中，锚杆杆体同围岩的变形协调是通过沿全长灌注的砂浆实现的［图 2-17b）］。因此，除了保证锚杆孔眼内注浆密实饱满外，还必须同时保证砂浆和围岩以及砂浆和杆体之间均有足够的抗剪强度。杆体表面要有一定的凹凸，以利于传递剪力。

图 2-26　万山寺隧道坍塌

很多工程实例已经显示了锚杆在软弱围岩隧道工程中的使用效果，总希望还能能用数值方法印证锚杆的这种支护作用。但是，在兴致勃勃地用连续介质力学软件进行一番计算后，得到的结论往往使人大失所望：计算出来的围岩力学行为在加了锚杆以后几乎没有很大的变化，原因何在？

全长锚固锚杆对围岩的支护是在围岩体内实现的，对于软弱围岩来说类似于围岩注浆的“岩土改良”，与在开挖边界上提供约束的钢架，混凝土结构等有所不同。而软弱围岩并不是真正意义上的“连续介质”，在用连续介质力学进行计算时，应考虑随着变形发展，会发生岩体性能的劣化。锚杆的支护作用恰恰在于通过控制围岩变形遏制岩体的劣化。樱井春辅教授指出，在计算锚杆的支护作用时，要考虑对岩体性能的贡献。例如，在用连续介质力学进行计算时，可将锚杆设置范围内岩体的力学参数 C、φ、E、μ 修正为 C^*、φ^*、E^*、μ^*。当然，针对千变万化的复杂地质结构，将这一概念具体用于数值计算，并不是一件容易的事情。

2.2.3　锚杆和钢架，孰优？

出自对锚杆支护作用的疑虑，有的工程宁愿在初期支护中更多地使用钢架，以为唯有这样才能规避施工中的安全风险。型钢钢架自身具有较大的刚度和承载能力，但是，在很多情况下，用以取代锚杆并不能取得预期的效果，问题如下：

（1）钢架和围岩开挖轮廓之间存在孔隙，难以同围岩紧密贴合，有时并不能有效控制围岩的变形和防止围岩的离散，易于诱发离散压力荷载［图 2-27a）］。

与此相反，锚杆（同喷射混凝土配合）则可以同围岩紧密结合，有效控制围岩的力学行为，防止围岩“离散”。

（2）钢架属于被动型结构物，所承受的荷载会传递到拱脚或墙脚。拱脚和墙脚的处理是钢架施工中很敏感的问题，如果没有锚杆的配合，较难处理。

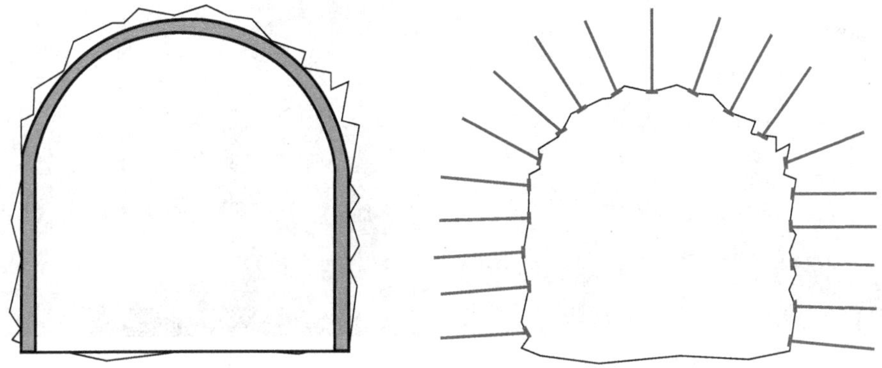

a）钢架支撑　　b）锚杆支护

图 2-27　钢架与锚杆

采用格栅钢架代替型钢钢架，可以在一定程度上缓解上述两个问题，但仍然不能起到取代锚杆的作用。

2.2.4　预应力锚杆（索）的支护作用

对杆（索）体实施预张拉的预应力锚杆（索）是岩土工程中经常采用的一种支护形式。雪山水利工程无底木箱试验和 1975 年铁道部科学研究院西南研究所进行的散状介质锚杆支护模拟试验都说明，锚杆对围岩的加固不仅可以借助眼孔中砂浆沿杆体的“全长锚固”作用，而且可以通过安装后对杆体的预张拉，在锚头（内锚头）和垫板（外锚头）处施加一对主动力来实现。据此，T.A.Lang 提出了“锚杆挤压加固原理”。此外，本书 1.4 节关于用预应力锚索消除大跨度隧道拱部出露在临空面的蝶形拉应力区的算例阐明，通过预应力锚索施加集中力，可以实现对围岩应力重分布的主动干预。

需要注意的是，作为永久支护组分的预应力锚杆（索），在张拉锁定预应力后，仍然需要对“自由段”全长灌浆。这不仅出于保护杆体避免锈蚀、保证耐久性的需要，而且可以防止锚杆（索）因爆破振动等原因使锚头或垫板松动而丧失支护能力。特别是采用柔性杆体的预应力锚索，其由内锚头、钢绞线和垫板三部分组成，作用机理属于点状锚固。在岩土锚固工程中，钢绞线的自由段常采用油脂、塑料管等防护，并不同岩体结合，一旦外露于岩面的垫板松动，整根锚索将失去作用。图 2–28 所示为汶川地震后边坡预应力锚索垫板垮塌的实况。因此预应力锁定后对自由段灌浆至关重要。

a）

b）

图 2–28　地震后垫板垮塌的预应力锚索

实际上，对于岩土边坡的永久支护，预应力锚索有时并不见得是优选方案。相反，刚性杆体无张拉锚杆不但具有更好的耐久性，而且刚性杆体的抗剪可以显著增强支护能力（图 2–29）。

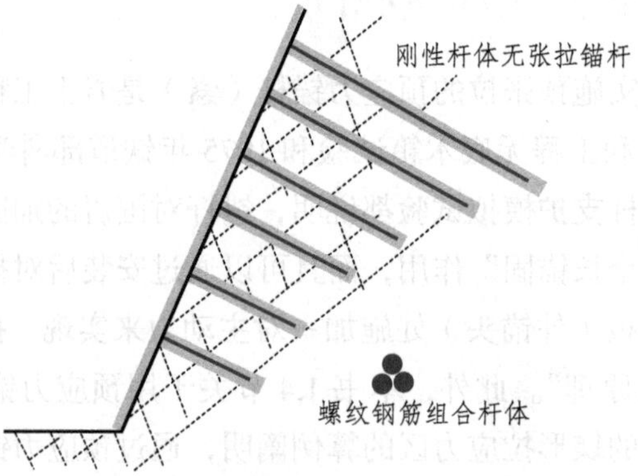

图 2–29　刚性杆体无张拉锚杆

2.2.5　锚杆品质管理问题

1）锚杆杆体及灌浆密实性

杆体的选择和灌浆密实度是锚杆品质管理中两个突出的重要环节。

（1）杆体。除了钢材的强度和韧性，还要注意杆体表面形状必须满足提供摩阻力要求，一般采用螺纹钢或轧制波纹钢。采用空心杆体时，壁厚不能小于4mm。

有的工地采用管材（在管壁上还打了一些小孔）代替螺纹钢或波纹钢作为锚杆的杆体，称之为“锚管”。与在开挖面临时防护结构的小导管不同，一般情况下，锚杆的杆体是要承受轴向力（受拉）的，而杆体的受力通过砂浆同杆体表面间的剪力传递，因此，必须保证砂浆和杆体表面之间有足够的抗剪强度。螺纹钢和波纹钢杆体与砂浆之间具有良好的嵌固作用，而表面光滑平整的管材则不能起到这种作用。所谓“锚管”，其锚固力（或握裹力）是很有限的。因此，在小导管施工时用得很顺手的“花管”不适合作为锚杆杆体。

（2）灌浆密实性。沿全长锚固锚杆施工品质的关键在于灌浆的密实性。锚杆灌浆不密实会对其耐久性和支护能力造成严重不利的影响。

2）锚杆类型

按灌浆工艺的不同，可以将锚杆分为以下三种类型。

（1）“先灌后锚”型锚杆

如图 2-30 所示，用压缩空气注浆器和灌浆软管将砂浆输入岩孔，退出灌浆软管后即刻将杆体徐徐插入，然后必要时封堵孔口。

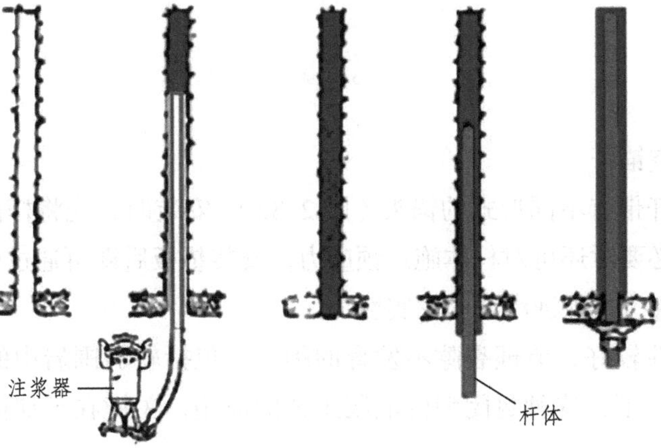

图 2-30　先灌后锚型锚杆

这种灌浆工艺，锚杆结构简单（不带锚头），灌浆操作方便。要注意的问题是，在灌注拱部锚杆时须通过试验选择合理的水灰比，控制浆液的和易性，避免灌浆时浆液流塌。

对于边墙和隧底部位的锚杆，可以免用压缩空气灌浆器，借助重力将砂浆输入岩孔，必要时可将锚杆方向略加调整，使岩孔向下倾斜，并可用外掺剂适当加大浆液的流动性。

（2）药包式锚杆

钻凿岩孔后，逐一装填药包，然后插入杆体将药包捅破，浆体即可包围杆体（图 2–31）。药包可采用树脂类材料或水泥基材料（药包装填前先在水中浸泡）。药包式锚杆安装工艺简单，特别是在采用树脂类药包，早强性能好，适用于防范岩爆等场合，规避安全风险。其缺点是难以保证杆体居中，影响耐久性。同时，当锚杆长度大于 3m 时，药包装填困难。这就限制了这种锚杆的使用范围。

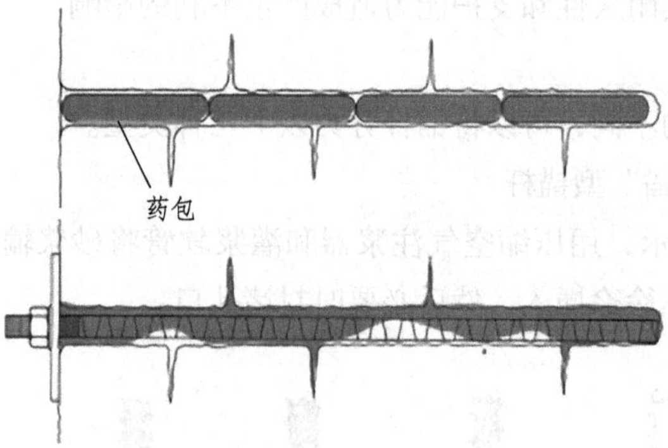

图 2–31　药包式锚杆

（3）中空锚杆

这种锚杆带有不同形式的锚头（图 2–32）。安装时，先将杆体借助锚头固定于岩孔中，必要时还可对杆体施加预应力，安装垫板后即可通过杆体的中孔用砂浆泵进行灌浆，易保证灌浆的密实性。

在整体性较好、节理裂隙不发育的围岩（包括软弱围岩中的部分软质岩和风化岩）条件下，这种封闭型的灌浆工艺的应用，关键在于如何排放岩孔内的空气。

解决这一问题的办法是在垫板上钻一个孔，安装一根塑料短管，当锚杆向上倾斜时作为灌浆管，空气由杆体中孔排出；当锚杆向下倾斜时，浆液经杆体中孔灌入，空气则由塑料短管排出（图 2–33）。

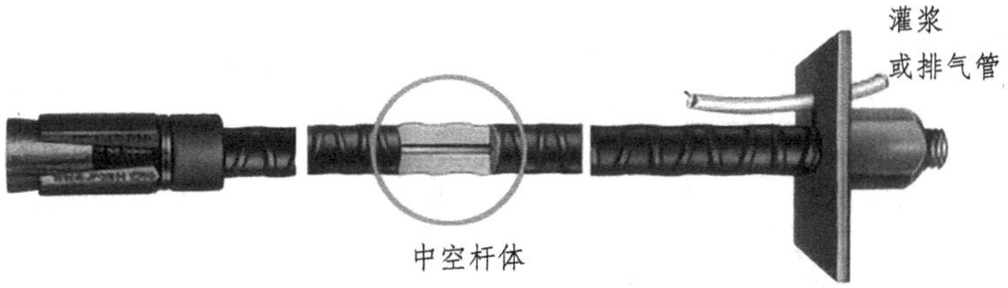

图 2–32　中空锚杆

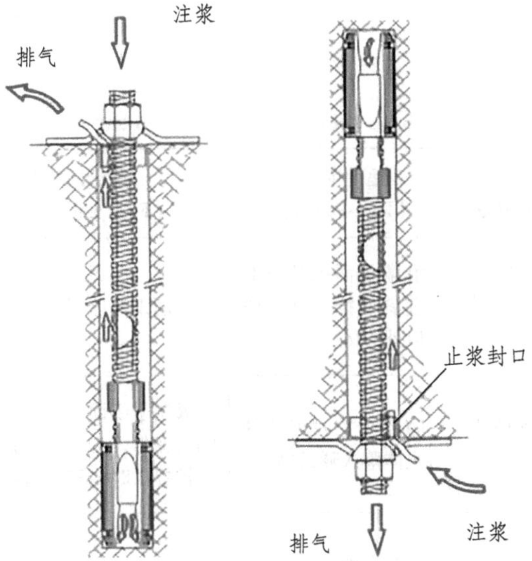

图 2–33　灌浆和排气

中空锚杆还具有一个特殊的功能：在破碎围岩中，岩孔钻凿困难，常在钻杆退拔时孔壁坍塌，无法安装锚杆，这种情况下，可以将锚头置换成一次性钻头，直接利用锚杆的杆体钻凿岩孔，在安装垫板后灌浆。这种锚杆俗称“自进式锚杆”。

2.2.6　功能异同的各种“锚杆”

行业内习惯把用于支护的所有插入围岩的杆体均称为“锚杆”。其实，它们的功能和受力特点并不相同，如图 2–34 和表 2–4 所示。

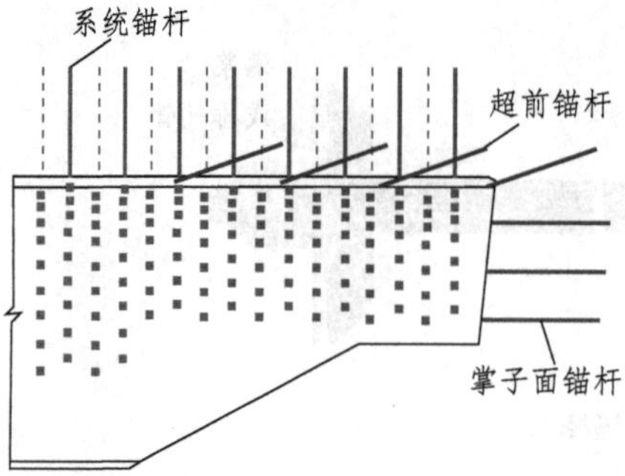

a）其他锚杆

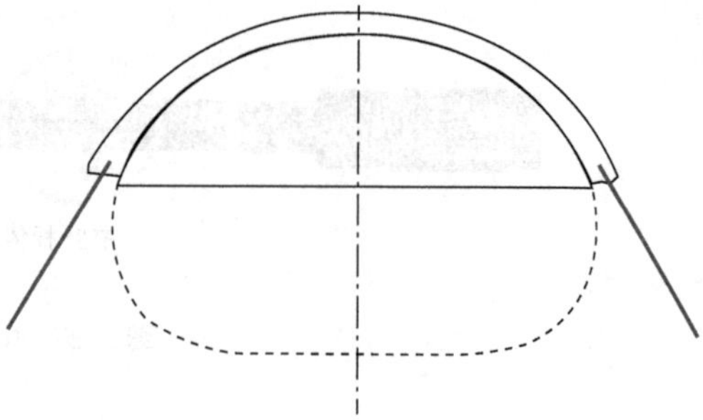

b）锁脚锚杆

图 2-34　功能异同的“锚杆”

表 2-4　各种不同功能的“锚杆”

“锚杆”名称	系统锚杆（Systematic Anchoring）	超前锚杆（Fore-Poling）	掌子面锚杆（Face Stabilization）	锁脚锚杆（Root Piling）
说明	开挖后，在掌子面后方设置	沿掌子面拱部轮廓向前斜向插入开挖轮廓以外岩体	玻璃钢杆体用于加固掌子面	设置于拱脚
功能	永久性系统支护的组成部分	防范开挖时坍落的岩土体落入隧道内	遏制掌子面前方核心体岩土的预变形，为开挖后施作初期支护提供时间和空间条件	提高拱脚基础的支承抗力，防止下陷
支护时效	永久支护	临时支护		
备注		也有以管材为杆体管壁设孔，用于灌浆，称之为“小导管”	“岩土变形控制工法”（ADECO-RS）推荐	

下面，讨论一下**锁脚“锚杆”**。

浅埋黄土隧道由于黄土的垂直节理发育，隧道开挖后会诱发拱顶土体整体下沉（图 2-35）。上部断面开挖后，为防止钢架拱脚沉陷，扩大拱脚并设置锁脚“锚杆”能取得很好的效果。在此类情况下，锁脚“锚杆”设置的方向应尽量接近拱脚的切线方向，使锚杆受力以轴向压力为主，避免成为“嵌入梁”，杆体弯曲后，会造成拱脚下沉（图 2-36）。

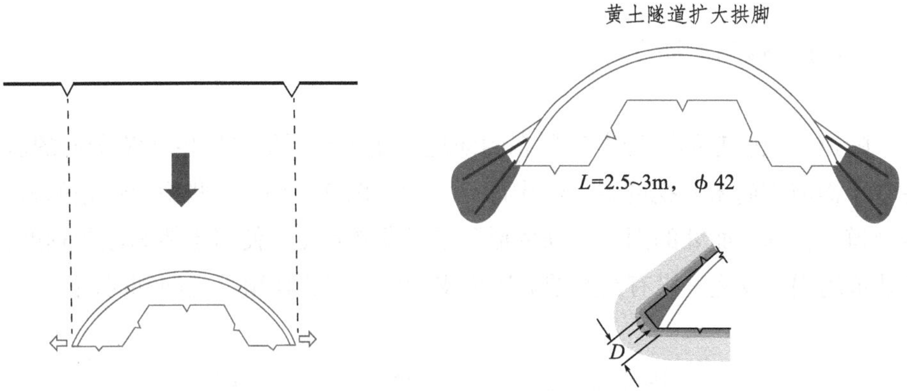

图 2-35 黄土隧道拱脚加强

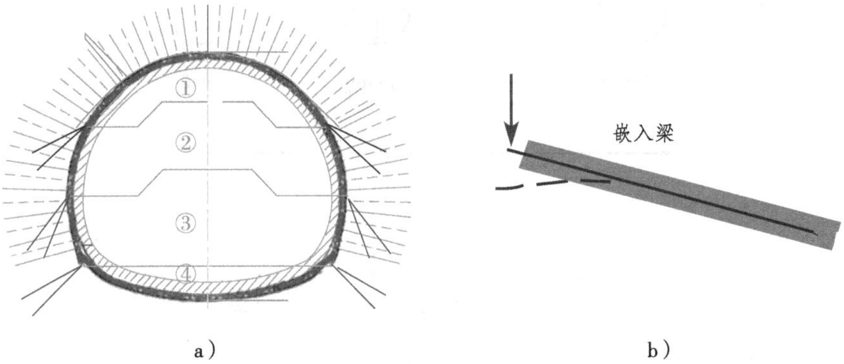

图 2-36 不正确的锁脚锚杆设计

注：图中数字表示开挖分部

在一般的情况下，滥用锁脚锚杆没有意义。图 2–36 所示为某深埋隧道，设计图中那么多的锁脚锚杆看不出能起什么作用。一般情况下，采用分部开挖工法在落底时，钢架基底悬空的问题通过系统锚杆和钢架的连接和喷射混凝土的黏结是可以解决的。像浅埋黄土隧道那样拱部土体整体塌陷的情况并不多见。

至于表 2–4 中所列的超前锚杆和掌子面锚杆，属于围岩超前支护技术的范畴，是现代隧道技术进步的一个重要内容。不过，对它们的认识尚存在误区，值得思考和探讨。

2.3 超前支护技术

隧道开挖引起的围岩力学形态的演进和变形并不是仅发生在掌子面的后方，在掌子面前方尚未开挖的岩土体中即已发生（图 2-37）。一些稳定性差的软弱围岩隧道，在掌子面处的围岩“预变形”已经发展到足以使岩土体离散的程度，常会造成坍塌的发生，没有给开挖后围岩支护的及时施作留下空间和时间。

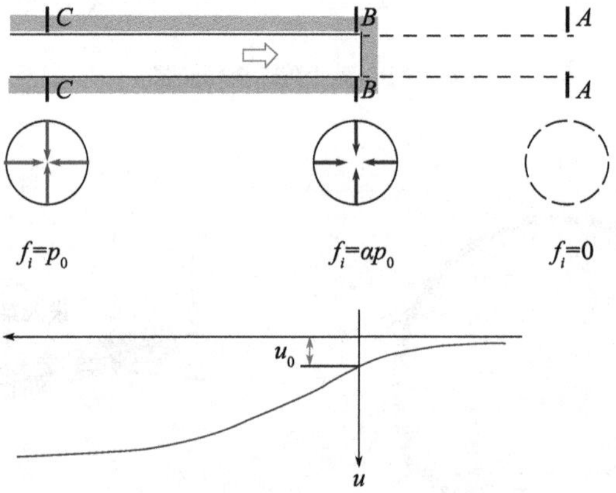

图 2-37　开挖过程中围岩变形发展过程

围岩超前支护（预支护）技术就是针对此问题开发的。在软弱围岩隧道工程中，除了开挖后施作的各种支护，包括初期支护和二次衬砌（本书称为“系统支护”）外，“超前支护”也是具有重要功能的围岩支护手段。

2.3.1　开挖面的三维效应和围岩预变形

隧道掌子面附近的围岩应力场具有三维特性。前方未开挖的岩土体对临近掌子面已开挖段围岩的变形具有约束作用。这种约束作用有助于临近掌子面围岩的稳定，为开挖后初期支护的安全施作提供条件。但是，未开挖的岩土体并不是刚体，掌子面的鼓出变形不但有可能导致掌子面的坍塌，而且“地层损失”会造成围岩的预变形 u_0（图 2-38）[27-28]。对于稳定性差的围岩，有必要通过约束或加固开挖面前方未开挖岩土体，防范掌子面的坍塌，控制掌子面位置围岩的预变形，使之小于离散阈值，即 $u_0 < u_k$。从而维持围岩的自承，为开挖后施作初期支护，

继续控制围岩力学形态的变化提供条件。这就是所谓围岩的“超前支护”（或称为预支护）的作用。

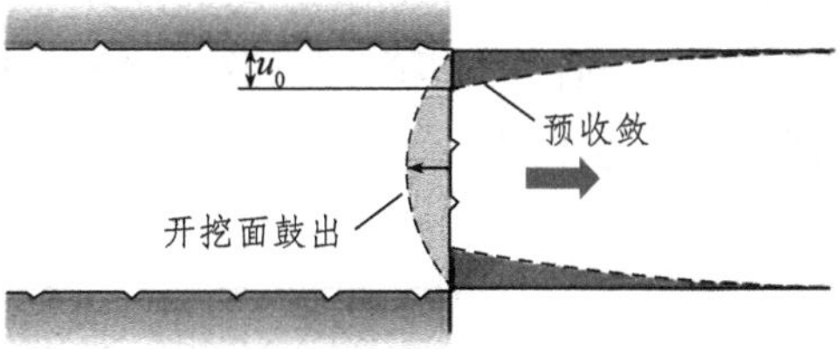

图 2-38　掌子面前方岩土体的变形

软弱围岩隧道经常采用的分部开挖工法，其实质就是依靠开挖时保留的核心土来约束掌子面（图 2-39）。但是，分部开挖费工费时，难以使用大型机具，缺点十分明显。

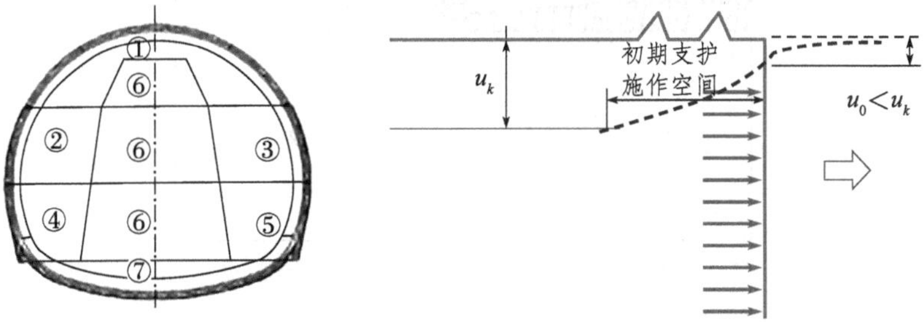

a）分部开挖工法　　　　b）核心土约束掌子面

图 2-39　开挖面变形的约束

注：图中数字表示开挖分部

2.3.2　小导管（超前锚杆）

在各种形式的超前支护中，沿开挖轮廓设置在拱部的小导管（或称为超前锚杆）使用得十分普遍。它们在开挖后并不消失，而成为一端固定在钢架上，另一端插入围岩中的梁式构件，可以在拱部组成一个棚架，阻挡开挖过程中岩土离散体的塌落。

对于软弱围岩，前方未开挖岩体的预变形有可能致使临近掌子面的围岩离散、坍塌，对施工安全造成危害。即使是岩体较好的情况，由于爆破振动的影响，开挖面不平整造成的应力集中或岩体的特异性，随机发生的离散岩块坍落也难以避免。由超前锚杆组成棚架有效防范坍塌，成为隧道施工中规避安全风险的一个重要环节。

但是，这种斜向插入围岩的被称为“超前锚杆”的构件除了防范坍塌，能否起到加固围岩、控制变形的作用呢？E.Hoek 所做的计算表明[12]，掌子面附近围岩变形的优势部位并不在超前锚杆的“犄角”（图 2–40）。从遏制围岩变形的角度，看不出超前锚杆会有明显的作用。

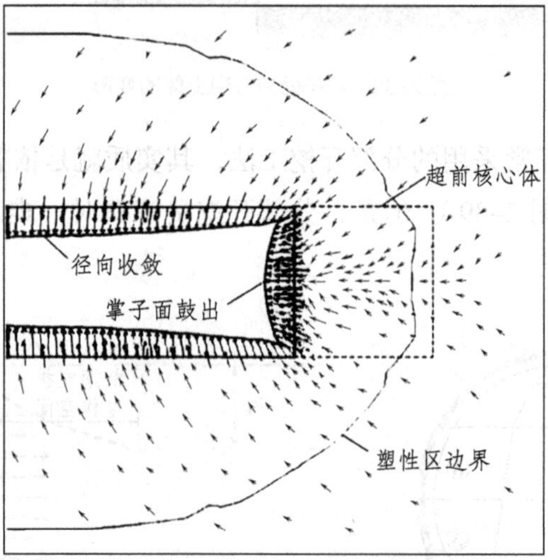

图 2–40　掌子面区域围岩变形（位移）

随着掌子面向前推进，围岩变形呈径向发展，“横躺”着的小导管更起不到控制围岩变形的作用。这种“躺”在拱部的“构件”，顶多只能作为一种传力介质，将来自围岩的荷载传至钢架（图 2–41）。从隧道横截面看，离散的小导管本身并不能组成像钢架那样的拱形承载结构（图 2–42）。掌子面推进后，原先插入围岩的杆体会随同临空面围岩离散岩块一并落在钢架上，成为钢架荷载的一部分。值得注意的是，这些小导管以及残留在上面的离散岩块还会影响喷射混凝土同围岩之间的密贴性（图 2–43）。诚如 E.Hoek 所言，这种超前小导管“一经暴露于开挖后的隧道中，就能变成一种负担”。

因此，小导管一类超前支护与超前注浆的“围岩改良”不同，只是施工中防范岩土塌落的一种临时支护，难以借此控制围岩的变形和力学行为的变化，更不能因设置了小导管这类超前支护而削减径向锚杆和其他支护措施。

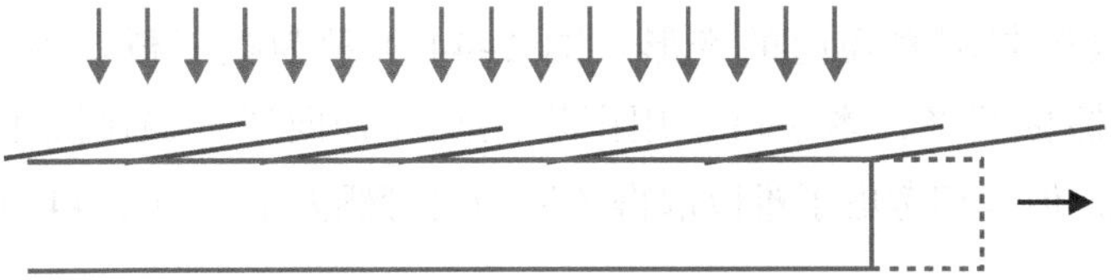

图 2-41　“横躺”在拱部的离散小导管

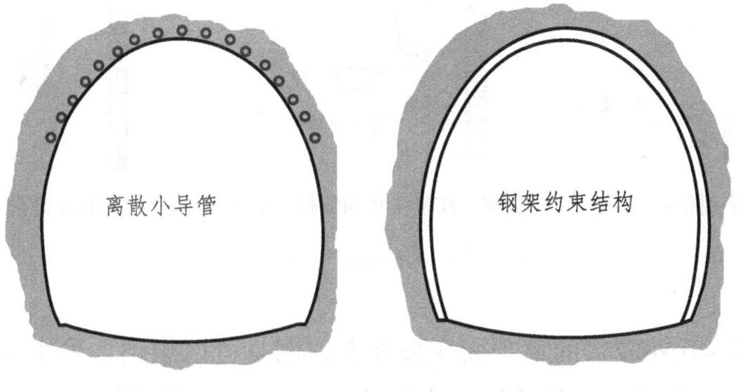

a)　　b)

图 2-42　离散小导管和钢架

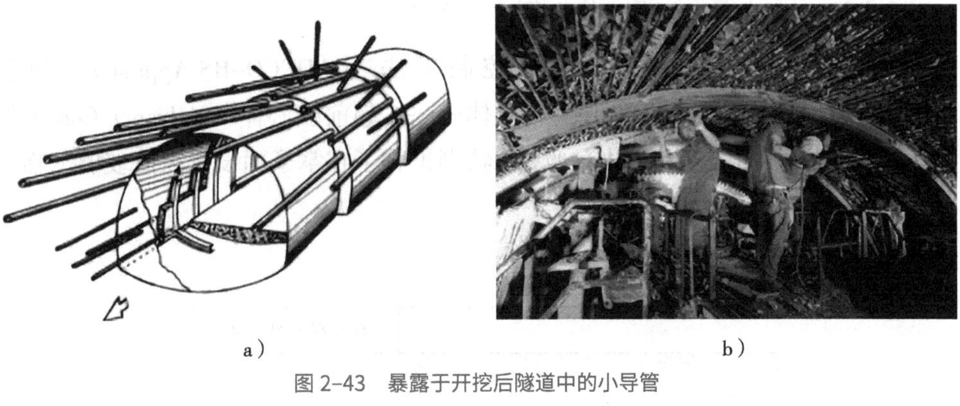

a)　　b)

图 2-43　暴露于开挖后隧道中的小导管

除了小导管，管棚也有同样的特点。在隧道穿越断层破碎带、隧道洞口段等稳定性十分差的软弱地层时，采用大直径管材，有效防止围岩坍塌，是其他支护手段无可比拟的。

但是，与小导管的情况类似，纵向设置离散的条状构件，尽管足够“强大”，也难以遏制围岩径向的变形。图 2–44 所示为毗邻桥基摩擦桩的隧道，为了防止摩擦桩沉降，本来可采用围岩注浆和径向锚杆遏制隧道围岩的松动［图 2–44b）］，但是却考虑了难以取得效果的大管棚方案［图 2–44c）］。

a）近接隧道　b）围岩注浆 + 径向锚杆（√）　c）大管棚 + 超前小导管（×）

图 2–44　防止摩擦桩沉降方案

观察图 2–40 外鼓状的掌子面变形性态，倒是可以想到，采用纵向设置的锚杆直接对掌子面前方的“超前核心体”进行加固，是制约围岩的预变形的一种有效手段。

2.3.3　“岩土变形控制工法”和掌子面锚杆

Pietro Lunardi 提出“岩土变形控制工法”（ADECO–RS Approach，简称“ADECO 工法”）强调约束未开挖岩土体——“超前核心体”（Advance Core）的变形，遏制掌子面鼓出和围岩预收敛，特别推荐了在掌子面设置纵向玻璃钢临时锚杆[27–28]（图 2–45）。

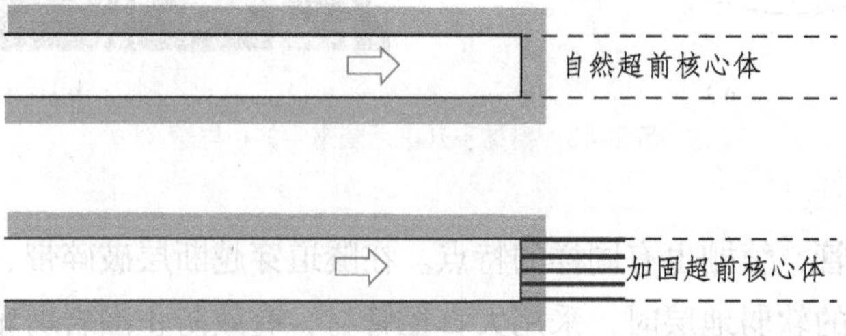

图 2–45　超前核心体的加固

针对稳定性差的软弱围岩，从现代隧道工程理念出发，围岩变形的控制是工程行为的主题和目标。采用设置在掌子面的玻璃钢锚杆对前方未开挖的岩土体变形进行约束，不但可以维护掌子面的稳定，而且将围岩的预变形控制至小于离散阈值（$u_0 < u_k$），为开挖后施作初期支护提供空间和时间条件（图 2–46），从而可以用全断面施工代替分部开挖。这在技术、经济和施工进度方面的优越性和先进性已在具体工程中得到了显现[29]。

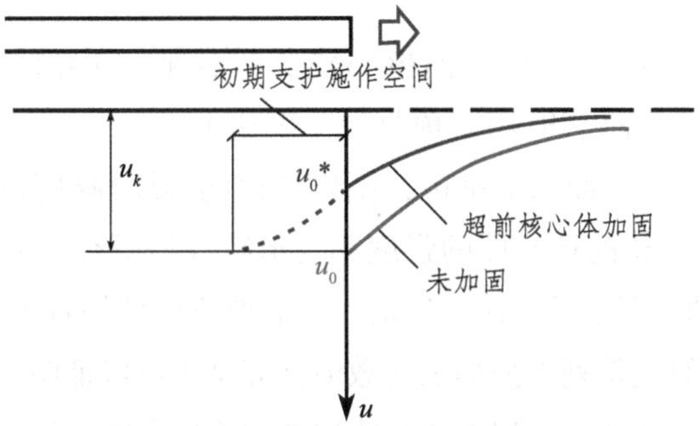

图 2–46　超前核心体的加固效果

ADECO 工法也引起了我国隧道工程师的关注和重视，常常简称其为“新意法”（见文献 [28] 中译本张梅教授撰写的译序）。

对 ADECO 工法的讨论：

有关 ADECO 工法的论文和专著提供了有价值的试验研究资料和工程实例。为了对 ADECO 工法的实质有更深入和准确的理解，避免过分强调或夸大加固超前核心体的作用，以利于工法在实际工程设计施工中的运用，对其机理再进行一番探讨。

文献 [28] 一段标题为“变形响应试验和理论分析结果”的文字表达了其主要论点：

“利用超前核心体为判释隧道长期和短期变形现象提供关键线索，针对变形响应进行的试验和理论分析可以使我们肯定地确认：超前核心体的强度和变形特性是所有变形过程（包括掌子面突出，预收敛和收敛）发生的真实原因。同时还可以毫无疑问地肯定，通过保护和加固技术提高超前核心体的刚度，可以控制超前核心体的变形（掌子面突出和预收敛），随之，洞室的变形响应（收敛）以及作用在隧道衬砌上的长期和短期荷载也均能得以控制。

正因为超前核心体的强度和变形特性构成了地层对开挖的变形响应的真实原

因，可以考虑将超前核心体作为控制变形响应的一种新的工具，一种强度和变形性能对洞室的长期和短期稳定起决定性作用的装置。”

这段文字所阐述的论点，在文献 [27] 和 [28] 中多次反复强调，值得对此推敲：

（1）事实上，围岩的变形宏观地反映为隧道壁面点的位移 u，其量值由两部分组成，即：

$$u=u_0+u_e \tag{2-10}$$

式中：u_0——“先前位移”，由超前核心柱变形引起，同超前核心柱的变形特性相关（文献 [28] 用“预收敛”表达）；

u_e——由随着掌子面向前推进，围岩约束的继续释放引起的“显现位移”。

文献 [28] 中称“超前核心体的强度和变形特性是所有变形过程形成的真实原因”。此处所谓“真实原因”（True Cause），显然不应该被理解为“全部原因”。

中铁西南科学研究院刘志强提供的数值计算结果可以证明，在掌子面附近，鉴于围岩应力场的三维特性，对超前核心体的加固不仅会减小先前位移值 u_0，而且也会使开挖后临近掌子面区域围岩的位移总量值（$u=u_0+u_e$）有一定程度的衰减。也可以说，在这个区段内，总变形的量值同超前核心体的加固和变形特性确有相关性。如图 2-47 所示，加固超前核心体能十分有效地将“先前位移”值 u_0^* 降到不加固情况下发生值 u_0 的 40% ~ 60%。

但是，沿隧道轴线方向延长计算域将会发现，当掌子面远离到一定程度，“位移总量值”的发展和最终值则同超前核心体的加固不再明显相关。“加固效应影响区”的长度仅为 20m 左右（表 2-5）。

表 2-5　超前核心体加固效应

距掌子面距离 L（m）	拱顶下沉			水平收敛（水平位移单边值）			超前核心体加固效果
	无加固 u（cm）	加固 u^*（cm）	u^*/u（%）	无加固 u（cm）	加固 u^*（cm）	u^*/u（%）	
0	9.1	5.5	60.4	5.2	2.1	40.4	效果显著
15	24.1	23.3	96.7	22.7	21.8	96.0	基本无效果
30	31.1	30.6	98.4	32.5	32.1	98.5	无效果
45	34.2	33.8	98.8	34.7	34.3	98.8	无效果

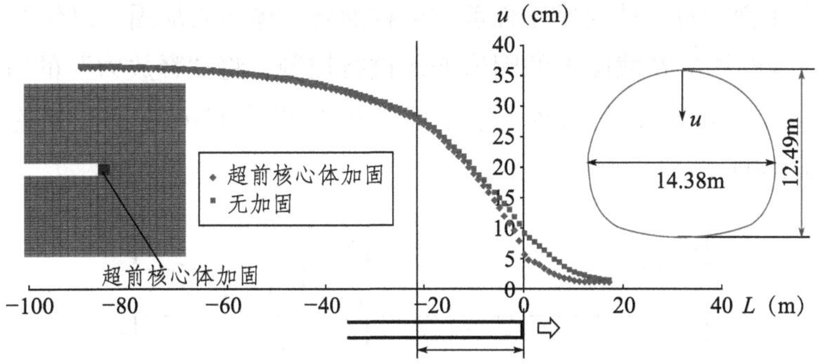

a）拱顶沉降

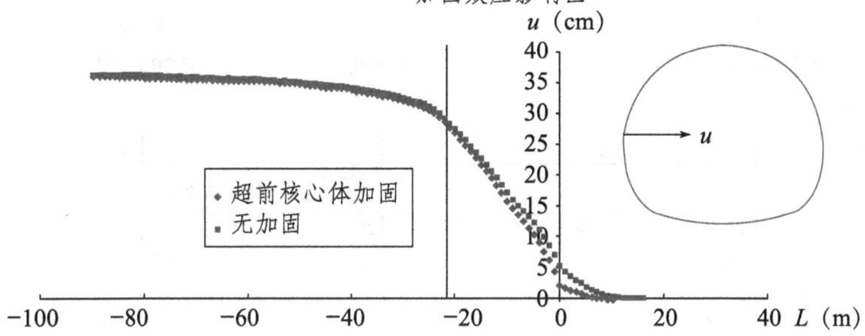

b）水平收敛

图 2–47　超前核心体加固对围岩变形的影响

注：图中水平收敛指水平位移单边值

图 2–47 所示的算例旨在于单独考察超前核心体的加固对围岩变形过程的影响。计算中没有考虑开挖后施作的系统支护（初期支护和二次衬砌），也没有考虑到在系统支护缺失情况下，围岩变形有可能发展到超过离散阈值，基于连续介质假定的力学计算不再适用。当然，在这种情况下，也只有开挖后施作的系统支护才能遏制围岩的离散，远方超前核心体的支护并不会起到作用。

（2）从掌子面向隧道已开挖段，围岩的应力场有一个由三维分布向二维平面分布转变的过程，这是一个施工中可以利用的重要现象，也是为文献 [28] 所肯定的。为了形象地说明问题，可以假定初始地应力呈静水压力状态，隧道横截面为圆形，将计算模型简化为图 2–48 所示的轴对称问题。同时，采用“释放力”的折减系数 α 来表达隧道在不同位置围岩约束的释放程度。这样就可以用“准平面问题”概念，来形象理解隧道开挖引起的围岩变形发展过程。

设置掌子面锚杆（或对掌子面前方的柱形岩土体注浆加固）仅仅对掌子面附近处（图 2-48 中 *B–B* 截面）的围岩变形进行控制，将“释放力”的折减系数 α 从 α_r 降到 α_s（$\alpha_s < \alpha_r$），而对远离掌子面（图 2-48 中 *C–C* 截面）处的应力状态和变形并无影响。

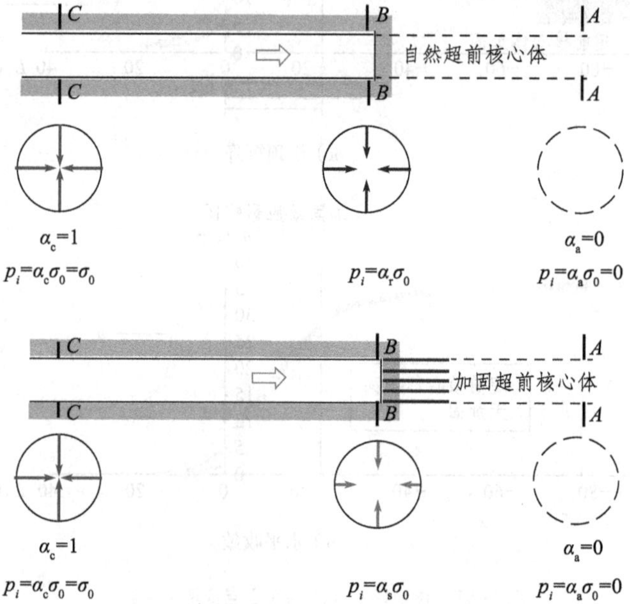

图 2-48　围岩应力状态的准二维表达

α – 释放力的折减系数；p_i – 释放力；σ_0 – 初始地应力

在距掌子面足够远的断面，释放力和初始地应力相当，围岩的应力重分布服从于平面应变规律，是二维问题，远方的掌子面锚杆对此处围岩的应力状态和变形的控制，完全不起作用。

上面的讨论旨在说明：虽然“通过保护和加固技术提高超前核心体的刚度，可以控制超前核心体的变形（掌子面突出和预收敛）”，但是，“洞室的变形响应（收敛）以及作用在隧道衬砌上的长期和短期荷载也均能得以控制”，却不一定，还得有赖于开挖后施作的系统支护。说“超前核心体”可以“作为控制变形响应的一种新的工具，一种强度和变形性能对洞室的长期和短期稳定起决定性作用的装置”，事情没有那么简单。

本书已经提到，ADECO 工法推行的掌子面锚杆，除了维持掌子面自身的稳定，其功能在于将围岩的“先前位移” u_0 有效控制在围岩离散阈值以内（即

$u_0 < u_k$)，为开挖后系统支护的施作提供时间和空间。而在开挖后，控制围岩变形的功能即逐步转嫁至系统支护。除非通过斜插钻孔对隧道轮廓外围的岩土体进行注浆加固，或施作预切槽支护，如果所谓“超前支护”仅仅是指对掌子面前方的柱形的岩土体进行加固或约束，则不会对最终遏制围岩力学形态演进和变形的发展起到作用。围岩的最终变形和力学形态仅仅取决于开挖后施作的系统支护。从这个意义上说，掌子面锚杆也是一种施工中的“临时支护”。随着掌子面的推进和远离，“洞室的变形响应（收敛）”的控制以及“长期和短期稳定”，取决于开挖后施作的系统支护。

相信隧道工程师们在重视超前支护，力图借助超前支护规避风险，优化工法的同时不会夸大超前支护的功能，不会因采用了 ADECO 工法推荐的掌子面锚杆一类超前支护措施，而淡化和削减开挖后施作的系统支护（特别是径向系统锚杆）。

INNOVATIVE CONCEPTS IN
CONVENTIONAL TUNNELLING

第 3 讲

对形变压力的认识

——围岩挤压型变形问题探讨

3.1 各类不同性质的“大变形”

软弱围岩隧道工程不仅要防范围岩坍塌，而且在开挖过程中要防治围岩有可能发生各种类型的大量级变形导致支护结构的裂损破坏和断面侵入净空。各类变形机理不同，性态各异，处治理念各不相同，不能混为一谈。

3.1.1 离散型变形

在软弱围岩隧道施工过程中，有时会监测到量级惊人的“大变形”。但是，监控量测获得的变形时态曲线，往往呈现“跳跃”或向上反弯的形态（图 3–1），这就表明，这种“大变形”是由于围岩离散，部分岩石从“母岩”分开，以其自重形成离散压力作用于支护结构所致，可将其称之为“离散型大变形”。

支护设计和施工失当是诱发离散性大变形的重要原因。例如：

（1）初期支护不及时。

（2）支护结构刚度不足。

（3）初期支护与围岩不密贴。

因此，离散型大变形的发生是可以防止的。处治方案可以简单明确地归结为立即“加强支护”。强调支护的及时性，刚度以及与围岩密贴无疑是重要的。

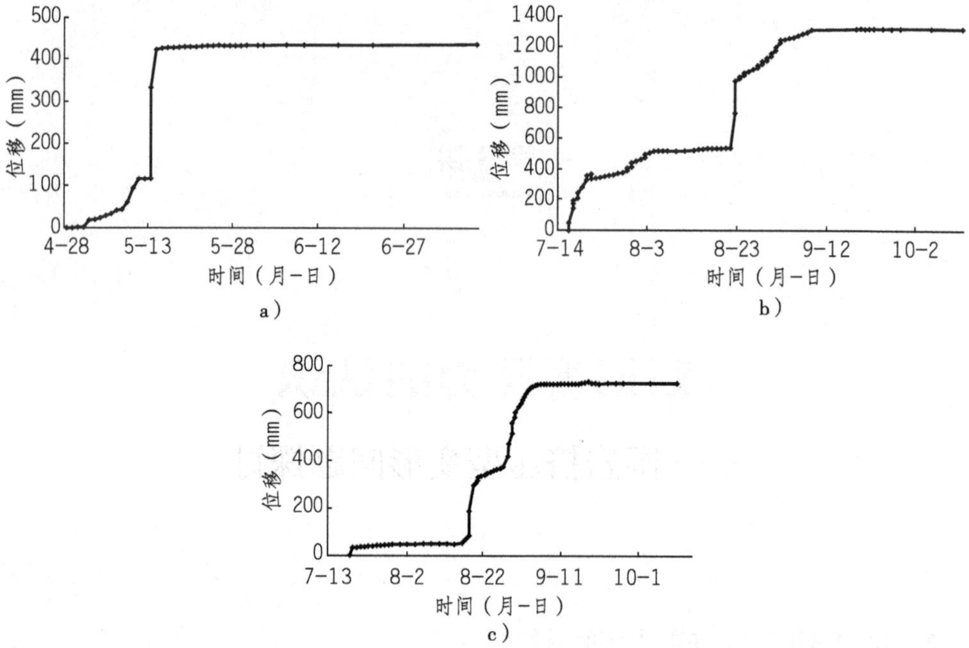

图 3-1　“离散型大变形”的时态曲线

特别要指出的是，离散型大变形是围岩坍塌的预兆，十分危险，须立即针对以上原因改善施工和设计。如果松散型大变形已经发展到须拆换支护，则施工中的安全风险是很大的，必须有防范措施。

3.1.2　膨胀型变形

由于岩土材料的膨胀与地下水相关，由此产生的隧道底部的变形量值往往较大。地下水的疏排是重要的处治措施。

3.1.3　岩体结构型变形

在本书 1.4 节讨论过薄层层状围岩由于岩体正交异性引起的不对称变形。这种变形主要发生在层面的法线方向，有时会达到较大的量值。设置方向为层面法向的锚杆对这种岩体结构型变形的控制能起到明显的作用。

当岩体层面倾角接近水平，而水平地应力（构造应力）占优势即地应力的最大主应力为水平方向时，岩体翘曲会致使拱部裂损和隧底上鼓（图 3-2）[26]。

图 3-2　水平构造地应力引起缓倾角层状围岩翘曲

案例 1　玄直观隧道

玄真观隧道穿越紫红色中厚层泥岩，局部夹砂岩地层，岩层产状平缓，倾角 2°～4°，图 3-3 所示的钻孔显示了水平方向构造地应力的强烈作用，钻孔的顶部和底部形成岩体破坏区。实测所得的地应力最大主应力 σ_1=14.8~18.9MPa，与隧道轴线交角为 40°～90°。岩石强度 σ_{ci}=22MPa[33]。

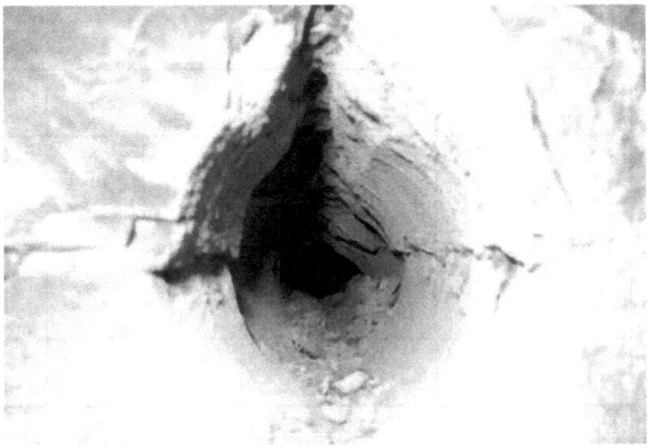

图 3-3　玄真观隧道钻孔（本图由西南交通大学吴光教授提供）

采用实测的地应力，用 FLAC 软件对隧道开挖引起的围岩变形进行计算，从位移云图（图 3-4）可以看出，围岩变形的优势部位在地应力最大主应力的正交方向上，拱部和隧底均会产生较大量值的位移（分别达到 24cm 及 39.7cm）。在实际工程中量测到的仰拱实际降起值达 72cm，拱部衬砌则产生明显的裂损[34]。

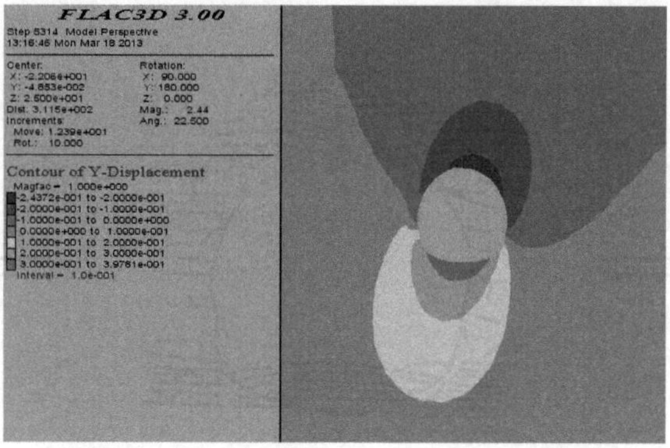

图 3-4　采用实测的地应力计算结果（位移云图）

3.1.4　高地应力软弱围岩挤压型变形

本讲主要讨论的是高地应力下的软弱围岩大量级变形。国际岩石力学学会将其称为“挤压型变形”，定义是：挤压变形是指围岩具有时效的大变形，其本质上是岩体内的剪应力超限而引起的剪切蠕动。变形可发生在施工阶段，也可能会延续较长时间（Barla，1995 年）[35]。

与离散型变形明显不同，挤压型变形的时态曲线一般呈下弯状（图 3-5）。

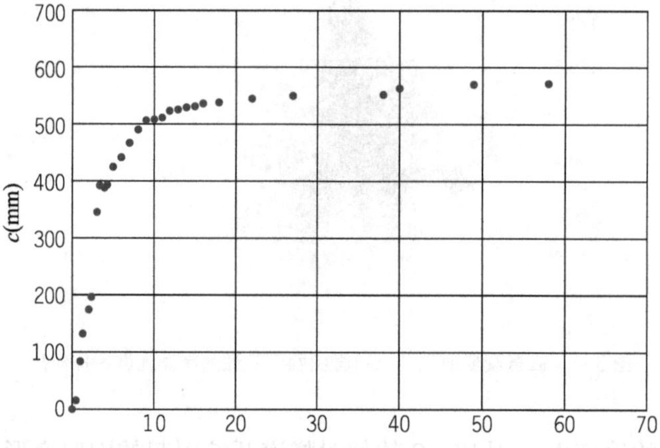

图 3-5　挤压型变形的时态曲线（大沟庄斜井 K6+60 断面）

可采用“挤压性指标”N_c 表征挤压性围岩的地质环境（Jethwa 等，1984 年）：

$$N_c=\frac{\sigma_{cm}}{p_0}=\frac{\sigma_{cm}}{\gamma H} \tag{3-1}$$

式中：σ_{cm}——岩体单轴抗压强度；

p_0——初始地应力；

γ——岩体重度；

H——隧道埋深。

见表 3–1，以上所述的各类不同的“大变形”在形成条件、机理、处治理念和方案等方面均不相同，不能相互套用。

表 3–1　各类性质不同的“大变形”

类型	离散型	膨胀型	岩体结构型	挤压型
机理	离散岩体自重	岩土膨胀	岩体的正交异性	剪切滑移
形成条件	支护缺陷：刚度不足、施作不及时、与围岩不紧贴	膨胀矿物 地下水	薄层层状围岩	高地应力、软弱围岩
变形特征	突发“跳跃”，位移速率递增	底鼓明显	优势方向为层面法向	变形时效显著
围岩压力	离散压力	膨胀压力	形变压力 + 离散压力	形变压力为主
处治理念	以防为主，遏制变形，防止离散			岩体加固、围岩变形适度释放
支护措施	“强制硬顶”、及时、早强、密贴、刚度	地下水排导 岩土锚固	层面法向设置锚杆、非对称支护结构	可让型支护系统、长锚杆加固围岩
围岩形态	离散	膨胀	离层折屈	松弛

3.2　高地应力软弱围岩的特异性

3.2.1　软弱围岩松弛变形量同地应力量值的相关性

假设 σ_{cm}=1.15MPa，γ=0.023MN/m^3，r=7m 圆形隧道，用 Hoek 公式计算得到不同初始地应力条件的软弱围岩特征曲线，如图 3–6 所示。虽然这种计算无法定量得到离散阈值 u_k，将松弛阶段变形量值从“无支护自由释放变形的计算值”u_c 中分离出来。但是，所显示的围岩松弛变形量随初始地应力量值提高而增加的规律是明显的。在初始地应力量值不大的情况下，隧道开挖引起的围岩应力变化幅度不大，围岩松弛产生的变形量值也不大。如表 3–2 和图 3–7 所示，考虑埋深 135m 和 100m（初始地应力分别为 3.1MPa 和 2.3MPa）情况，围岩松弛变形 $u_k < u_c$，分别小于 6.62cm 和 3.79cm。

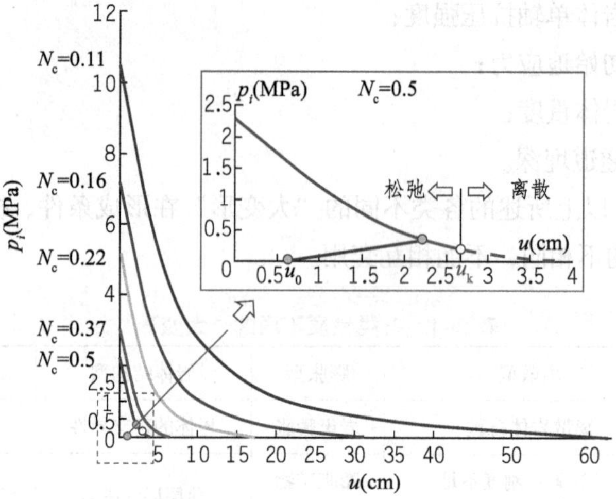

图 3-6　不同初始地应力量值软弱围岩特征曲线的差异

表 3-2　不同地应力量值的围岩变形

埋深 H (m)	γH (MPa)	$N_c=\frac{\sigma_{cm}}{\gamma H}$	u_c (cm)
100	2.3	0.5	3.79
135	3.1	0.37	6.62
227	5.2	0.22	17.34
313	7.2	0.16	31.26
455	10.5	0.11	62.57

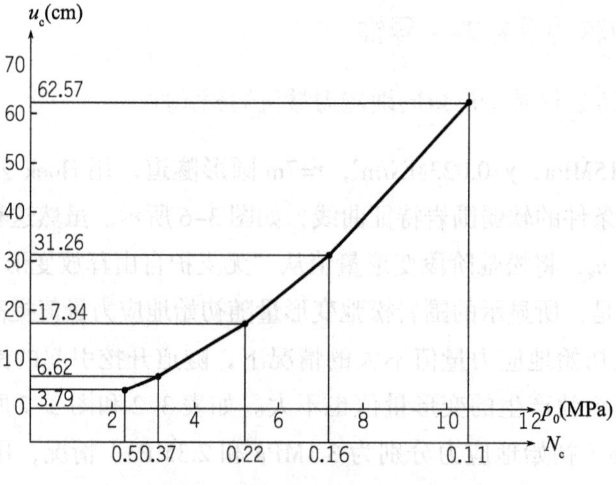

图 3-7　围岩变形量和地应力的相关性

计算表明，当地应力量值不高时，软弱围岩松弛阶段的变形发展到某一并不大的量值即可能致使岩体离散。

与传统理念将隧道设计立足于围岩发生坍塌的“最不利结局”不同，隧道工程新理念着眼于隧道开挖后围岩力学行为的控制，维护和激发围岩的自承能力。因此，工程的关注点应集中于将松弛阶段围岩的变形限制在某一阈值范围内，即 $u < u_k$，确保支护特征线同围岩特征曲线的交点在离散阈值以左，防止岩体的离散和坍塌的发生，借以利用围岩的自承能力。因此，对于围岩松弛变形量值并不大的软弱围岩一般情况（非高地应力），围岩力学行为控制的目标是最大限度**遏制**围岩变形，采取的相应措施如下。

（1）支护结构和围岩共同变形：喷射混凝土、钢筋网、钢架形成的紧密结合的一体化结构与围岩贴合，锚杆灌浆饱满。

（2）支护施作及时：开挖后尽快施作具有早强性能的支护系统。

（3）超前支护：借助超前小导管和掌子面纵向临时锚杆等手段，对尚未开挖的前方岩体进行约束，限制开挖后立即会显现的“预变形”，减小图 3-6 中 u_0 的量值，防止岩体“初始离散”和掌子面坍塌，为开挖后施作系统支护提供时间和空间条件。

（4）支护体系具有一定刚度，以具有足够约束围岩变形的能力。

以上措施可以简单地归结为“强支硬顶”。经验似乎告诉工程师们：只要强支硬顶，再恶劣的软弱围岩也能克服。

但是，事实并非全然如此，对于具有高地应力的软弱围岩，情况就不一样了。

3.2.2　“抵抗原则”对高地应力软弱围岩的不可行性

高地应力下的挤压性围岩，隧道开挖引起的岩体应力变化幅度很大，围岩松弛变形将达到十分可观的量值（图 3-6、图 3-7）。

对于高地应力环境的软弱围岩，是否可以按对付软弱围岩的习惯思路，依靠加大支护结构的刚度和承载能力，来消减围岩变形的量值呢?

通过图 3-8 可以对“强制硬顶”的不可行性做一个形象的说明。假想要在隧道开挖后“绝对”消除围岩的松弛变形，如图 3-8a）所示，必须采取的措施是“立刻”将挖下来的那块岩体重新“放回去”，也就是说必须用刚度相当于挖出的岩柱的支护结构提供与初始地应力相当的支护抗力。这种“立刻”施作的、能提供如此"强大"支护能力的结构，只是一种空想。实际上，结构可能提供的支护抗力与初始地应力的量级有很大差距。如图 3–8b）所示，由于 $p_i \ll \sigma_0$，用支护结构消除高应力软弱围岩大量级变形是不可行的。

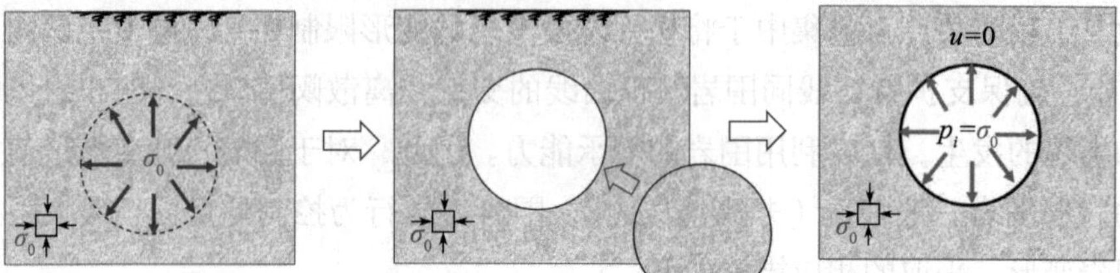

a）消除围岩松弛变形的假想

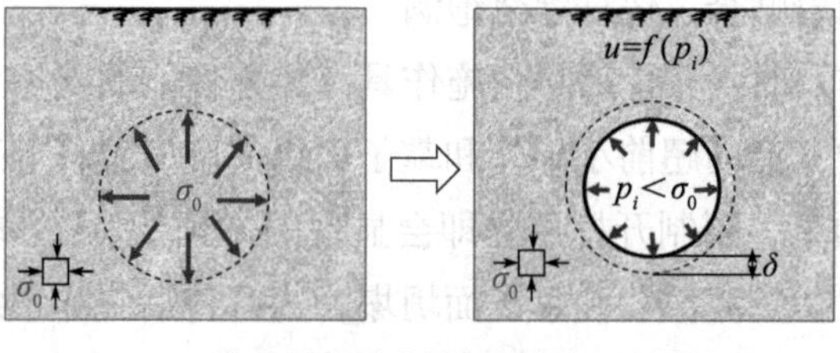

b）围岩松弛变形量与形变压力的关联

图 3–8　强支硬顶方案的不可行性

图 3–9 算例表明，对于埋深为 455m 的情况，即使要将围岩变形量控制在 12cm 和 17cm，需要提供的支护抗力将达到 1.5MPa 和 2.2MPa（表 3–3）。

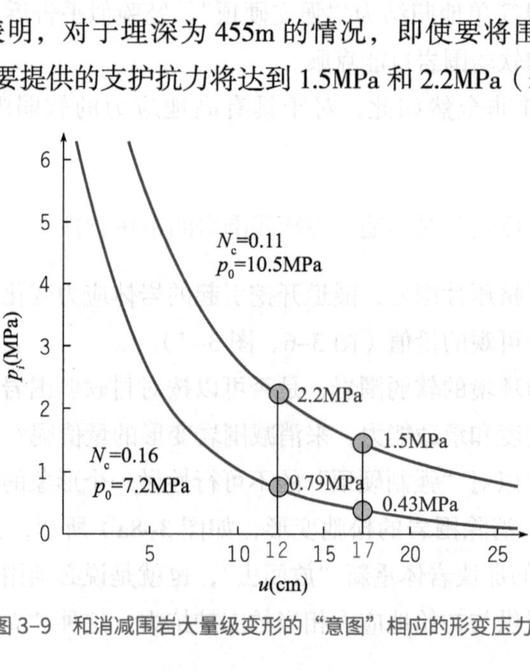

图 3–9　和消减围岩大量级变形的"意图"相应的形变压力

表 3–3　消减大量级变形的“意图”和相应形变压力计算值

H（m）	γH（MPa）	$N_c=\frac{\sigma_{cm}}{\gamma H}$	$[u]$=12cm		$[u]$=17cm	
			p_i（MPa）	相当岩柱高（m）	p_i（MPa）	相当岩柱高（m）
455	10.5	0.11	2.2	96	1.5	64
313	7.2	0.16	0.79	34	0.43	19

其实，早已有人对处治高地应力软弱围岩挤压型变形的“抵抗原则”（Resistance Principle）有过论述（Kovari，1998 年），结论是“通过衬砌来阻止围岩变形的努力会诱发量值超出结构可控范围的‘真实压力’（即形变压力）”，明确指出，“由于围岩地应力量值高，这种方案实际上是不可行的。”（L.Gantieni，G.Anagnostou，2007，2009）[31，37]。

因此，对于高地应力环境条件，一般软弱围岩隧道工程**遏制**围岩变形的理念不具有可行性。“强支硬顶”只能使支护结构因翘曲、扭曲和损伤破坏而失效，并不能约束围岩的变形，由此只会导致扩挖断面、拆换支护的高安全风险作业。对二次衬砌“寸步不离”的响应也只能是无可奈何的衬砌裂损和返工。

时至今日，软弱围岩挤压型变形的处治仍然是隧道工程中的一个难题。不少工程的完成依然是通过撤换支护、扩挖断面，甚至二次衬砌拆除重做等措施，以施工安全风险以及建设成本和工期的损耗为代价取得的。在一些关键问题上，并无重大的突破和创新，仍然按照一般软弱围岩工程中“加强支护”的套路，甚至提出了“挤压性围岩宜采用大刚度初期支护”“提高支护结构整体性和刚度”的意见，以及对于挤压性围岩变形量大、变形速率高的情况，需及早施作二次衬砌”的论述，其正确性是值得讨论的[30]。

从隧道工程理念的核心——发挥围岩的自承能力，使隧道围岩（岩土体）成为环状**承载结构**的一部分的思路出发，什么是正确的做法？关键在于对支护结构与挤压性围岩之间相互关系的认识。

高地应力环境引起的软弱围岩挤压型变形，既不同于离散的岩土体自重产生的离散压力荷载致使的支护结构变形，也不同于一般的（非高地应力）软弱围岩，遏制围岩变形的“抵抗原则”并不适用，“强支硬顶”解决不了挤压型变形的问题[32]，需要从调整工程理念角度来考虑（表 3–4）。

表 3-4　不同类型的软弱围岩隧道工程

地质环境	$N_c=\frac{\sigma_{cm}}{\gamma H}$	力学行为特异性		基本理念	工程措施	荷载
		地应力	围岩松弛变形			
非挤压型	≥ 0.37	非高地应力	幅度不大	遏制变形	增大刚度，及时支护	形变压力
挤压型	< 0.37	高地应力	幅度大	适度释放	可让型支护、岩体加固（锚杆）	形变压力、离散压力 *

注：* 是指围岩大幅度松弛变形过程中随机产生的离散压力荷载。

3.2.3　挤压性指标 N_c 的确定和围岩挤压性的评估

1）挤压性指标

表征围岩挤压性程度的挤压性指标 N_c 取决于初始地应力和岩体强度。

2）初始地应力 p_0

针对可能发生挤压型大变形的隧道工程，总是希望通过实测定量地对地应力进行了解，测得的结论往往是水平构造地应力大于垂直地应力。但是，在计算 N_c 时，式中的 p_0 在文献中往往直接按埋深取垂直自重应力，即 $p_0=\gamma H$，并不考虑通常为水平方向的构造应力。其原因可以这样理解：由于在软弱岩体中实测地应力技术上的困难，往往选择临近较为完整的岩体进行测试。所测得的结果可以从总体上反映隧道所在区域地质体的构造运动背景，但很难用于表征具体发生挤压型变形处围岩实际的初始地应力状态。因此，不主张在数值计算和分析中借用该实测值，更不主张贸然取用水平构造地应力大于垂直地应力的结论。原因是发生挤压型变形的软弱岩体，在隧道开挖以前，地应力已经经历了塑性重分布，“残余”的初始地应力基本上受重力场和岩体约束条件控制。

3）岩体强度 σ_{cm}

需要注意的是，σ_{cm} 并不是岩石试块受压测量的岩石强度，而是一个综合、概化地反映岩体强度的参数。Hoek 和 Marinos（2000）所提出的 σ_{cm} 估算公式为[36]：

$$\sigma_{cm}=(0.0034m_i^{0.8})\sigma_{ci}[1.029+0.025e^{(-0.1m_i)}]^{GSI} \quad (3-2)$$

式中：σ_{ci}——岩块强度，常用点荷载仪测定；

m_i——Hoek-Brown 常数，反映岩石摩擦特性；

GSI——地质强度指数，反映岩石和岩体之间的差异。

在缺少试验数据的情况下，m_i 和 GSI 可根据地质勘查的描述查表获得[36]，见表 3-5~ 表 3-8。

表 3–5　各种完整岩石常数 m_i 取值[36]

岩石类型	分类	分组	结构：粗	结构：中等	结构：细	结构：很细
沉积岩	碎屑岩		砾岩（21 ± 3）	砂岩 17 ± 4	粉砂岩 7 ± 2	黏土岩 4 ± 2
			角砾岩（19 ± 5）		硬砂岩（18 ± 3）	页岩（6 ± 2）
						泥灰岩（7 ± 2）
	非碎屑岩	碳酸盐	结晶石灰岩（12 ± 3）	亮晶石灰岩（10 ± 2）	微晶石灰岩（9 ± 2）	白云岩（9 ± 3）
		蒸发		石膏 8 ± 2	硬石膏 12 ± 2	
		有机物				白垩 7 ± 2
变质岩	非叶理化		大理岩 9 ± 3	角页岩（19 ± 4）	石英岩 20 ± 3	
				变质砂岩（19 ± 3）		
	微叶理化		混合岩（29 ± 3）	角闪岩 26 ± 6	片麻岩 28 ± 5	
	叶理化			片岩 12 ± 3	千枚岩（7 ± 3）	板岩 7 ± 4
火成岩	深成岩	浅色	花岗岩 32 ± 3	闪长岩 25 ± 5		
			花岗闪长岩（29 ± 3）			
		深色	辉长岩 27 ± 3	粗晶玄武岩（16 ± 5）		
			苏长岩 20 ± 5			
	浅成岩		玢岩（20 ± 5）		辉绿岩（15 ± 5）	橄榄岩（25 ± 5）
	火山岩	熔岩		流纹岩（25 ± 5）	石英安山岩（25 ± 3）	
				安山岩 25 ± 5	玄武岩（25 ± 5）	
		火成碎岩	集块岩（19 ± 3）	断层角砾岩（19 ± 5）	凝灰岩（13 ± 5）	

注：括弧内的数字为估计值，量值的变异取决于晶体结构的粒度和互锁性能，试件加载方向正交于层面或叶理，若沿弱面破坏时量值显著不同。

表 3-6　块状节理岩体地质强度指数[36]

节理岩体地质强度指数 （Hoek 和 Marinos，2000） 根据岩性、结构和不连续面的表面性态可按本表估取 GSI，其数值并不很精确，例如取 GSI=35，意味着其值在 33~37 的范围内。 注意：在这种情况下，走向相对于开挖面处于不利交角的平整结构面将主导岩体的形态。此表不适用于结构性控制的破坏情况，岩体结构面的抗剪强度会随湿度的改变而恶化，随地下水的存在而降低，在潮湿状态下，对于从“中等”到“很差”类别的岩体，表中取值应右移。水压力按有效应力分析处理	接触面表面状态	很好	好	中等	差	很差
		非常粗糙，新鲜，未风化	粗糙，微风化，铁锈色	平整，中风化，可变性	光滑，强风化，有角砾致密附着或充填	光滑，强风化，有软黏土附着或充填
结构		接触面表面质量的降低 ⇒				

	**完整或巨块岩体** 岩石试件完整，或现场岩体散步少量不连续面	岩块互锁程度的降低 ⇓
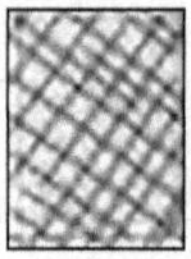	**块状岩体** 咬合良好，未经扰动的岩体，岩块为由 3 组节理切割而成的立方体	
	**碎块状岩体** 岩块由 4 组以上节理切割而成的角状多面体，块体间相互咬合，局部扰动	
	**杂乱，扰动的块状岩体** 包含由许多组节理交割而成的角状块体，有褶曲或片理	
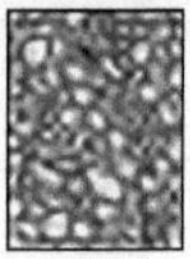	**散状岩体** 咬合不良，极度破碎，混有角砾和卵石	
	**页状、剪切岩体** 存在密集的软弱片理或剪切面，缺乏块状特征	

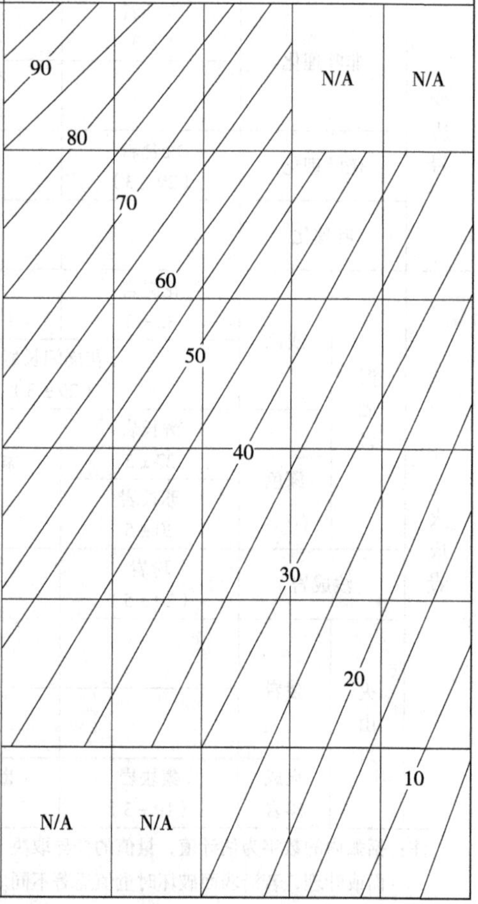

表 3–7　复理岩一类混合岩体地质强度指数[36]

复理岩一类混合岩体地质强度指数 GSI 取值 （Hoek 和 Marinos，2000） 根据对岩性、岩体结构和节理面（特别是层理面）性态的描述，在表中选定相应的方格，即可估取同岩体的不连续特性相关的 GSI。走向相对于开挖面处于不利交角的软弱、光滑的结构面将主导岩体的行为，Hoek–Brown 准则不适用于结构性控制的破坏情况。 地下水会降低岩体的强度，对于从“中等”到“很差”类别的岩体，表中取值应右移。 可以通过有效应力分析确定水压力，但它对 GSI 没有影响	接触面表面状态（层面占优势）	很好	良好	中等	差	很差
成分和结构		很粗糙，未风化表面	粗糙，微风化表面	平顺，中等风化，变异表面	非常平顺，局部光滑表面，有角砾致密附着或充填	非常平顺，光滑或强风化表面，有软黏土附着或充填
 A 厚层，块状砂岩，层面上泥质附着物效应由于岩体的约束可降低到最低程度，在浅埋隧道或边坡，这些层面可能产生结构性失稳		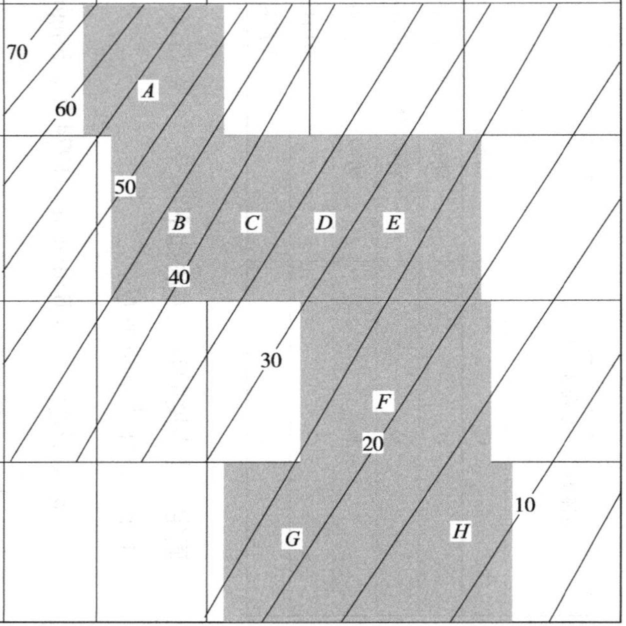				
 B 砂岩，有粉砂岩夹层；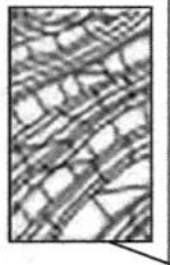 C 砂岩和粉砂岩数量相近互层；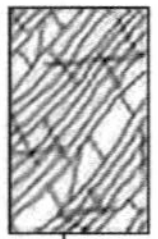 D 粉砂岩或粉砂质页岩带砂岩夹层；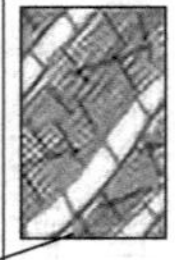 E 软弱粉砂岩或黏土质页岩带砂岩夹层						
C、D、E、G 可能或多或少存在褶皱，但不会改变强度。构造变形，断层以及连续性降低时等级降至 F、H；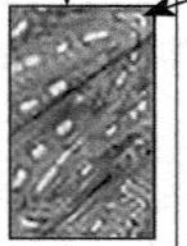 F 构造变形，强烈褶皱，断层，受剪切的黏土质页岩或粉砂岩与破碎变形的砂岩互层构成混沌结构						
 G 未经扰动的粉砂岩或黏土质页岩或含有少量薄层砂岩夹层 →； H 构造变形粉砂岩或黏土质页岩有黏土囊（Pocket）穿插形成混沌结构。薄层砂岩转化成碎小岩块						

注：图中水平向右的箭头表示构造扰动后的变异。

表 3–8　混合岩体 σ_{ci} 和 m_i 用加权平均（以复理岩为例）

岩体类别（见表 3–7）	取　值
A 和 B	采用砂岩数值
C	将砂岩数值降低 20%，同粉砂岩全值的加权平均
D	将砂岩数值降低 40%，同粉砂岩全值的加权平均
E	将砂岩数值降低 40%，同粉砂岩全值的加权平均
F	将砂岩数值降低 60%，同粉砂岩全值的加权平均
G	采用粉砂岩或页岩数值
H	采用粉砂岩或页岩数值

确定岩体强度的其他方法如下。

①根据岩体质量指标 Q：

$$\sigma_{cm}=0.7\gamma Q^{1/3} \quad \text{（Barton 等，1974 年；Singh 等，1992 年）} \tag{3–3}$$

②按莫尔—库仑准则：

$$\sigma_{cm}=\frac{2c_p\cos\varphi_p}{1-\sin\varphi_p} \quad \text{（Jethwa 等，1984 年）} \tag{3–4}$$

4）挤压性程度的分级和变形量的预估

Hoek（2000 年）在对围岩挤压型变形规律分析的基础上，结合工程实例提出了按挤压性指标 N_c 对围岩进行分级，并给出了变形量的预估值，见表 3–9。

表 3–9　挤压性分级及变形量的预估值[36]

等级	Ⅰ	Ⅱ	Ⅲ	Ⅳ	Ⅴ
描述	挤压性不明显	轻度挤压性	严重挤压性	非常严重挤压性	极度挤压性
N_c	＞0.37	0.22~0.37	0.16~0.22	0. 11~0.16	＜0.11
ε_t*（%）	＜1	1~2.5	2.5~5.0	5.0~10.0	＞10.0

注：* 断面轮廓点径向位移与隧道半径之比。

3.3　挤压性围岩处治理念——围岩变形的适度释放

工程交付时衬砌和支护结构的完好和不侵入净空仅仅意味着该隧道工程的“完成”，而挤压性围岩大变形处治的“成功”至少还要包括以下两点：

（1）施工中避免了安全风险很高的支护拆换和扩挖作业。

（2）确保二次衬砌的可靠性和耐久性。

在论述了“强支硬顶”，加大支护结构刚度的“抵抗原则”遏制围岩变形的不可行性后，很自然会想到对挤压性围岩的松弛变形，是不是可以考虑“因势利导”，予以释放呢？可以将图 3-6 中 N_c=0.11 工况的围岩特征曲线放大示于图 3-10，对此进行探讨。

释放方案最简单化的做法是延迟施作初期支护（图 3-10 中的②），让围岩在无支护的状态下有一段“自由释放”，以图降低形变压力荷载。

从施工的安全出发，这种自由释放方案是断然不能采用的。

首先，由于岩体品质的不确定性和理论的不完善，至今尚无法定量地确定至关重要的离散阈值 u_k，图 3-10 所示的围岩特征曲线仅仅是理想弹塑性介质数值计算的结果，并没有给出自由释放的限量，不能确保 $u_1 < u_k$，不能杜绝围岩在变形释放过程中或释放后发生岩体离散（图 3-10 中的②）。

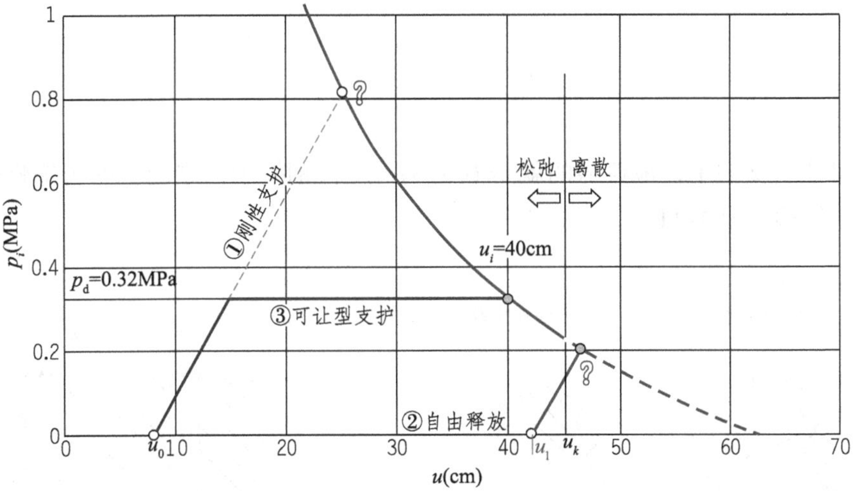

图 3-10 挤压性围岩变形的释放（N_c=0.11）

此外，与非挤压性围岩不同，挤压性围岩松弛变形的幅度大，在围岩变形发展过程中，即使变形量值小于离散阈值 u_k，也会随机发生围岩表层局部离散，产生离散压力。其原因包括：爆破振动的影响、开挖轮廓不平整引起围岩局部应力集中、岩体地质情况的局部特异性。

鉴于此，为规避施工安全风险，不但不能采用无支护自由释放的方案，而且仍然应坚持软弱围岩及时支护的原则，包括必要时施作超前支护，并且要求开挖后施作的可让型支护系统在与围岩共同变形的过程中，保持承受随机产生的离散压力的能力。

结论是：高地应力软弱围岩挤压型变形的处治理念可以归纳为围岩变形的“适度释放”。这种“适度释放”，始终处于支护结构约束下，不是自由释放。

实现适度释放理念的关键在于，采用可以在围岩大量级变形过程中保持承载能力，不被损坏的“可让型支护”（Yielding Support）[37]。

对这种可让型支护的基本要求：

（1）始终保持同围岩共同变形。

（2）以“屈服”的形态适应围岩的大量级变形，支护“屈服”后，提供的阻抗仍基本保持稳定，而且结构物不发生畸变、扭曲和破损，无须拆除、更换。

（3）对可能产生的离散压力具有承载能力。

屈服发生的时机，可设定为形变压力（径向）量值等于可能发生的离散压力（垂直方向）量值时（图 3-10 中的③）。

3.4 可让型支护系统

可让型支护中，最典型的就是 U 型钢可缩性钢架和与之配合的可缩性喷射混凝土结构（图 3-11）。

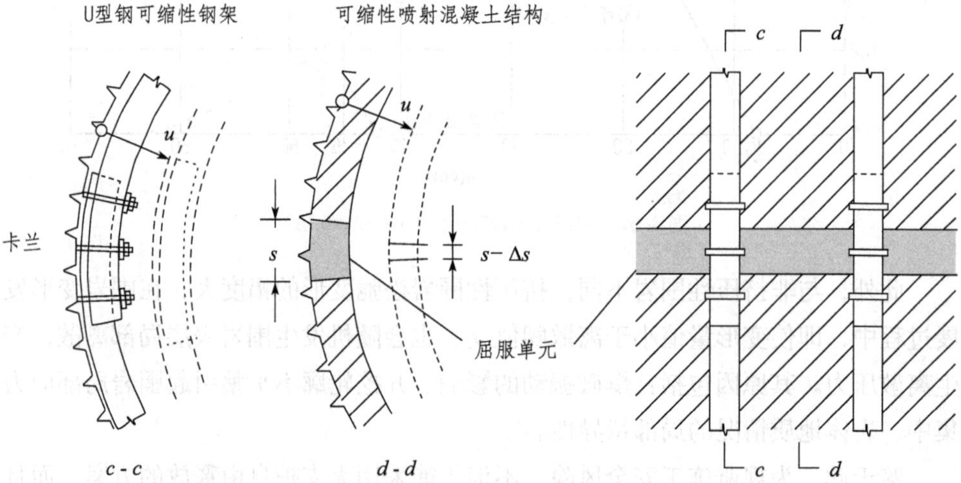

图 3-11　可让型支护[31]

3.4.1 U 型钢可缩性钢架

U 型钢可缩性钢架（图 3–12）的功能在于，通过接头的恒阻滑移缓解形变压力，同时又具有防范离散压力的功能。

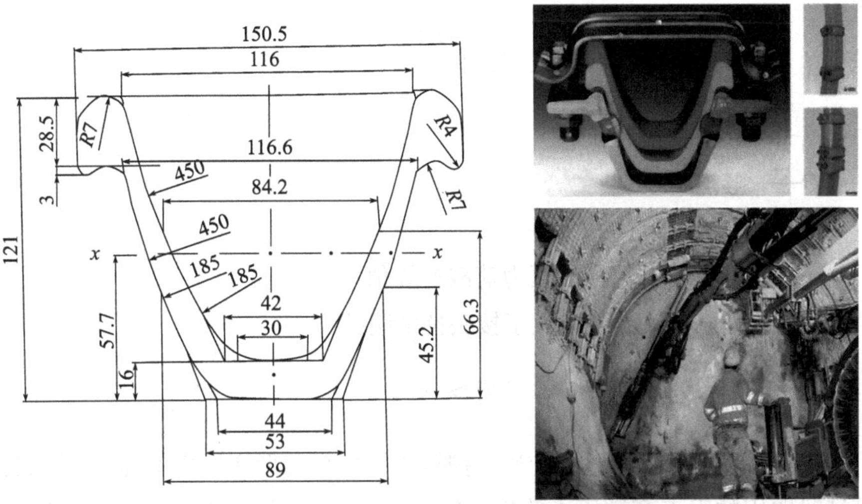

图 3–12 U 型钢可缩性钢架（尺寸单位：mm）

与工字钢或 H 型钢的法兰盘形的刚性接头钢架不同，在围岩大幅度松弛变形中，U 型钢可缩性钢架不是通过结构变形，而是通过接头处 U 型钢重叠部分的滑移，缩短钢架周长，适应围岩的变形。接头处由卡兰锁定的抗滑阻力在滑移中基本稳定，不仅可以对围岩提供恒定的约束力，而且使钢架具有抵御离散压力的承载能力。在与围岩大量值共同变形的过程中型钢构件的内力并不随围岩变形而增加，可以避免型钢节段因过载而发生翘曲、歪扭和断裂，保持型钢的刚度和承载能力，无须拆换。

可缩性钢架的设计要点如下：

（1）钢架应具有承受可能出现的最大离散压力的承载能力。

G.Anagnoston 等[37]提出，设计可让型支护时，对可能发生的离散压力荷载 p_d，可根据隧道宽度 D 用折算岩柱高度 h_d 表达，按 h_d=（0.5~1.0）D 计算，$p_d=\gamma h_d$，式中 γ 为岩体重度。

在根据可能发生的最大离散压力选择 U 型钢型号时，也可考虑用《铁路隧道设计规范》（TB 10003—2016）中的塌方公式估算荷载的量值，在钢架内力的计算中，一并考虑水平匀布压力荷载，运用"作用和反力"模型，对钢架进行计算。

计及支护系统中喷射混凝土和锚杆的作用，离散压力荷载中可缩性钢架分担部分可取折减系数 k=0.5，按 $p_s=kp_d$ 进行计算。

（2）由卡兰锁定的接头抗滑阻抗（屈服强度）按可能发生的离散压力荷载的考虑。

$$N_j=p_s\frac{Dt}{2} \tag{3-5}$$

式中：N_j——接头抗滑阻抗；

D——隧道跨度；

t——钢架间距；

p_s——可能发生的离散压力荷载计算值。

型钢轴向承载能力 $[N]$ 应大于接头抗滑阻抗：

$$[N]>N_j \tag{3-6}$$

（3）很容易证明，圆形可让型支护接头抵抗径向形变压力的能力（屈服强度）与设计时取用的垂直离散压力等值，即 $p_i=p_d=\gamma h_d$（图 3-13）。据此，可以从围岩特征曲线获得松弛阶段的最终变形量值 u_i。

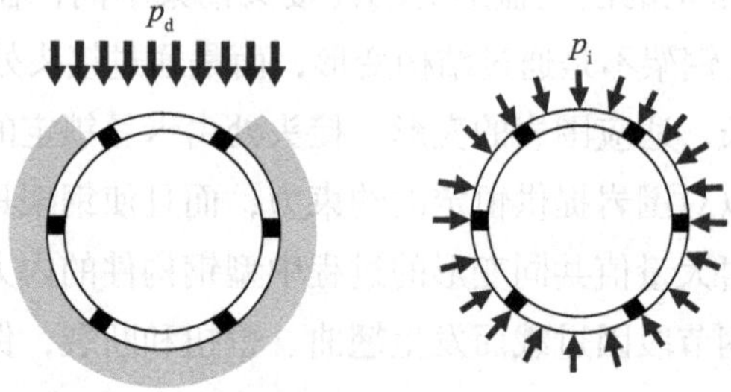

图 3-13　离散压力和形变压力

算例 1　计算接头滑移量

以图 3-10 所示的 N_c=0.11 工况为例，隧道宽度 D=14m。

（1）按 G.Anagnoston 公式取 h_d=1.0D=14m，γ=0.023MN/m^3，离散压力 $p_d=\gamma h_d$=0.32MPa，按《铁路隧道设计规范》（TB 10003—2016）中的塌方统计公式计算，考虑Ⅴ级围岩，垂直匀布压力荷载高度 h=13.68m ≈ 14m，与 G.Anagnoston 公式

计算结果巧合。

计算荷载：$p_s=kp_d=0.5\times0.32=0.16$（MPa）。

（2）按《铁路隧道设计规范》（TB 10003—2016），V 级围岩同时考虑竖直和水平方向的离散压力荷载，并取折减系数 $k=0.5$ 根据 U 型钢截面模量对钢架内力进行检算，确定 U 型钢型号。

（3）接头抗滑阻力。

代入垂直匀布压力荷载 p_d，计算位于水平位置的两个接头须提供的轴向抗滑阻力，从而确定卡兰的设置。钢架间距 b 设为 0.5m，由卡兰锁定的 U 型钢接头抗滑阻力：$N_j=p_sDb/2=0.16\times14\times0.5/2=560$（kN）。

用于接头的卡兰数量可以多达 4 个，紧箍后每个提供 150kN 的摩擦阻力，接头滑移时提供的恒阻抗力可达 600kN[37]。

（4）围岩变形量预估和接头滑移量设定。

按 $p_i=p_d=\gamma h_d=0.32$MPa，由围岩特征曲线得到围岩松弛的最终变形量 $u_i=40$cm。

接头滑移量：

$$\Delta=(u_i-u_0)/n=(40-15)\times2\pi/6=26\ (\text{cm})$$

式中：u_0——先前变形，取 $u_0=15$cm；

　　n——接头数量，取 $n=6$。

3.4.2　可缩性喷射混凝土“结构”[38]

除了钢架，喷射混凝土也可以成为可让型支护系统的组成部分（图 3-14）。

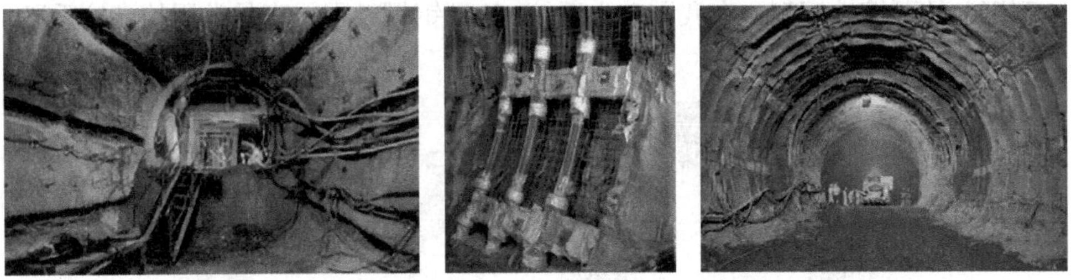

a）变形槽　　b）可缩性喷射混凝土“结构”

图 3-14　可让型支护系统

为了防止围岩变形引起喷射混凝土层裂损，可在喷射混凝土层中预留变形槽，但是完整的“喷射混凝土结构”层被分割，失去了提供支护抗力的结构功能。

办法是在预留槽中填以“高变形性”材料制成的“屈服单元”（HiDC），弥补预留槽对喷层结构的分割，使之形成一个可以提供支护抗力的可缩性喷射混凝土结构，成为可让型支护系统的组成部分。

“屈服单元”由水泥掺入钢纤维和空芯玻璃珠制成，图 3–15 所示为其延性试验结果[38]。

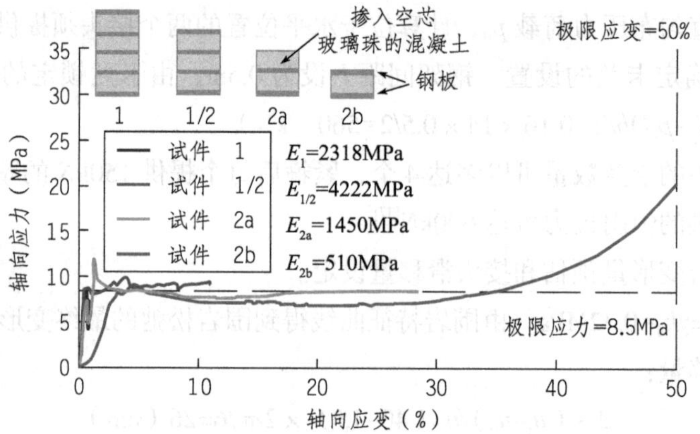

图 3–15　屈服单元的延性试验

从历史上看，对于挤压性围岩变形，用“屈服原则”（Yielding Principle）代替“抵抗原则”（Resistance Principle），采用可让型支护对围岩进行适度释放的处治理念可以追溯到 20 世纪初。图 3–16 所示为 Heise 和 Herbs 在 1913 年发表的使用木料构成的“柔性支护”结构示意。直至 1932 年，开始使用 TH 型钢（即 U 型钢）的可缩性钢架。在我国矿山系统，U 型钢钢架也一直是常用的支护手段。

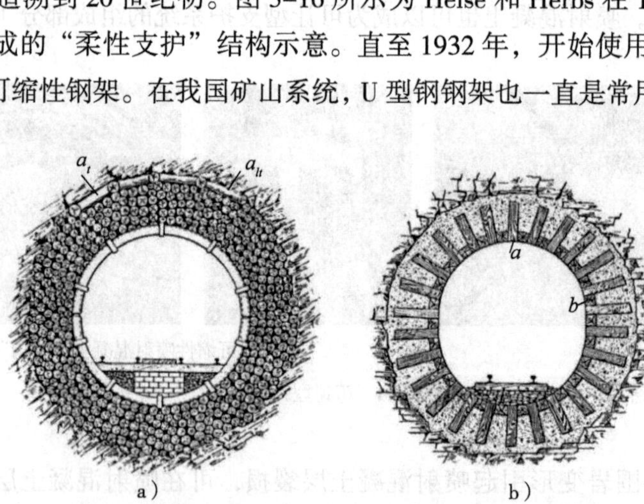

a)　　b)

图 3–16　使用木料的“柔性支护”结构（Heise、Herbst，1913 年）

3.5　挤压性围岩隧道工程中的岩体锚固技术

3.5.1　“岩体改良”对围岩的加固

根据 3.4 节算例的演示，采用可让型支护提供的恒阻约束，用 E.Hoek 公式计算，无约束自由释放位移计算值为 62.57cm 的围岩，其松弛变形量可以控制在 40cm（包括先前位移）。

围岩变形的释放量还能不能通过别的支护措施进一步减少，从而优化开挖断面的设计呢？

对于挤压性围岩，“岩体改良”是减少围岩变形释放量的途径。

挤压性指标 N_c 显示，围岩挤压性程度取决于初始地应力量值外，岩体强度的提高对减小围岩变形量值有明显作用。仍然假定 r=7m 圆形隧道，取初始地应力 p_0=10.5MPa，用 Hoek 公式所进行的计算也可以表明，岩体强度的提高对围岩变形量的减小的作用是很明显的（图 3–17）。

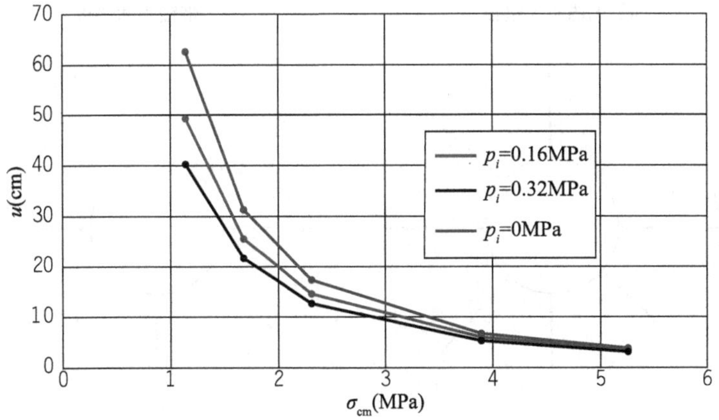

图 3–17　岩体强度对围岩变形量的影响

工程实践已证明，能增强岩体“强度”的“岩体改良”措施，除了费工、费时的围岩注浆外，岩石锚固技术特别适用于挤压性围岩隧道工程。

3.5.2　全长锚固锚杆

本书第 2 讲已经对点状锚固和全长锚固两种类型锚杆的支护作用进行了分析。就挤压性围岩隧道工程而言，在形形色色的锚杆（索）中值得推荐的恰恰是结构简单、安装方便的全长锚固**刚性杆体灌浆锚杆**（一般情况无须施加预应力）（图 3–18）。

出于锚杆安装工艺以及防范围岩表面离散岩块塌落的需要，全长锚固刚性杆体灌浆锚杆也会在两端分别设置内锚头和垫板［图 3–18b）］。但是，与“点状锚固”的锚杆（索）不同，这种锚杆对围岩的加固作用并不在于两端的那两个锚固点，而是通过注入岩孔中砂浆的黏结力，实现杆体和围岩介质的共同变形。在共同变形的过程中杆体和围岩介质之间的相互作用呈现为沿锚杆杆体非均匀分布的剪切力形式。将岩体视为连续介质，这种剪切力 τ 和杆体应力 σ 沿锚杆杆体的分布如图 3–18c）所示。即使没有锚头和垫板，如图 3–18a）所示的“无头无尾”的锚杆，其加固作用依然存在［图 3–18c）］。英语文献对此类锚杆另称为“Dowel”（销钉），不妨正名为“全长锚固锚杆”。

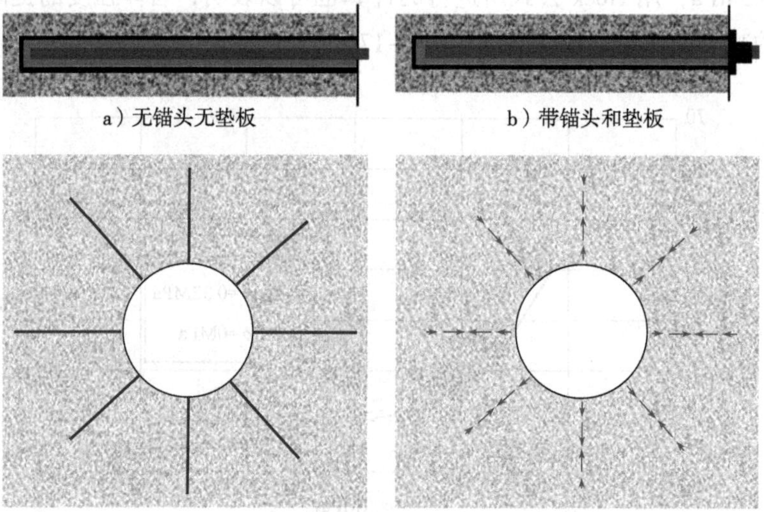

a）无锚头无垫板　　b）带锚头和垫板

c）主动加固作用

图 3–18　全长锚固刚性杆体灌浆锚杆对围岩的主动加固

当围岩变形急剧发展时，可以方便地通过增设锚杆进行控制。无须（也不可能）对原有的锚杆像产生翘曲、歪扭或断裂的钢架那样进行拆除，可以“增补而不拆换”。对于全长锚固的灌浆锚杆，即使垫板等外露部分因变形而损伤，甚至杆体局部断裂也不会完全丧失其加固作用。

与可缩性钢架等可让型支护不同，全长锚固锚杆的作用并不在于在围岩边界提供一个特殊的（恒定）支护抗力，来实现围岩变形的适度释放，而是以岩体内力的形式实施围岩加固。

3.5.3　关于恒阻锚索

图 3-19 为适用于挤压性围岩的恒阻锚索示意图，恒阻锚索属于点状锚固，其作用机理与全长锚固锚杆的“岩体改良”并不相同，在于借助“恒阻大变形装置”，在围岩边界上提供一个量值不随围岩变形发展而变化的恒定支护抗力，来控制挤压性围岩变形的释放，避免锚杆（索）因垫板破损而失效，属于可让型支护。与可缩性钢架不同的是，它所提供的支护抗力是一个集中力，不是沿围岩轮廓分布的抗力。此外要注意的是，这种锚索的自由段，从耐久性考虑，待围岩变形基本稳定，须设法对自由段注满砂浆，以免后患。

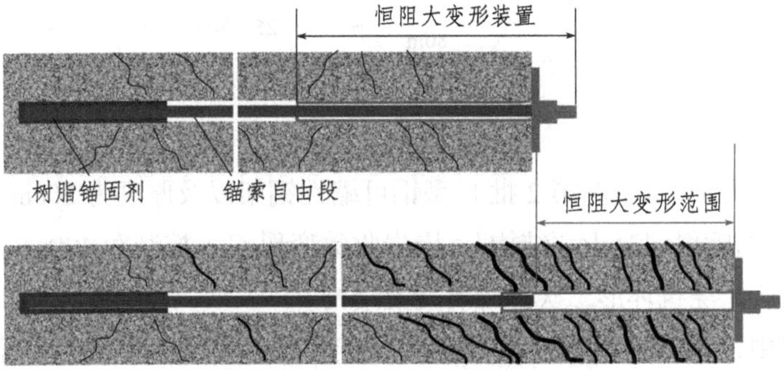

图 3-19　适用于挤压性围岩的恒阻锚索示意图

3.6　可让型支护案例

里昂—都灵线越岭隧道 Saint Martin 辅助坑道（图 3-20）[38]。

隧道等效直径 6.0m，通过地质结构复杂，岩体软弱的构造剪切带地层，埋深 280~600m，围岩收敛变形值达 1.0m 量级，采用双重可让型支护结构。

施工工序：

（1）采用非爆破开挖隧道底部以上的马蹄形部分。

（2）沿周边设置长 8.0m 的非预应力锚杆，U 型钢可缩性钢架，10cm 喷射混凝土作为初期支护 – I，结构底部并不封闭，允许最大收敛 [*C*] 达 600mm。

（3）隧底扩挖，形成整圆形断面。

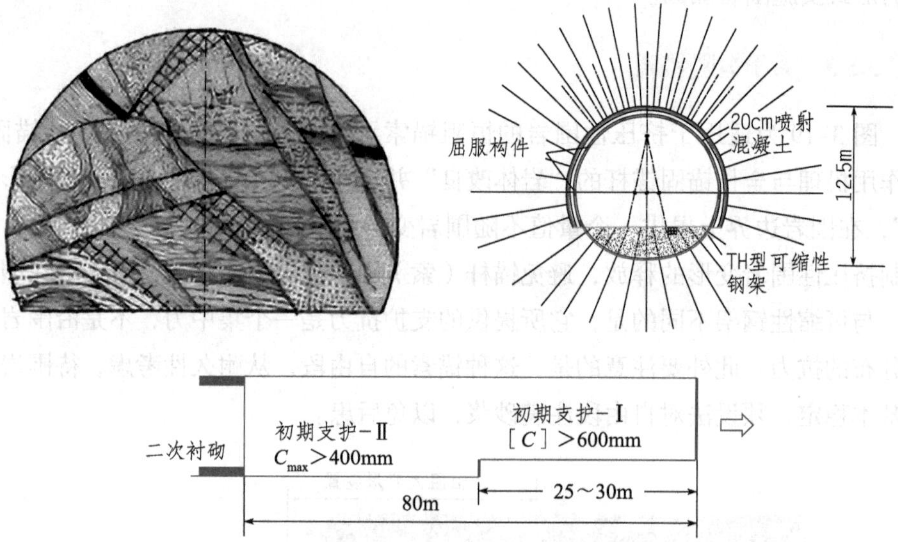

图 3-20　双重可让型支护结构

（4）初期支护－Ⅱ包括第 2 批 U 型钢可缩性钢架以及厚度为 20cm、插入 9 个“屈服单元”的喷射混凝土“结构”，围岩收敛变形 C_{max} 控制在 400mm。

（5）最后，浇筑环形二次衬砌混凝土结构。

本工程中，锚杆采用非预应力型，长度达 8m，因为对挤压性软弱围岩进行加固的锚杆必须有足够的长度。值得注意的是，在施作初期支护－Ⅰ时，隧道底部仰拱并不开挖，仅在隧底施作全长灌浆的非预应力长锚杆加固围岩，整个支护结构不封闭，待再次施作支护结构时，开挖隧道底部，施作全环可缩性钢架，形成封闭结构。工法的考虑显然着眼于围岩变形的适度释放的理念。

3.7　预留变形量问题

适度释放理念的实现，一个重要环节是正确设置开挖断面的预留变形量。预留变形量不足，即使围岩变形得到控制，仍然会导致拆除支护、进行扩挖的后果，进而提高施工安全风险，增加建设成本和工期。而预留变形量过大，显然会造成浪费。

挤压型变形量值的精确预估，并不是一件容易的事。由于隧道工程面对的地质体性态的不确定性（包括随机性和模糊性），本讲运用建立在轴对称有限元方法基础上的 Hoek 公式，针对挤压型变形机理分析和可让型支护的功能所进行的一系列计算得到的结果，主要应从定性角度理解。要定量得到挤压型变形预期最终量值，比较可行的途径如下：

（1）按围岩挤压性指标 N_c 进行工程类比，根据既有挤压型变形隧道工程获得的数据，用经验方法预估最终变形量。

（2）在施工中对围岩变形监控量测数据进行分析，估算最终变形量。

1）工程类比的经验方法

Hoek 根据 16 个挤压性围岩隧道工程的数据，提出了相应于不同挤压性指标 N_c 的预期变形量，可以作为隧道断面预留变形量的参考（图 3-21、表 3-9）。

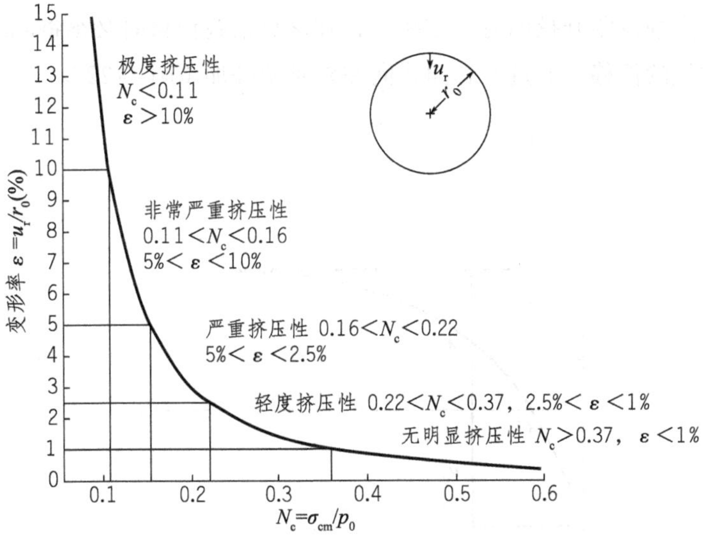

图 3-21　挤压型变形量的预估

2）监控量测数据分析

监控量测是挤压性围岩隧道施工时必须进行的作业。为了消除偶然误差的影响，要对量测数据进行处理，以确切获得变形发展的规律。最常用的方法是回归分析。

围岩最终变形量，特别是隧道周边位移的最终预估是监控量测数据判释的一个重要内容，对于挤压型变形隧道工程，是合理设置和调整开挖断面预留变形量以及设计可让型支护的一个关键因素。通过回归函数，可以将时态曲线向两端外延，从而获得最终位移量的预估值。

根据本书第1讲运用数值计算，对隧道开挖面的向前延伸引起的围岩变形发展规律所做分析，推荐以下两种回归函数，此处表达为时间的函数。

P–1函数：

$$u=A\left(1-e^{-Bt}\right) \tag{3-7}$$

P–2函数：

$$u=A[1-\left(1+Bt\right)^{-2}] \tag{3-8}$$

在回归系数A、B为正值的情况下，两类时态曲线均具有水平渐近线$u=A$，可用以估算预期的最终位移。

由于测点埋设距开挖面有一定距离，在求算最终位移时必须将测取初始读数以前已经发生的位移，通过时态曲线向左外延来补加（图3–22）。

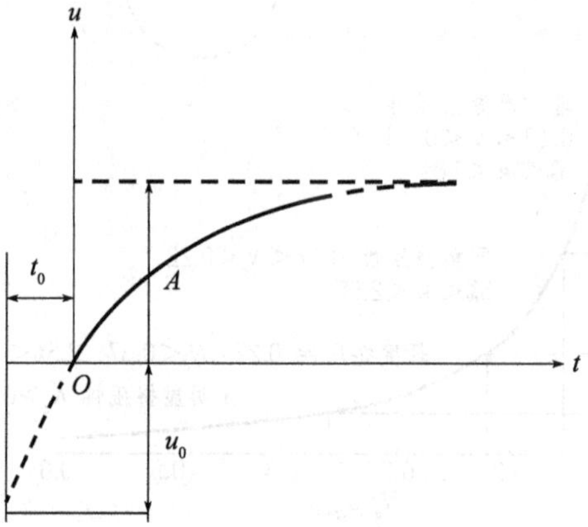

图3–22　时态曲线的外延

（1）P–1函数：$u=A\left(1-e^{-Bt}\right)$

假定测点设置滞后时间为t_0，令$t=-t_0$、$u_0=A\left(1-e^{Bt_0}\right)$、$|u_0|=A\left(e^{Bt_0}-1\right)$，则位移最终值：

$$u_\infty=A+|u_0|=Ae^{Bt_0}$$

（2）P–2函数：$u=A[1-\left(1+Bt\right)^{-2}]$

假定测点设置滞后时间为t_0、$x=-t_0$、$u_0=A[1-\left(1-Bt_0\right)^{-2}]$、$|u_0|=A[\left(1-Bt_0\right)^{-2}-1]$，则位移最终值：

$$u_\infty=A+A[\left(1-Bt_0\right)^{-2}-1]=A\left(1-Bt_0\right)^{-2}$$

对于分部开挖的情况，假定在**全断面形成处埋设测点**，**按**测得的时态曲线进行计算。在计算前，可用折减系数 k 考虑前端分部开挖影响，位移最终值即为：

$$
\begin{aligned}
u_{\infty}&=A+kA[\,(e^{Bt_0}-1)\,(k<1)\\
u_{\infty}&=A+kA[\,(1-Bt_0)^{-2}-1]\,(k<1)
\end{aligned}
\tag{3-9}
$$

通过三维有限元分析 FEM 计算分析可知，在采用台阶法开挖的情况下，对于拱顶沉降可取 k=0.9，对于边墙部位的水平位移，k 值的取值同围岩的挤压性指标 N_c 有关（表 3–10）。注：假定初读测点设在全断面形成处。

表 3–10　水平位移 k 值的选取

N_c	k
0.08	0.94
0.129	0.67
0.207	0.67
0.367	0.60

算例 2　大沟庄斜井挤压型变形量测

隧道跨度 7.4m，埋深 196m，岩体以炭质板岩为主，薄层，黑色，节理发育，岩体破碎，掌子面干燥无水。岩块点荷载强度 0.95MPa，岩块强度为 22.0MPa，取 Hoek–Brown 常数 m_i=4，GSI=12，岩体强度 0.39MPa，挤压性指标 N_c=0.09。

工程类比经验方法预估值：按图 3–22，N_c=0.09，ε =13%，最终收敛预估值 C_{∞}=960mm。

水平收敛实测数据如表 3–11 所示。

表 3–11　水平收敛量测数据（6 号大沟庄斜井里程 K6+60 断面）

t	C	t	C	t	C
0	0	5	424.63	15	531.15
0.4	15.32	6	441.47	16	536.54
1	83.32	7	467.4	18	538.56
1.3	132.84	8	490.72	22	545.31
2	174.98	9	505.54	27	550.75
2.3	197.33	10	508.72	38	552.33
3	345.5	11	511.87	40	563.74

续上表

t	C	t	C	t	C
3.4	392.24	12	523.71	49	570.81
4	387.99	13	526.37	58	572.06
4.3	393.12	14	529.61		

采用 $C=A(1-e^{-Bt})$（P-1 函数）及 $C=A[1-(1+Bt)^{-2}]$（P-2 函数），对量测数据进行回归分析，取 k=0.9，t_0=2d，结果见表 3-12 和图 3-23。

表 3-12　回归分析结果（大沟庄斜井里程 K6+60 断面）

回归函数	数据	当前实测位移（mm）	回归系数			最终收敛预估
			A	B	SD	C_∞（mm）
P-1	10d	508.72	574.151	0.2468	32.6	904
	18d	538.56	547.378	0.272	28.0	903
	58d	572.06	553.805	0.2646	25.6	901
P-2	10d	508.72	696.35	0.1084	34.9	1091
	18d	538.56	611.91	0.1382	32.5	1113
	58d	572.06	588.22	0.1524	30.6	1154

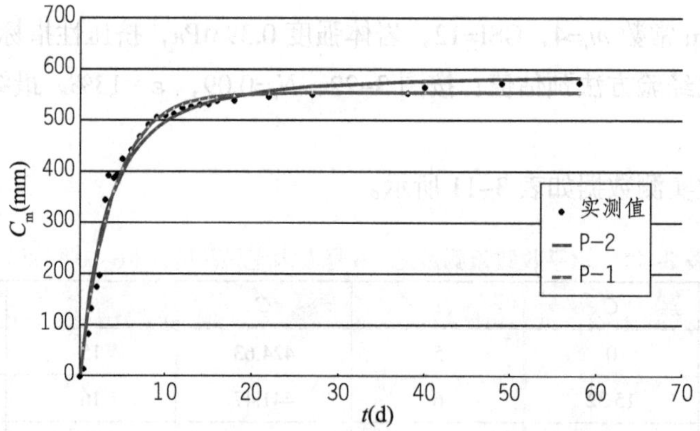

图 3-23　监控量测数据的回归分析（未包括测取初始读数以前已经发生的位移）

如表 3-13 所示，如果在施工前根据 N_c=0.09，按工程类比的经验方法设置 500mm 的开挖断面预留变形量，则在监控量测的第 10d，其合理性应该可以基本得到验证。

表 3-13　最终收敛量的预估

预测（报）手段	监控量测			工程类比
最终收敛量（mm）	预报时间（d）	回归函数	C_∞	C_∞=962
	10	P-1	904	
		P-2	1091	
	18	P-1	903	
		P-2	1113	
	58	P-1	901	
		P-2	1154	

3.8　二次衬砌的施作时机

3.8.1　挤压性围岩隧道二次衬砌的特殊性

按隧道工程修建新理念，一般情况下，初期支护是稳定围岩的主要手段，二次衬砌的作用在于确保隧道工程的耐久性和使用寿命，改善运营维护条件。我国隧道在设计中之所以仍然要按《铁路隧道设计规范》（TB 10003—2016）中的塌方统计公式确定的离散压力荷载（打个折扣）对二次衬砌进行结构计算，大概是出自对初期支护施工质量和地质条件不确定性的忧虑。

挤压性围岩隧道工程的情况就很不一样。

隧道开挖引起的围岩变形的发展一方面取决于与掌子面的延伸相关的“空间效应”，另一方面还有岩体流变特性产生的“时间效应”。国际岩石力学学会（ISRM）关于岩体挤压性的定义特别强调隧道围岩的挤压性大变形的时效（Barla，1995 年）[35]：

二次衬砌的设计和施工必须考虑这种时效引起的形变压力。挤压性围岩隧道二次衬砌裂损的案例已屡见不鲜。如何对流变引起的“残余”形变以及相应的形变压力进行分析计算？如何防止二次衬砌的裂损？痛感缺乏为此提供依据的研究成果。

由于混凝土衬砌具有较大的刚度，根据形变压力特有的规律，挤压性围岩隧道应根据围岩变形量值的稳定程度来选择二次衬砌的施作时机，也就是说，围岩变形适度释放的原则一直要坚持到二次衬砌的施作。

3.8.2 基本稳定准则和二次衬砌施作时机

1974—1979 年修建的奥地利阿尔贝格（Arlberg）隧道，埋深达 740m，穿越千枚岩、片麻岩、含糜棱岩的片岩绿泥石软弱地层，初期支护为喷射混凝土、可缩性钢架和 6m 长锚杆。资料显示，二次衬砌施作时机是这样规定的：

开挖 100d 后，30d 内总收敛值小于 7mm，即收敛增长速度小于 0.23mm/d 时，即可施作二次衬砌（图 3-24）[40]。

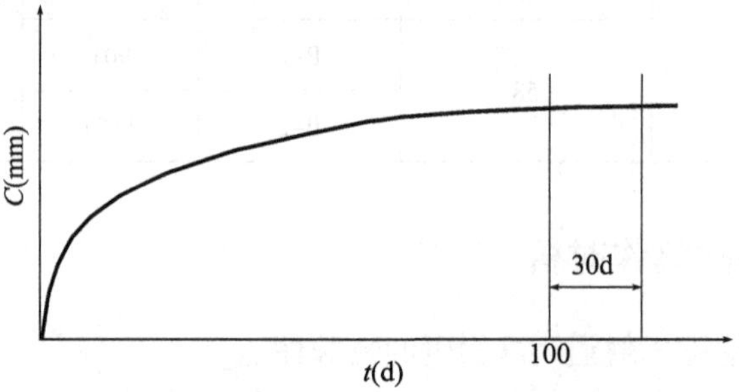

图 3-24　阿尔贝格隧道关于二次衬砌施作时机的规定

注：100d 以后，30d 内收敛总量小于 7mm，收敛速率小于 0.23mm/d

在有的技术文件中明确规定“二次衬砌施作应在围岩和初期支护变形基本稳定后进行”。但是，也许是出自施工组织设计和工期的考虑，同时规定在对二次衬砌进行加强的前提下，可以将变形基本稳定的准则大幅度放宽至 1~2mm/d[30]，同阿尔贝格隧道的准则相差甚远。

更值得商榷的是，在文献 [30] 的条文说明中还强调：当挤压性围岩具有明显的流变性、变形量大、持续时间长、难以稳定时，“需及早施作二次衬砌，浇筑刚强的二次衬砌以抵抗余存的形变压力”，并且提倡将围岩稳定准则进一步放宽到 2~4mm/d 以及 2~5mm/d。

这段文字完全忽略了形变压力同离散压力的区别：离散压力量值仅取决于围岩特性，对于支护结构，它是“常量”，“及早施作”和结构“刚强”，有益无害。而形变压力则完全不同，其量值与支护的刚度和施作时机密切相关，“及早施作”和加大结构刚度，解决不了形变压力的问题。这个结论已由不少工程实例证实。

以 1975 年 8 月建成的惠那山隧道为例（图 3-25），该隧道通过断层黏土化的软弱岩体（变质角页岩），埋深 400m，混凝土衬砌厚度竟达 120cm（70cm+50cm），在其中按 0.8m 间距设置 H250 和 H200 两层钢架，衬砌拱脚还有两个导坑，开挖后用混凝土填满，作为重型衬砌的基础。如此衬砌可谓足够“刚强”，但挤压性围岩并不“买账”，衬砌大规模裂损，反复修补。

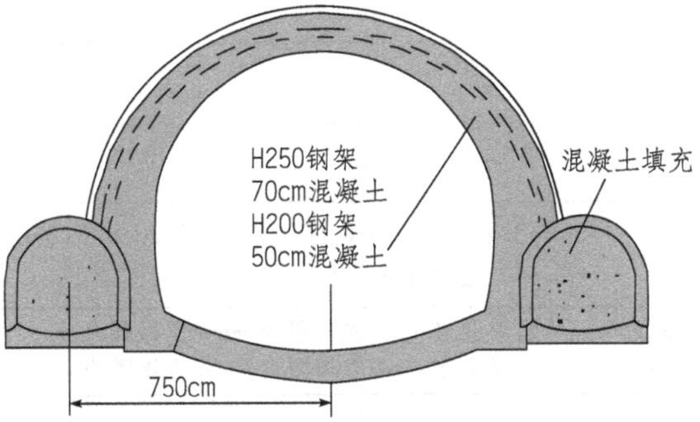

图 3-25　惠那山隧道刚性衬砌

图 3-26 所示为木寨岭隧道大量级挤压型变形导致的二次衬砌裂损，在调查和分析研究中，得到了一个非常有价值的数据：二次衬砌施作前，变形速率达 1.0~1.5mm/d。

必须严格遵循围岩变形基本稳定后施作二次衬砌的原则，在初期支护的保护下，等待围岩变形的稳定，必要时可以通过监控量测结果，利用岩体锚固技术等手段对初期支护进行补充，促进围岩变形的稳定。要将二次衬砌的施作时机作为施工组织设计的边界条件，而不是相反，出于缩短工期的考虑，随意放宽围岩变形速率的限制。否则，会带来工期、造价方面更大的损失，以及工程质量和安全风险。

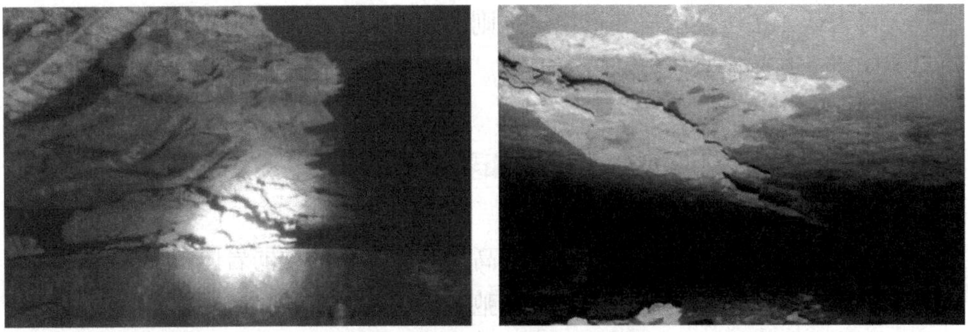

a）挤压型变形造成的衬砌裂损

图　3-26

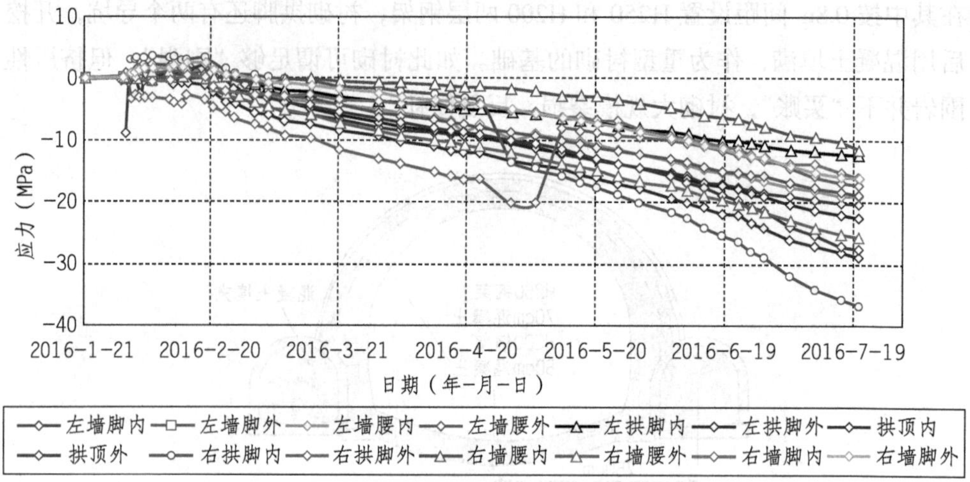

b）衬砌混凝土应力的增长（DK180+950）

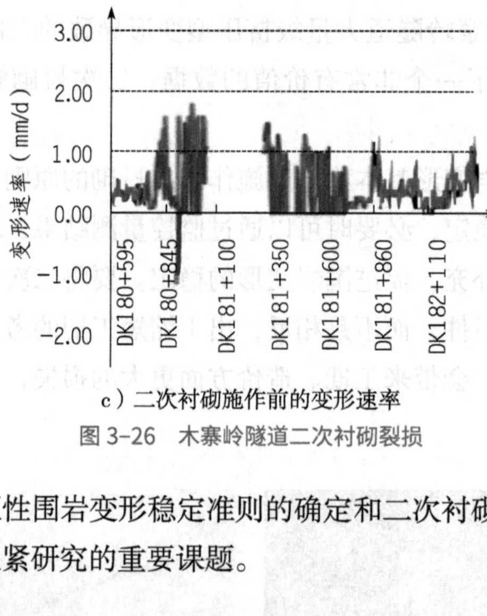

c）二次衬砌施作前的变形速率

图 3-26　木寨岭隧道二次衬砌裂损

无可否认，挤压性围岩变形稳定准则的确定和二次衬砌施作时机的掌握是一个尚未解决、需要抓紧研究的重要课题。

3.9　挤压型变形处治的基本理念和要点

（1）所谓“挤压型变形”专指具有高地应力背景的软弱岩体由于隧道开挖后围岩应力大幅度变化而诱发的高量级松弛变形，其本质是具有一定延性的软弱岩体由于剪应力超限致使的滑移（蠕变）。这种变形与围岩离散、支护刚度不足造成的离散型“大变形”，以及特异岩体的物理性膨胀等“大变形”机制各不相同，在处治理念上也截然不同，不能套用。

（2）根据初始地应力和岩体强度确定的挤压性指标 N_c 对于判识围岩的挤压性，界定挤压性等级，乃至于变形量的预估均具有重要意义。

由于软弱地层在隧道修建前已经历地应力塑性重分布，一般情况下可以认为挤压性地层的地应力主要受重力场控制，在估算 N_c 时，量值可按隧道埋深取 $p_0=\gamma H$。

确定岩体强度，除了获取岩块强度 σ_{ci} 外，尚须考虑 Hoek–Brown 常数 m_i 和地质强度指数 GSI。

（3）对挤压性围岩隧道支护系统静力工作条件的分析，主要着眼于围岩弹塑性变形产生的松弛。可以用“收敛—约束”模型（Convergence –Confinement Model）和形变压力（Genuine Pressure）来表达围岩和支护之间的相互作用。与《铁路隧道设计规范》（TB 10003—2016）上描述的由离散岩体自重形成的“离散压力”以及“作用和反力”设计模型在概念上并不相同。形变压力呈径向作用，其量值与初始地应力、支护刚度、施作时机等因素密切相关。

（4）软弱围岩隧道工程单纯强调**遏制**围岩变形的理念并不适用于高地应力下的挤压性围岩的处治。挤压性围岩隧道工程理念可以归结为：采用可以在围岩大量级变形中基本不受损伤的可让型支护，使围岩在恒定的支护抗力约束下**适度释放变形，缓解形变压力**，由此设置的开挖断面预留变形量可以通过全长锚固型锚杆对围岩的主动加固加以控制。

（5）为了防范围岩松弛变形中可能随机产生的岩体离散，规避施工安全风险，可让型支护系统不仅需要在释放围岩变形的过程中对围岩提供恒定的约束力，而且应具有抵御离散压力的承载能力。屈服型接头的屈服阻抗应按可能产生的离散压力荷载考虑。

INNOVATIVE CONCEPTS IN

CONVENTIONAL TUNNELLING

第4讲

“以排为主”还是“以堵为主”
——隧道工程地下水处治

面对包含地下水的地质体环境，隧道工程的主题除了围岩稳定性，还有地下水的处治问题。地下水处治不仅在于消除衬砌的渗漏、避免水在隧道内漫流、提供良好的运营条件，而且按可持续发展战略要求，还有以下两大目标。

（1）限排：将经由隧道排放的地下水流量控制在某一限量。除了在施工阶段规避涌水引起的安全风险，其目的还在于：

对于山岭隧道，保护水资源和地表生态环境；

对于市政隧道，控制地下水水位下降引起的地表沉降；

对于水底隧道，节约抽水能耗。

（2）卸载：对于高水头地下水，必须缓解作用在衬砌结构上的水压力荷载，确保隧道结构的耐久可靠，优化衬砌设计。

随着我国隧道工程的技术进步，在地下水处治方面积累了经验和教训。但是，对治水模式的选择、排放流量的控制和水压力的计算等问题，还存有认识上的模糊性和误区。“限排卸载”目标的实现，除了相关技术的开发，重要的还是理念的更新。

4.1 地下水处治的主要手段、治水理念的技术背景

（1）“封闭”（Sealing）

形成不透水的边界，阻止地下水经衬砌渗出，消除因隧道开挖引起的地下水流动，不但有利于保护地下水资源，而且可以防止水中有害成分对衬砌的侵蚀，减少维修工作量。“全包”防水板、接头止水带、抗渗混凝土等隔水材料的使用，使衬砌成为不透水的全封闭结构已不是困难的事。

在隧道设计中，通常用作用在衬砌和围岩接触边界上的表面力——“水压力荷载”来反映地下水的力学作用。如果采用封闭型衬砌，衬砌结构必须承受与水头相应的水压力荷载。《地铁设计规范》（GB 50157—2013）在条文和说明中明确规定，水压力可按静水压力计算应根据设计地下水位按全水头确定，即：

$$F=\gamma H \tag{4-1}$$

式中：F——衬砌水压力；

H——水头；

γ——水的重度。

地铁隧道一般埋置较浅，地下水水头不高，采用封闭衬砌，按全水头水压力荷载进行设计，是可行的。

（2）排导（Draining）

可以在衬砌背后设置透水垫层和盲管，排导地下水。我国隧道大多数采用将围岩渗出的地下水经边墙脚的泄水孔和设置在隧道内的排水沟排出。国外的“体外排导系统”则有所不同，地下水不进入隧道，通过盲管和透水垫层将水汇集在衬砌外缘的排水沟（图 4-1）。排水沟设置在隧道底部角隅或隧底以下。需要说明的是，采用在衬砌外缘“体外排导”，地下水并不进入隧道空间的衬砌结构，其性能仍属于排导型。

从理论上说，如果隧道开挖后汇集的流量为 Q_m 的地下水在衬砌后能全部排出，即 $Q_c=Q_m$，衬砌可以不承受水压力荷载。

《公路隧道设计规范　第一册　土建工程》（JTG 3370.1—2018）在永久荷载表中列入了“水压力”，但在条文说明中指出，只有“含水地层中无排水措施的隧道结构，需考虑水压力的影响”。《铁路隧道设计规范》（TB 10003—2016）明确规定，“排水型隧道，衬砌一般不考虑外水压力”。因此排导卸载的手段是高水

头地下水条件隧道工程必须采用的。但是需要考虑的是，地下水无节制地排放显然有悖于环境保护要求。

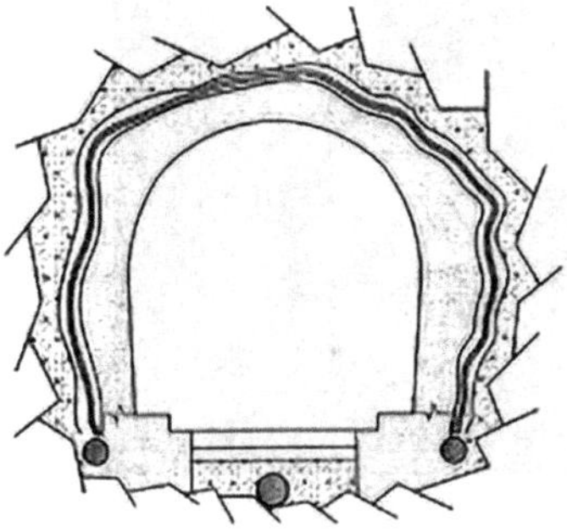

a）

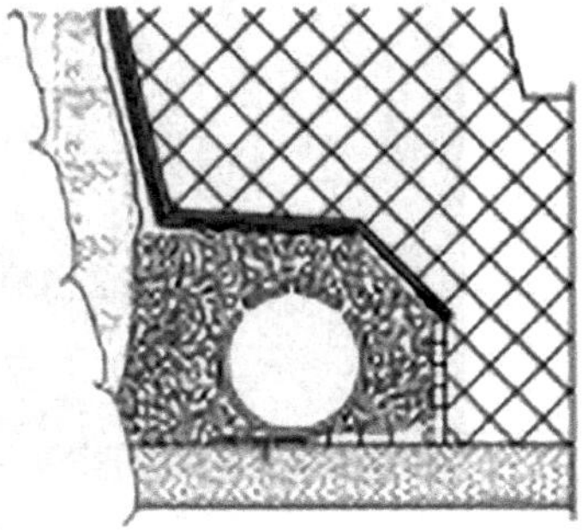

b）

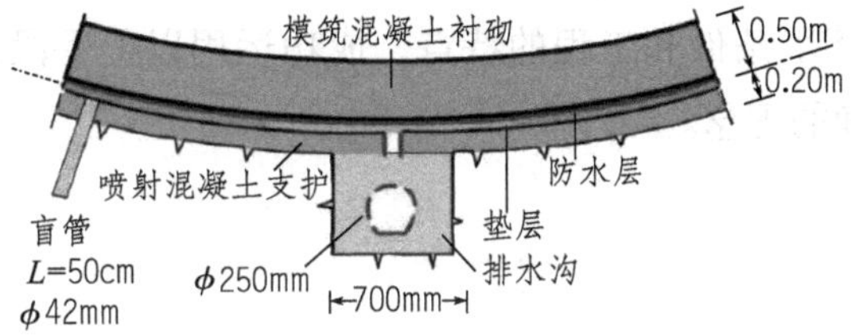

c）

图 4-1　隧道“体外排导系统”

（3）注浆（Grouting）

据资料介绍[50]，围岩注浆后，渗透系数可以降低到原值的 1/100~1/25。这就能有效减少地下水的渗出。当地下水的排放量设限，而水头又较高，无法实施“封闭免排”时，必须采用围岩注浆来控制地下水的排放量。特别是全断面帷幕注浆，一般都能取得较好的密封效果（图 4-2）。

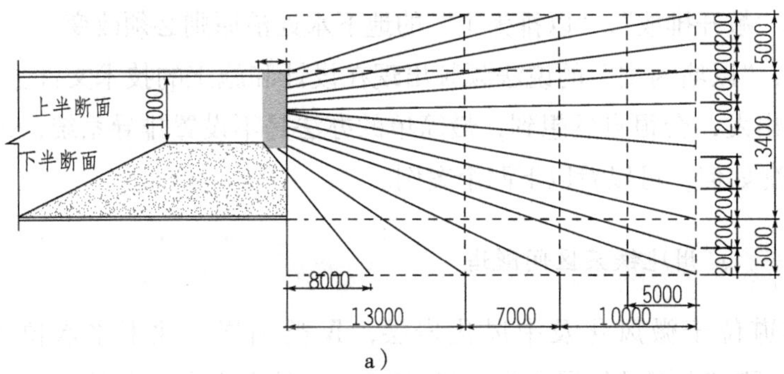

a）

图　4-2

b）

图 4-2　全断面帷幕注浆（尺寸单位：mm）

如何针对的环境条件和工程的特点，成功运用以上手段，不仅是个技术问题，而且要有正确的理念。

4.2　从“以排为主”到“以堵为主”

回顾隧道工程发展的历史，地下水的处治理念有一个从“以排为主”到“以堵为主”的过程。基于“以排为主”的治水理念，隧道结构中设置的地下水排导系统可以缓解衬砌的水压力荷载，一般在隧道设计中可以不考虑水压力荷载，以往在隧道设计规范中并没有关于水压力荷载的条文也就是这个缘故。但是，由此造成的地下水无节制的流失，在生态敏感的地区是不能容忍的。在隧道工程中，地下水的过度排放对地表生态环境造成负面影响已屡见不鲜（如大瑶山9号断层、中梁山隧道等）。从可持续发展战略出发，对水资源的保护的要求越来越严格。人们反感“敞开排放”，“以排为主”的地下水处治原则必须改变。

于是，“以堵为主”的说法频频出现在设计和施工的技术文件上。从以堵为主的理念出发，会很自然想到，最简单的办法是不设置排导系统，采用“封闭”方案。情况如何，可以看以下两个案例。

案例 1　广州地铁某区间隧道

该隧道位于微风化及中风化岩层，Ⅳ类围岩，地下水水位在地表以下1.0~3.0m，隧道上覆地层厚度为7.64~17.64m。地下水水位高度约6.0m。

从城市环境保护出发，该隧道在衬砌背后沿全环设置“全包”防水结构，不设排导系统。可是，在衬砌设计时却沿用了当年山岭隧道的习惯做法，未考虑水压力。衬砌为 C20 素混凝土，厚度为 30cm。隧道建成后发现在底部产生了贯通的纵向裂缝。

与盾构隧道圆形横断面的情况不同，水压力对马蹄形隧道会产生明显的不利影响，即使隧道埋置浅，地下水头较低，这种影响仍然是很大的。

取全水头确定衬砌荷载，内力计算结果示于图 4-3 及表 4-1。计算表明，在水压力作用下，隧道底部的开裂是必然的。

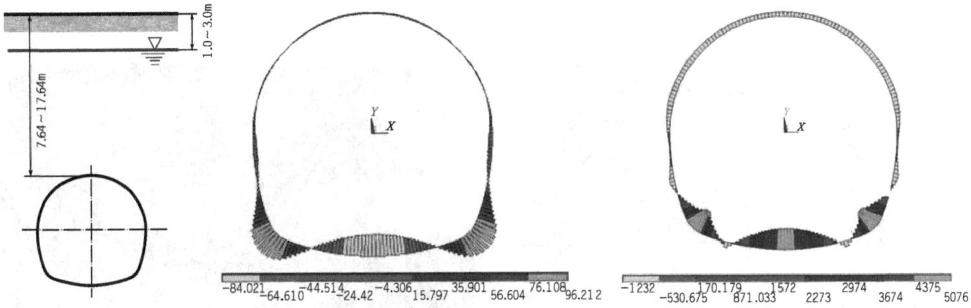

a）隧道埋深　b）弯矩图（单位：kN · m）　c）最大法向应力（单位：kPa）

图 4-3　水压力引起的衬砌内力（按水头 6.0m 计算）

表 4-1　受水压衬砌内力分析

内　力	弯矩（kN · m）	拉应力（MPa）	压应力（MPa）
隧底中部	84.72	4.5	7.3
墙角	76.10	5.1	7.8

之所以未考虑水压力荷载，可能是认为围岩渗透系数小、渗透性差，加以地下水水头本来就不高，传到衬砌背后的地下水压力经“折减”后可以“忽略不计”，并认为《水工隧洞设计规范》（SL 279）中的“外水压力折减系数”表可作为依据。

采用封闭方案，对于渗透性很差的地层，作用在衬砌上的水压力可以折减么?

工程实践已经无情地对这种认识做了否定，至于对《水工隧洞设计规范》（SL 279）中那张表的理解，将在下文中予以讨论。

案例 2 圆梁山隧道[41]

本隧道在岩溶强烈发育的富水段的地下水水位高度可达 450~500m。从环境保护和隧道的可靠性、耐久性角度出发，选择了不设排导系统的“封闭”衬砌。为了承受与地下水水位相应的 4.5MPa 的水压力，采用内直径为 8.34m 的圆形横断面，全封闭衬砌的厚度竟达 1.0m，并在其中按 0.33m 间距设置了双环 50kg/m 的钢轨作为“劲型钢筋”（图 4–4）。

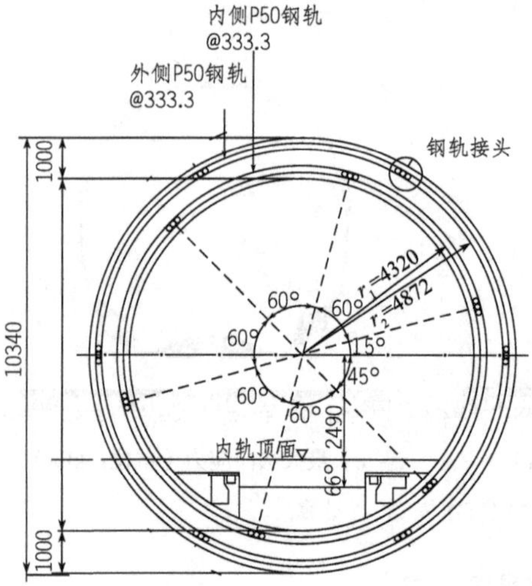

a）

b）

图 4–4 圆梁山隧道全封堵型衬砌（尺寸单位：mm）

但是，这样强大的衬砌最终还是未能有效地将地下水“拒之门外”——隧道建成后，水透过防水板和止水带的薄弱环节从衬砌施工缝或混凝土衬砌流入隧道内。

上述两个案例促使人们将思考的问题集中在：采用全封闭方案，不设排导，水压力到底能否折减？

4.3 静水压力分布规律和全封闭方案

4.3.1 静水压力的分布规律

如果忽略隧道修建前地下水的初始渗流，全封闭衬砌水压力荷载的计算只是一个静水压力的分布规律问题。B.Pascal 在 1648 年做过一个有趣的试验（图 4–5）。

他用一个密闭的桶装满水，在桶盖上插入一根细长的管子，从楼房的阳台上向细管子里灌水。结果只用了几杯水，就把桶压裂了［图 4–5a）］。设想一下，如果把这点水倒入加高的桶内，是根本不可能把桶压裂的［图 4–5b）］。要把桶压裂，只有把桶加高到同细管高度 H 相同的程度，再加满水［图 4–5c）］。结论是：静水压力的量值仅取决于水头的高度，与容水空间的形状、尺度和壁面粗糙度等均无关。如图 4–5a）、c）、d）三种情况，容器中盛水量大不相同，而底面水压力的量值完全相同（$p_a=p_c=p_d=\gamma H$）。

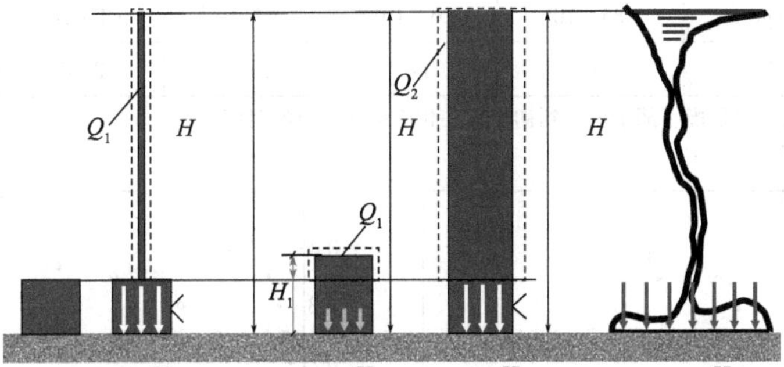

a）1648年Pascal水桶致裂试验　b）水桶加高至H_1　c）水桶加高至H水桶致裂　d）异形容器

图 4–5 静水压力的传递

4.3.2 模型试验[42]

模型试验的目的是为了进一步说明：无论围岩的渗透性多么弱，只要采用全封闭衬砌，作用在衬砌上的水压力荷载都不能折减。

分别用粗砂、中砂和水泥砂浆模拟不同渗透性的围岩，将其装入容器中，介质高度取 1m，相当于原型地层厚 14m，顶部注入稳定水位的水，在容器底部用水压计和测压观管测量水压（图 4–6）。

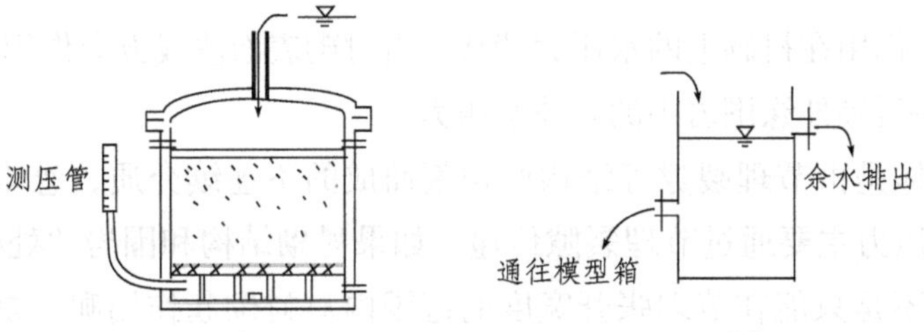

a）　b）

图 4–6 模拟试验示意图

试验表明，选取渗透系数从 1.9×10^{-4}~285×10^{-4}cm/s 的不同介质，可以看到，对于各种介质，作用在衬砌结构上的水压力最终均达到同原始水头（4m）相应的量值。所不同的是压力形成的时间有所不同。这说明对于全封闭情况，静水压力的传递无折减（表 4–2、图 4–7）。

表 4–2 压力形成时间

材料	粗砂	中砂	砂浆		
			1:22	1:15	1:10
渗透系数（cm/s）	2.85×10^{-2}	5.6×10^{-3}	9.8×10^{-4}	7.1×10^{-4}	1.9×10^{-4}
时间（s）	104	147	2120	2265	12620

注：表中的时间是指底部水压达到初始水头相应值所需要的时间。

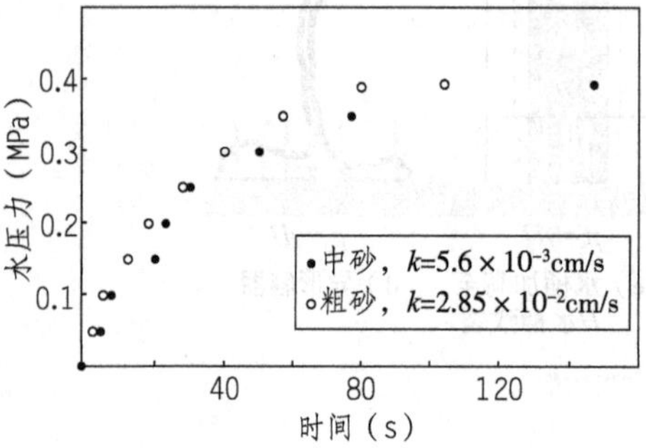

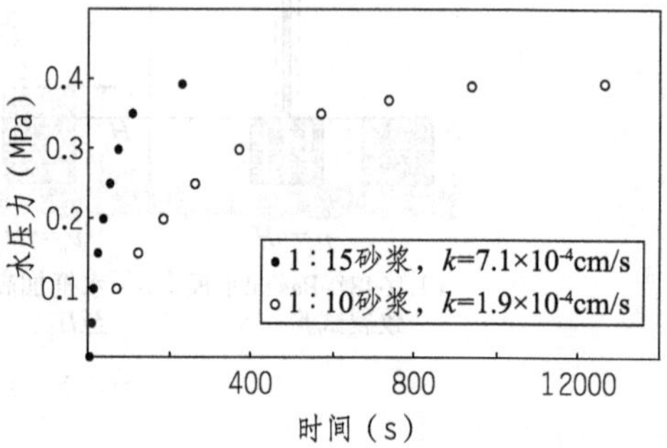

图 4–7 水压力形成过程

4.3.3 节理岩体水压力的传递

对于颗粒状介质的透水土体，很容易理解：全封闭衬砌水压力荷载的量值等于衬砌外缘土体中的孔隙水压力。

$$F=p \tag{4–2}$$

式中：F——作用在衬砌上的水压力荷载，沿衬砌表面法线方向作用；

p——衬砌外缘围岩中的孔隙水压力。

节理岩体是由节理裂隙等结构面切割而成的不连续介质，忽略岩块本身的透水性，水压力主要通过节理裂隙传递，如果衬砌结构和围岩“处处密贴”，地下水压力是不是只能在节理张开宽度的范围内对衬砌起作用呢？是不是可以用一个同裂隙发育程度相关的“作用面积系数”来对衬砌水压力荷载进行折减呢？

裂隙岩体中地下水和衬砌结构的接触如图 4-8 所示。

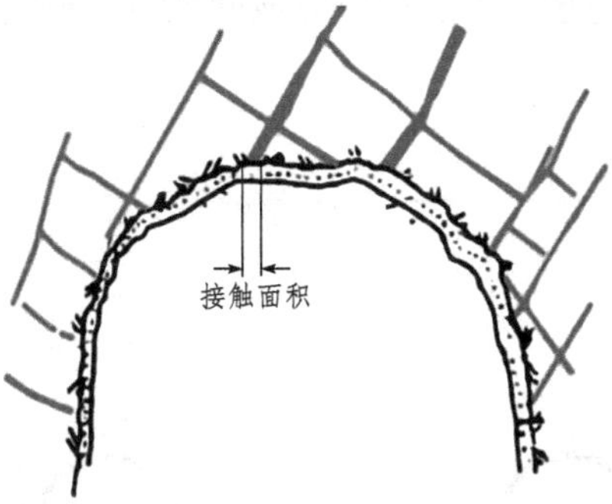

图 4-8　裂隙岩体中地下水和衬砌结构的接触

张有天指出[43]，“作用面积”的概念并不能反映水压力作用的实际情况。水压力除了在节理张开宽度的范围内直接对衬砌起作用外，还会通过岩块传递到衬砌上。节理岩体中的裂隙具有连通性，可以画出最靠近衬砌的连通裂隙，如图 4-9 所示。考虑到裂隙间距与隧道尺寸相比足够小，衬砌水压力荷载可以近似地用最靠近衬砌的连通裂隙中的水压力来确定。

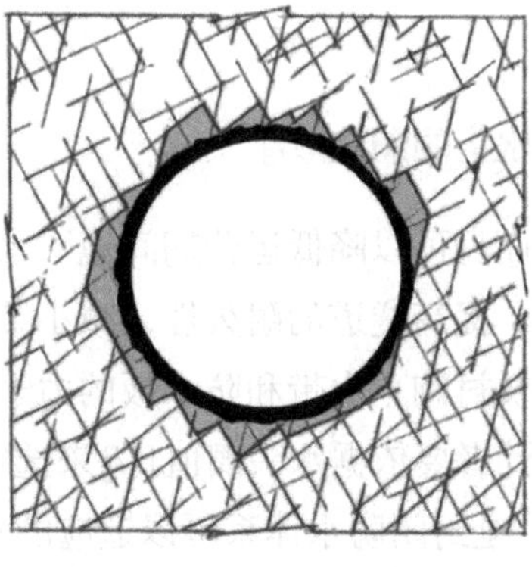

图 4-9　通过岩块传递的水压力

岩体中的裂隙是相互连通的，根据静水力学中的连通器原理，在不产生渗流的情况下，静水压力总会“不折不扣”地传递到衬砌背后的岩体裂隙中，并不受裂隙网络渗透特性的影响。裂隙水压力借助出露在临空面上的岩块传递至衬砌，使衬砌承受相应于初始水头的水压力荷载：

$$F=p_{\mathrm{w}}=\gamma H \qquad (4\text{–}3)$$

式中：p_w——最靠近衬砌的连通裂隙中的水压力。

作用在封闭型衬砌上的水压力的量值应该同放置在同等深度的水体中的空管一致（图 4–10）。

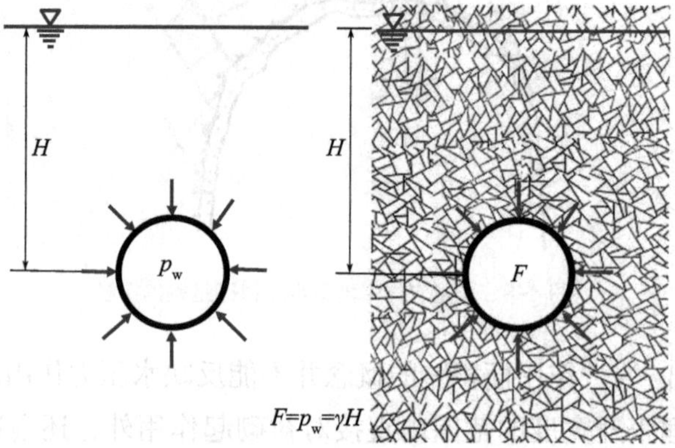

图 4–10　节理围岩水压力

这就是说，不论是颗粒状介质的透水土体，还是水压力通过裂隙传递的节理岩体，只要采用封闭衬砌，衬砌总要承受量值同水头相当的水压力荷载，其量值与岩体的渗透特性无关。

4.3.4　采用封闭方案水头的阈值 [H]

封闭方案不但简单，而且可以降低运营期间地下水的流动性，减轻地下水对结构材料可能产生的侵蚀，提高隧道的耐久性，减小维修量。但考虑衬砌结构承受水压力荷载的能力，以及衬砌止水带和防水板的力学性能，这种方案只能在水头不高的情况下采用。设计者要依据水头阈值 [H] 来选定是否可以采用封闭方案。

瑞士 J.D.Chabot 指出，全封闭防水体系可以适应的水头可达 30m 以上，目前，其上限可考虑为 60m[44]。这就是说，对于水头高度在 30m 以下的浅埋隧道可以采用结构简单、维修量较小的封闭衬砌；而水头高度大于 60m 的高水头深埋隧道，采用封闭衬砌是不合理的，必须在衬砌中设置地下水排导系统，并保持通畅以缓解衬砌水压力荷载，优化衬砌设计。

表 4–3 为日本采用的各种不同类型素混凝土衬砌承受水压力荷载的能力，当水头超过表 4–3 中数字时，必须对衬砌进行加强（如采用钢筋混凝土衬砌）；否则要设置排导系统，通过排水来缓解水压力荷载。

表 4–3　隧道素混凝土衬砌抗水压能力（日本）

组　合	断 面 类 型	衬砌厚度（cm）	围岩级别	极限水压（水头）（m）
1	新干线	50	I_N	27.3
			I_L	27.2
2	新干线	40	I_N	16.6
			I_L	15.3
3	单线	35	I_N	24.8
			I_L	24.3

4.4　地下水排导方案

4.4.1　高水头地下水的处治问题

将单纯的“封闭”方案和“排导”方案分别作为“以堵为主”和“以排为主”的典型加以比较，结论是两种方案都有局限性（表 4–4）。

表 4–4　两种典型方案的比较

方案	排导	封闭
设计的优化	水压力缓解、衬砌简约、降低造价	全水头水压力、衬砌加强、提高造价
对环境的影响	地下水流失、不利于生态环境、地表沉降	避免地下水流失，保护生态环境
衬砌耐久性	加剧水中有害成分的侵蚀	减轻水中有害成分的侵蚀
隧道维护	复杂、工作量大、加大水下隧道抽水能耗	简易
方案的局限性	不适用于地下水限排的工程	不适用于水头 H 大于 30~60m 情况

近年来，我国高等级的交通路网不断向地形复杂地区拓展，而高速铁路和高速公路对路线的平顺性又有严格要求，使得采用传统的迂回展线来克服地形障碍的选线方案不再可行。这就使越岭长隧道越来越多。越岭长隧道通常埋深较大，如果穿越富水地层，则相应于隧道高程的地下水水头较高。此外，采用矿山法修建的水（海）底隧道有时也具有较高的地下水水头。

处于高水头地下水环境的隧道不适合采用封闭方案，为了缓解衬砌水压力荷载，必须在衬砌结构中设置排导系统。要揭示地下水对“透水衬砌”的力学作用，必须研究围岩中地下水的流动规律。地下水在各种结构不同的岩体中的流动规律呈现不同的形态，是十分复杂的。在大多数情况下，可以宏观地通过渗流理论进行研究。

4.4.2 渗流问题的 Darcy 定律

对于颗粒骨架的砂土体，我们可以很自然地用渗流理论来研究地下水的流动规律，即通过对连续充满整个介质空间（包括孔隙空间和骨架占据的空间）的假想水流，即“渗流”的研究，得出地下水的流动规律及其对围岩固体骨架的作用力——渗流力（体积力）。

研究表明，对于颗粒骨架的砂土体均匀连续介质，可以采用达西（Darcy）定律来描述渗流（图 4–11）。均匀连续各向同性渗透介质渗流 Darcy 定律（1856）可表达为：

$$v=-kJ \tag{4-4}$$

式中：v——流速；

J——水力梯度；

k——渗透系数。

适用条件是 $R_e < 1\sim10$。

$$R_e = \frac{vd}{\upsilon} \tag{4-5}$$

式中：R_e——雷诺数；

v——渗流速度；

d——含水层颗粒平均粒径；

υ——运动黏滞系数。

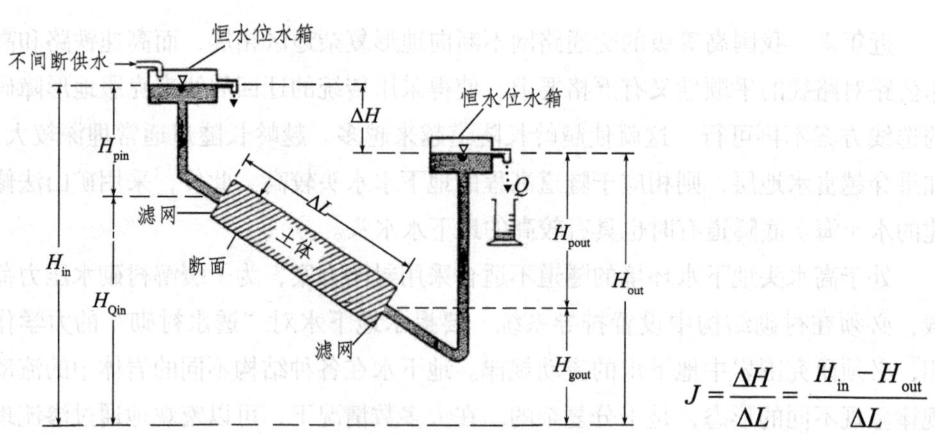

图 4–11　Darcy 定律实验

如果将岩体在水力特性上视为连续介质，那么地下水对围岩和衬砌结构的作用应该用分布在围岩和衬砌中的体积力来表示。这种作用力可以分为渗流力和浮力两部分。浮力对岩土介质和衬砌结构的作用表现为自重的减轻。这里主要研究渗流力的作用。

在岩体介质渗透特性的连续介质假定的基础上，有：

渗流力：

$$\begin{cases} f_x = -\gamma \dfrac{\partial h}{\partial x} \\ f_y = -\gamma \dfrac{\partial h}{\partial y} \\ f_z = -\gamma \dfrac{\partial h}{\partial z} \end{cases}$$

浮力：

$$\begin{cases} f_x^{\mathrm{b}} = 0 \\ f_y^{\mathrm{b}} = 0 \\ f_z^{\mathrm{b}} = \gamma \end{cases}$$

式中：h——水力势；

γ——为水的重度。

考虑流速 u 影响甚微，可忽略，取 $h = z + \dfrac{p}{\gamma} + \dfrac{u^2}{2g} \approx z + \dfrac{p}{\gamma}$，其中，$p$ 为孔隙水压力。

4.4.3　裂隙岩体的等效连续介质模型[45–46]

渗流理论能否用于岩体介质呢？一般情况下，在岩体中岩块是相对不透水的介质，地下水在岩体裂隙中流动。因此，可以先研究地下水在单一裂隙中的流动规律，然后根据裂隙产状、几何参数和渗流特性的统计规律，采用渗流网络模型来研究地下水的渗流问题。

国内外学者针对裂隙岩体渗流问题做了大量研究。20 世纪 40 年代，苏联学者在室内进行了岩体裂隙水力学试验，用试验方法证明了单裂隙岩体中地下水运动的“立方定律”，即：

$$q = \frac{\gamma b^3}{12\mu} J_{\mathrm{f}} \tag{4-6}$$

式中：q——裂隙内单宽流量；

b——裂隙张开度；

J_f——裂隙内水力梯度；

μ——地下水的动力黏滞系数；

γ——地下水重度。

显然，基于理想的无限延伸光滑平面平行板假定的窄缝水流公式并不适用于形态各异的所有裂隙。各种裂隙的宽度、充填、表面粗糙度等特性均影响裂隙地下水的渗流规律。此外，在计算中还要考虑“耦合”问题：隧道开挖后，地应力的重分布及渗流力的作用会使得裂隙的张开度发生变化，从而改变岩体的渗流特性，反过来又引起渗流力的变化，反复耦合，达到最终稳定。

从理论上讲，地质学和岩石力学关于裂隙岩体结构特性和单裂隙地下水渗流规律的既有研究成果，以及数值模拟技术的发展，提供了使用裂隙岩体的渗流网络模型的可能。但是要在大量具体的隧道工程中“真刀真枪”地用以进行设计计算，显然是有些困难的。除去岩体裂隙系统和结构面性态的调查统计外，不同性态的裂隙中地下水渗透规律不易确定或选用（表 4–5）。

表 4–5　岩体裂隙渗流 [45]

<table>
<tr><th colspan="2">参　　数</th><th>岩石裂隙渗流阻力系数</th><th>裂隙单宽流量</th></tr>
<tr><td rowspan="3">线性渗流
$k/DH \leqslant 0.033$</td><td>线性层流</td><td>1）$\lambda=\frac{96}{Re}$
（Hagen–Poiseuille）</td><td>$Q=\frac{g}{12v}.e^3.J$</td></tr>
<tr><td rowspan="2">紊流</td><td>2）$\lambda=0.316\ Re^{\frac{1}{4}}$
（Blasius）</td><td>$Q=\left[\frac{g}{0.079}\left(\frac{2}{v}\right)^{0.25}.e^3.J\right]^{\frac{4}{7}}$</td></tr>
<tr><td>3）$\frac{1}{\sqrt{\lambda}}=-2\log\frac{k/DH}{3.7}$
（Nikuradse）</td><td>$Q=4\sqrt{\lambda}\left(\log\frac{3,7}{k/DH}\right)e^{1.5}\sqrt{J}$</td></tr>
<tr><td rowspan="5">非线性渗流
$k/2e > 0.033$</td><td rowspan="3">非线性层流</td><td>4a）$\lambda=\frac{96}{Re}\left[1+17\left(\frac{k}{2e}\right)^{1.5}\right]$
（Lomize，1951 年）</td><td>$Q=\frac{g}{12v[1+17(k/2e)^{1.5}]}.e^3.J$</td></tr>
<tr><td>4b）$\lambda=\frac{96}{Re}\left[1+8.8\left(\frac{k}{2e}\right)^{1.5}\right]$
（Louis，1969 年）</td><td>$Q=\frac{g}{12v[1+8.8(k/2e)^{1.5}]}.e^3.J$</td></tr>
<tr><td>4c）$\lambda=\frac{96}{Re}\left[1+25\left(\frac{k}{2e}\right)^{1.5}\right]$
（Quadros，1982 年）</td><td>$Q=\frac{g}{12v[1+25(k/2e)^{1.5}]}.e^3.J$</td></tr>
<tr><td rowspan="2">紊流</td><td>5a）$\frac{1}{\sqrt{\lambda}}=-2.55\log\frac{k/DH}{1.24}$
（Lomize，1951 年）</td><td>$Q=5.11\sqrt{g}\left(\log\frac{1.24}{k/DH}\right)e^{1.5}\sqrt{J}$</td></tr>
<tr><td>5b）$\frac{1}{\sqrt{\lambda}}=-2\log\frac{k/DH}{1.9}$
（Louis，1969 年）</td><td>$Q=4\sqrt{g}\left(\log\frac{1.9}{k/DH}\right)e^{1.5}\sqrt{J}$</td></tr>
</table>

注：根据 Louis 1969 年资料修订。

考虑到岩块的尺度一般比隧道尺寸小得多，从工程实用出发，可以借鉴透水砂土体的连续体模型，采用“等效连续介质模型”来研究裂隙岩体的渗流问题，将裂隙岩体等效视为无间隙的连续体，地下水充满了整个介质。

考虑到裂隙岩体的渗透性能的各向异性，用张量来表达渗透系数：

$$\widetilde{k}=\begin{bmatrix}k_{xx} & k_{xy} & k_{xz}\\ k_{yx} & k_{yy} & k_{yz}\\ k_{zx} & k_{zy} & k_{zz}\end{bmatrix} \tag{4-7}$$

Darcy 定理可以表达为：

$$\bar{v}=-\widetilde{k}\bar{J} \quad \bar{v}=\begin{Bmatrix}v_x\\ v_y\\ v_z\end{Bmatrix} \quad \bar{J}=\begin{Bmatrix}\dfrac{\partial h}{\partial x}\\ \dfrac{\partial h}{\partial y}\\ \dfrac{\partial h}{\partial z}\end{Bmatrix}$$

连续性方程为：

$$k_x\frac{\partial^2 h}{\partial x^2}+k_y\frac{\partial^2 h}{\partial y^2}+k_z\frac{\partial^2 h}{\partial z^2}=S\frac{\partial h}{\partial t} \tag{4-8}$$

式中：k_x、k_y、k_z——x、y、z 轴方向的渗透系数；

S——贮水率；

t——时间。

对于稳态渗流，各向同性情况：

$$\frac{\partial^2 h}{\partial x^2}+\frac{\partial^2 h}{\partial y^2}+\frac{\partial^2 h}{\partial z^2}=0 \tag{4-9}$$

在本书的讨论中，无论对于颗粒骨架的砂土体，还是裂隙岩体，均采用基于 Darcy 定理的渗流理论，对地下水的流动状态进行分析。（有适用条件）

4.5 排导方案衬砌水压力荷载

4.5.1 渗流力的作用历史和衬砌渗流力独立作用原理

张有天（1980 年，1985 年）阐明了隧道修建过程中渗流场和渗流力作用的计算步骤[47–48]，具体如下。

（1）计算隧道开挖前初始渗流场 h_0 产生渗流力 f_0。

（2）计算隧道开挖后渗流场 h_1 及渗流力 f_1。开挖引起的渗流力增量为 $\Delta f_1=f_1-f_0$。

（3）从隧道衬砌后渗流场 h_2 计算分别作用在围岩和衬砌上的渗流力 f_{2m}、f_{2l}。衬砌引起的围岩渗流力增量 $\Delta f_{2m}=f_{2m}-f_1$。

着重研究一下从开挖到衬砌过程中渗流力的改变：如图 4-12 所示，由于衬砌在一定程度上阻止了地下水的排放，衬砌外缘（靠近围岩一侧）处的水力势由零值有所上升，衬砌背后围岩中的水力势变化梯度有所下降，由此产生的渗流力增量背向隧道。而作用在衬砌上的渗流力 f_{2l} 则指向隧道内部。

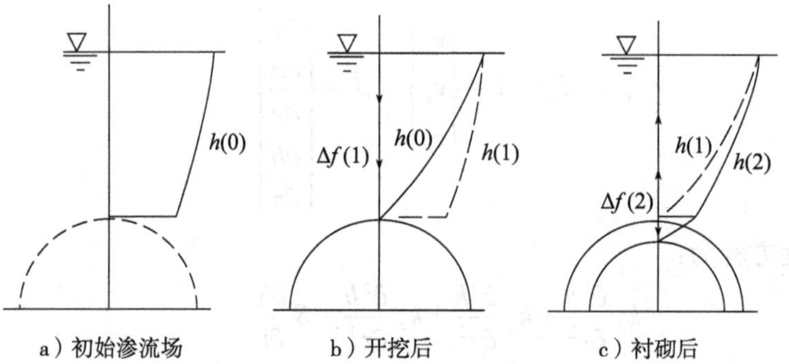

图 4-12　水力势场的变化

采用叠合结构的“双重型衬砌”常常在二次衬砌背后设置防水板和地下水疏导设施，使得二次衬砌和初期支护界面上不能传递拉应力。围岩承受的相应于“衬砌效应”的渗透力增量系背向隧道中心，因此可以忽略作用在围岩上的渗流力对衬砌结构的影响，考虑衬砌单独地承受衬砌范围内的渗流力（图 4-13）。

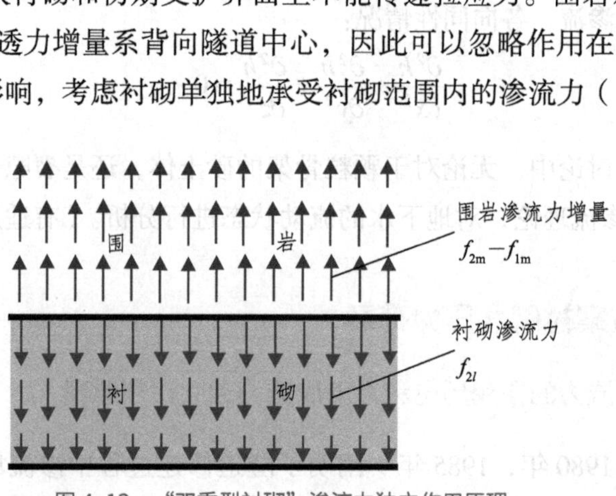

图 4-13　“双重型衬砌”渗流力独立作用原理

4.5.2　衬砌水压力荷载和孔隙水压力之间关系

由于衬砌厚度尺寸相对较小，因此，可以把以体积力形式作用在衬砌范围内的渗透力，以合力的形式表达为作用在衬砌背后的表面力。

如图 4–14 所示，衬砌渗流力为体积力，则有：

$$f=-\gamma\frac{\mathrm{d}h}{\mathrm{d}r} \qquad (4\text{–}10)$$

其合力即为衬砌水压力荷载（表面力集度）：

$$F=\int_{r_0}^{r_c}f\mathrm{d}r=-\gamma(r_c-r_0)-(p_c-p_0) \qquad (4\text{–}11)$$

考虑到 r_c–$r_0 \approx 0$，p_0=0，则：

$$F=-p_c \qquad (4\text{–}12)$$

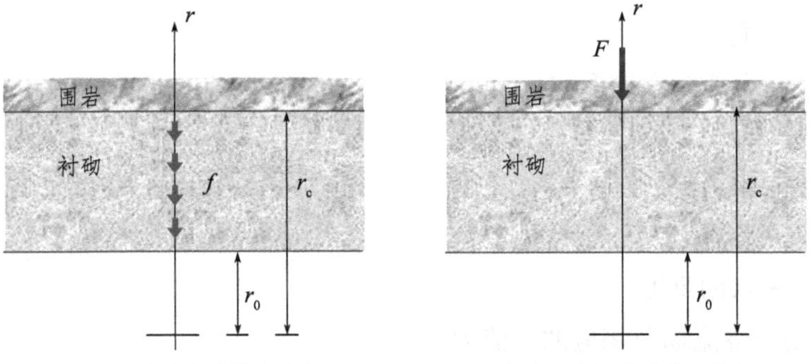

a）衬砌渗流力（体积力）　　b）水压力荷载（表面力）

图 4–14　衬砌渗流力和水压力荷载

这就是说可以近似地将衬砌渗流力用表面力来表示，其方向指向隧道内部，量值等于衬砌与围岩界面处围岩孔隙水压力。

这样，在计算排导型衬砌水压力的作用时，不必再去理会麻烦的“连续体计算模型”，而采用工程师们所熟悉的“荷载—结构”模型，把地下水的力学效应也像 4.3.3 节对于承受静水压力的全封闭衬砌那样归结为量值等于衬砌外缘围岩孔隙水压力 p_c 的荷载，方向指向隧道中心的径向表面力的作用。对于裂隙岩体，4.3.3 节也已阐明，由于出露临空面岩块的传递，作用在衬砌结构上的指向隧道净空的法向水压力荷载，其量值即为衬砌外缘处围岩裂隙水压力。考虑裂隙间距尺度远小于计算域尺度，可以按**等效连续介质模型**计算的衬砌外缘围岩处的孔隙水压力取值。

4.6 水压力荷载问题的解析

4.6.1 渗流问题的轴对称解

可以先研究渗流问题的轴对称情况，得出简洁的解析解，用以研究排导型衬砌受力条件和高水头地下水处治原则；然后，再通过数值计算方法论证轴对称解对非轴对称情况的适用性。

假定隧道断面为圆形，远场水力势 H 恒定且远大于隧道尺寸，围岩为各向同性均匀连续介质，Darcy 定理、连续性方程和渗流力分别可表达为轴对称形式（图 4–15）：

$$\frac{Q}{2\pi r}=-k\frac{\mathrm{d}h}{\mathrm{d}r} \quad Q=\mathrm{const}\,(r) \quad f_{\mathrm{r}}=-\gamma\frac{\mathrm{d}h}{\mathrm{d}r} \tag{4–13}$$

式中：Q——流量；

k——介质的渗透系数；

r——极距；

h——水力势；

f_{r}——渗流力；

γ——水的重度。

忽略初始渗流场及相应的渗流力 f_0。

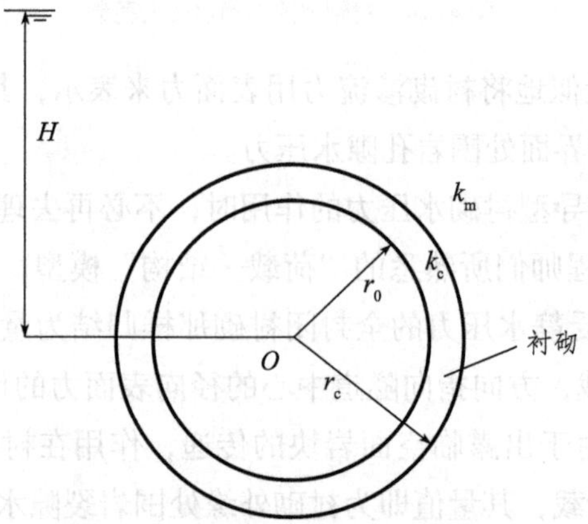

图 4–15　渗流问题的轴对称简化

（1）开挖后、衬砌前（毛洞）

将指向隧道内的流量 Q 规定为正值，Darcy 定理可表达为：

$$\frac{Q_{\mathrm{m}}}{2\pi r}=k_{\mathrm{m}}\frac{\mathrm{d}h_1}{\mathrm{d}r} \tag{4-14}$$

根据连续性方程 Q_{m}=const（r），运用边界条件 $r=r_{\mathrm{c}}$，$h_1=0$，并考虑 $r=H$，$h_1=H$，解得衬砌前地下水排放流量：

$$Q_{\mathrm{m}}=\frac{2\pi Hk_{\mathrm{m}}}{\ln\frac{H}{r_{\mathrm{c}}}} \tag{4-15}$$

$$h_1=\frac{H}{\ln\frac{H}{r_{\mathrm{c}}}}\ln\frac{r}{r_{\mathrm{c}}}$$

$$\frac{\mathrm{d}h_1}{\mathrm{d}r}=\frac{H}{r\ln\frac{H}{r_{\mathrm{c}}}}$$

渗流力为：

$$f_{1\mathrm{m}}=-\frac{\gamma H}{r\ln\frac{H}{r_{\mathrm{c}}}} \tag{4-16}$$

（2）衬砌后

衬砌范围内（$r=r_0\sim r_{\mathrm{c}}$）：

$$\frac{Q_{\mathrm{c}}}{2\pi r}=k_{\mathrm{c}}\frac{\mathrm{d}h_2}{\mathrm{d}r}$$

边界条件 $r=r_0$，$h_2=0$，解得：

$$h_2=\frac{Q_{\mathrm{c}}}{2\pi k_{\mathrm{c}}}\ln\frac{r}{r_0} \tag{4-17}$$

围岩范围内（$r=r_{\mathrm{c}}\sim H$）：

$$\frac{Q_{\mathrm{c}}}{2\pi r}=k_{\mathrm{m}}\frac{\mathrm{d}h_2}{\mathrm{d}r}$$

边界条件 $r=H$，$h_2=H$，则：

$$h_2=H-\frac{Q_{\mathrm{c}}}{2\pi k_{\mathrm{m}}}\ln\frac{H}{r} \tag{4-18}$$

当 $r=r_c$ 时，式（4–17）、式（4–18）两式计算的结果应相等，解得衬砌后排放流量：

$$Q_c = \frac{2\pi H}{\frac{1}{k_c}\ln\frac{r_c}{r_0}+\frac{1}{k_m}\ln\frac{H}{r_c}} \tag{4–19}$$

对衬砌范围内的渗透力进行如下计算（$r=r_0\sim r_c$）。

将式（4–19）代入式（4–17），则：

$$h_2=\frac{H\ln\frac{r}{r_0}}{\ln\frac{r_c}{r_0}+\frac{k_c}{k_m}\ln\frac{H}{r_c}} \tag{4–20}$$

令 $r=r_c$ 考虑到 $H>>r_c$，得衬砌背后孔（裂）隙水压：

$$p=\frac{\gamma H\ln\frac{r_c}{r_0}}{\ln\frac{r_c}{r_0}+\frac{k_c}{k_m}\ln\frac{H}{r_c}} \tag{4–21}$$

$$\frac{\mathrm{d}h_2}{\mathrm{d}r}=\frac{H}{\left(\ln\frac{r_c}{r_0}+\frac{k_c}{k_m}\ln\frac{H}{r_c}\right)r}$$

衬砌范围内的渗透力：

$$f_{2l}=\frac{-\gamma H}{\left(\ln\frac{r_c}{r_0}+\frac{k_c}{k_m}\ln\frac{H}{r_c}\right)r}$$

衬砌范围内渗透力的合力为：

$$F=\int_{r_0}^{r_c} f_{2c}\mathrm{d}r=\int_{r_0}^{r_c}\frac{-\gamma H}{\left(\ln\frac{r_c}{r_0}+\frac{k_c}{k_m}\ln\frac{H}{r_c}\right)r}\mathrm{d}r=\frac{-\gamma H\ln\frac{r_c}{r_0}}{\ln\frac{r_c}{r_0}+\frac{k_c}{k_m}\ln\frac{H}{r_c}} \tag{4–22}$$

以 $k_c=0$（全封闭）代入上式，则：

$$F=-p=-\gamma H$$

式中，负号表示渗流力的方向指向隧道中心。

对围岩范围内的渗透力进行计算（$r=r_c\sim H$）：

将式（4–19）代入式（4–18）中，则：

$$h_2=H-\frac{H\ln\dfrac{H}{r}}{\dfrac{k_m}{k_c}\ln\dfrac{r_c}{r_0}+\ln\dfrac{H}{r_c}}$$

$$\frac{\mathrm{d}h_2}{\mathrm{d}r}=\frac{H}{\left(\dfrac{k_m}{k_c}\ln\dfrac{r_c}{r_0}+\ln\dfrac{H}{r_c}\right)r}$$

渗透力：

$$f_{2m}=\frac{-\gamma H}{\left(\dfrac{k_m}{k_c}\ln\dfrac{r_c}{r_0}+\ln\dfrac{H}{r_c}\right)r}$$

相应于“衬砌效应”的渗透力增量为：

$$\Delta f_m=f_{2m}-f_{1m}=\frac{\dfrac{k_m}{k_c}\ln\dfrac{r_c}{r_0}}{r\left(\dfrac{k_m}{k_c}\ln\dfrac{r_c}{r_0}+\ln\dfrac{H}{r_c}\right)\ln\dfrac{H}{r_c}}\gamma H>0 \tag{4-23}$$

以上式中：k_c—— 衬砌渗透系数；

k_m—— 围岩渗透系数；

r—— 所研究点的极距；

r_0—— 衬砌内径；

r_c—— 衬砌外径；

h_1—— 毛洞状态下水力势；

h_2—— 衬砌后水力势；

H—— 远场水力势。

这表明，围岩承受的相应于“衬砌效应”的渗透力增量确实背向隧道中心（图 4–13）。

4.6.2 排导型衬砌水压力的折减

令 $p=\beta\gamma H$，由式（4–21）得水压力折减系数：

$$\beta=\frac{\ln\dfrac{r_c}{r_0}}{\ln\dfrac{r_c}{r_0}+\dfrac{k_c}{k_m}\ln\dfrac{H}{r_c}}=f\left(\frac{k_c}{k_m}\right) \tag{4-24}$$

从上式可知，衬砌水压力 p 是衬砌渗透系数和围岩渗透系数比值 k_c/k_m 的函数。

原水利部东北勘测设计研究院（以下简称“东勘院”）及有关单位提出了按围岩渗透系数和混凝土衬砌渗透系数的比值来确定衬砌水压力折减系数 β（表 4–6）。

表 4–6　衬砌水压力折减系数

k_m/k_c	0		∞	500	50 ~ 500	5 ~ 10	1
折减系数 β	东勘院建议值						
	0		1	1	0.86 ~ 0.94	0.3 ~ 0.6	0.03 ~ 0.08
	按本书式（4–24）计算值 *						
	H=500m	0	1	0.91	0.51 ~ 0.91	0.10 ~ 0.17	0.018
	H=100m	0	1	0.94	0.62 ~ 0.94	0.14 ~ 0.25	0.028
	H=50m	0	1	0.96	0.68 ~ 0.96	0.18 ~ 0.30	0.041

注：* 假定 r_0=5.0m，r_c=5.5m。

根据式（4–24），折减系数 β 值还应该与隧道半径、衬砌厚度和远场水力势（地下水水位）有关。

假定隧道内径为 5.0m，衬砌厚度为 0.5m，对地下水相对水位分别为 500m、100m 及 50m，按式（4–24）算得的折减系数 β 也一并示于表 4–6 中。

注意一下式（4–24）中的两个极端情况：

令 $k_c=\infty$，得 $\beta=0$，$F=p=0$；

令 $k_c=0$，得 $\beta=1$，$F=p=\gamma H$。

分别对应于衬砌“自由排放”和“封闭”两种典型情况。

4.6.3　施工中折减系数的估算

由以上诸式可以得出一个十分清晰的简化公式，来表达折减系数：

$$\beta=\frac{Q_m-Q_c}{Q_m} \tag{4–25}$$

自由排放：$Q_c=Q_m$，$\beta=0$。

全封闭（完全不排放）：$Q_c=0$，$\beta=1$。

此式可用于在施工中通过对衬砌前后排水量的监测，实现水压力折减系数的估算。

至此，将静水压力作为渗流的一种极端情况，对“全封闭衬砌按全水头计算水压力荷载，不能折减”这样一个简单道理，又从另一个角度加以证明。

接下来，讨论一下《水工隧洞设计规范》(SL 279—2016)中的外水压力折减系数表(表 4–7)。

表 4–7　外水压力折减系数表

级别	地下水活动状态	地下水对围岩稳定的影响	β 值
1	洞壁干燥或潮湿	无影响	0~0.20
2	沿结构面有渗水或滴水	风化结构面充填物质，地下水降低结构面的抗剪强度，对软弱岩体有软化作用	0.10~0.40
3	沿裂隙或软弱结构面有大量滴水、线状流水或喷水	泥化软弱结构面充填物质，地下水降低结构面的抗剪强度，对中硬岩体有软化作用	0.25~0.60
4	严重滴水，沿软弱结构面有小量涌水	地下水冲刷结构面中充填物质，加速岩体风化，断层等软弱带软化泥化，并使其膨胀崩解，产生机械管涌。有渗透压力，能鼓开较薄的软弱层	0.40~0.80
5	严重鼓状流水，断层等软弱带有大量涌水	地下水冲刷携带结构面充填物质，分离岩体，有渗透压力，能鼓开一定厚度的断层等软弱带，导致围岩塌方	0.65~1.00

注：当有内水组合时，β 取较小值；无内水组合时，β 取较大值。

对此，我国知名岩石水力学家张有天教授有以下论述[43]：

《水工隧洞设计规范》(SL 279—2016)规定的折减系数 β 值“**原则上是按衬砌与围岩相对渗透性而拟定的。众所周知，与铁路隧道和公路隧道的带防水板的复合式衬砌不同，水工隧洞混凝土衬砌是在围岩面上直接浇筑而形成的。受到岩石的约束，混凝土衬砌均会出现裂缝。表中 β 数值就是按混凝土衬砌出现裂缝的条件下规定的。如果衬砌完全不透水，如钢衬砌，则显然有 β=1。**”

在《水工隧洞设计规范》(SL 279—2016)中，也明确指出，外水压力折减系数表适用于“混凝土衬砌隧洞”。混凝土是有孔介质，施工缺陷和难以避免的衬砌裂缝又加大了其渗透性，外水压力折减系数表中“地下水活动状态”的描述，实际上是围岩面上直接浇筑而形成的混凝土衬砌和围岩的相对渗透性的定性表达。因此，《水工隧洞设计规范》(SL 279—2016)中的表不适用于封闭型衬砌，也不适用于设置排导系统的衬砌，只适合在围岩面上直接浇筑而形成的水工隧洞混凝土衬砌。

渗流问题的解析解、静水压力的分布规律和对《水工隧洞设计规范》(SL

279—2016）中附表的分析得到了相同的结论：如果采用封闭型衬砌，水压力不能折减，必须按《铁路隧道设计规范》（TB 10003—2016）规定，按全水头计算。设计者可以不必再犹豫了。

对于高水头地下水的处治，除了缓解衬砌水压力荷载，地下水的排放量如何控制，也是一个必须解决的关键问题。

4.7 地下水排放流量的控制

4.7.1 地下水排放限量

对地下水的排放进行控制是现代隧道工程的一个重要标志，要根据具体情况规定地下水排放限量 [Q]。

在渝怀铁路圆梁山隧道施工中，设计单位提出了 5.0m^3/（d · m）的富水地段地下水排放限值。在歌乐山隧道工程中又获得了在岩溶地层保持地表水塘水面高程稳定的地下水排放量为 1.0m^3/（d · m）的数据。我国重庆地区在总结歌乐山等隧道工程地下水处治经验的基础上，提出了 1.0m^3/（d · m）[10m^3/（d · 10m）] 的限排标准。

在存有涌水风险的富水地段进行施工时，从规避施工安全风险出发的控制标准，也必须根据具体工程地质和水文地质条件确定限排标准。

有的国家为隧道工程制定的地下水排放限值要更严格，例如：

从水资源和生态环境保护出发，挪威 Oslofjord 跨海通道陆域段，采用十分严格的控制标准，[Q]=20L/（min · 100m）=0.288m^3/（d · m）。采取措施后，实际排量仅为 9L/（min · 100m）=0.1296m^3/（d · m）。

大奥斯陆区（Greater Oslo Area）铁路隧道工程处于人口密集地区，从沿线居民生活用水、防止地表建筑物基础下沉和旅游需求出发，提出的限排标准如表 4–8 所示。

表 4–8 大奥斯陆区铁路隧道地下水排放标准

限排等级	L/（min · 100m）	m^3/（d · m）
1 级	8~16	0.1152~0.2304
2 级	4~8	0.0576~0.1152
3 级	＜4	＜0.0576

4.7.2　排放流量控制的工程实例

对封闭方案不可能采用的高水头地下水情况，围岩注浆是控制地下水排放流量的主要可行手段。对此，国内外均积累了不少成功经验。

日本青函海底隧道是一个具有代表性的案例。该隧道（图 4–16）全长 53.8km，海底段 23.3km，地下水水头高达 240m（最大水深 140m，埋深 100m），通过围岩注浆将地下水排放流量控制在 $0.81m^3/(d \cdot m)$（按主隧道长均摊）及 $0.27m^3/(d \cdot m)$（按坑道总长均摊），注浆总量达 $84.7 \times 10^4 m^3$。

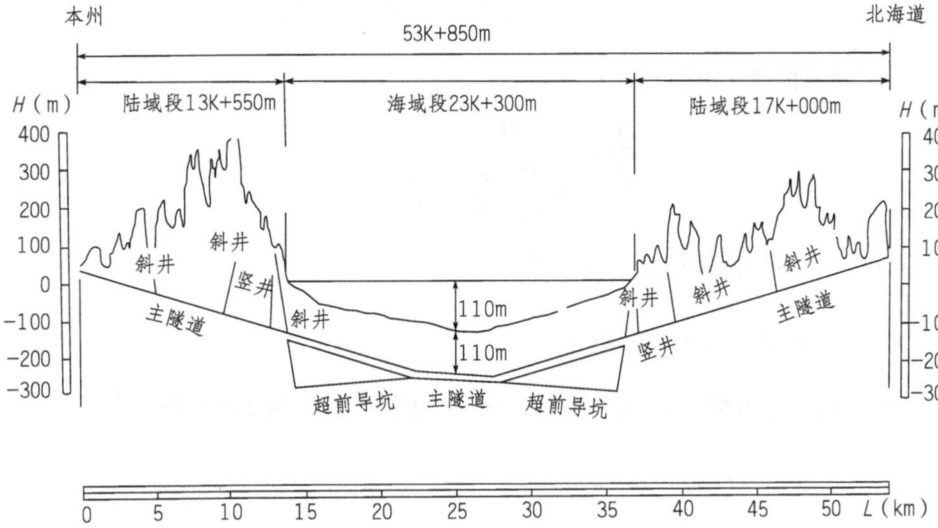

图 4–16　日本青函隧道

我国 7.8km 长的胶州湾海底隧道也通过围岩注浆，将地下水排放流量控制在 $0.51m^3/(d \cdot m)$（两条主隧道加服务隧道总排水量，按隧道长度 7.8km 分摊）。

4.7.3　注浆效应的解析

仍然可以应用轴对称渗流解析解，对注浆效应做出分析，从而认识“限量排放”理念的内涵，把握高水头地下水处治的要领。考虑围岩注浆，Darcy 定理的运用要针对围岩、衬砌、注浆体这 3 种渗透系数不同的介质，求解微分方程时增加注浆圈内外缘的边界条件（图 4–17）。

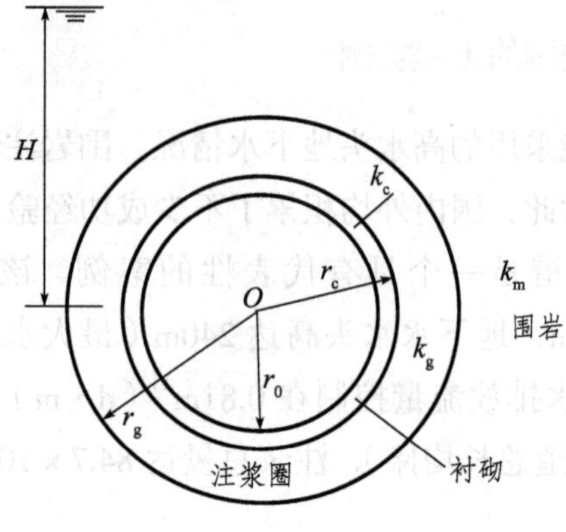

图 4-17 考虑围岩注浆的渗流问题轴对称解

注浆的减排效果可表达为：

$$\frac{Q_g}{Q_m}=\frac{\ln\frac{H}{r_c}}{\ln\frac{H}{r_g}+\frac{k_m}{k_g}\ln\frac{r_g}{r_c}} \tag{4-26}$$

式中：Q_m、Q_g——注浆前后的排水量。

算例 1 围岩注浆的减排效应

令 r_0=5m，r_c=5.5m，r_g=9.5m，H=300m，注浆效果如图 4-18 所示。

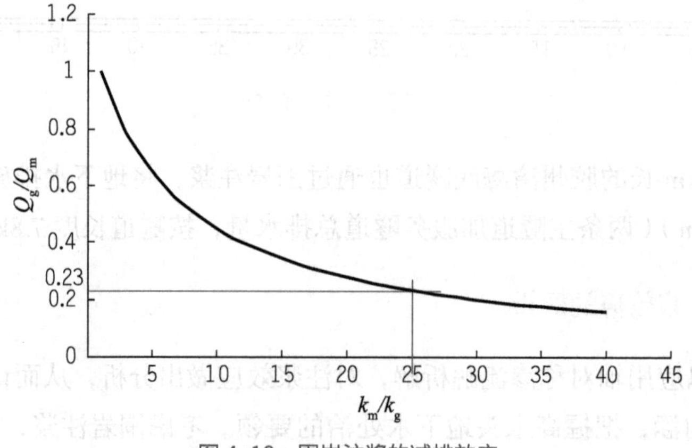

图 4-18 围岩注浆的减排效应

按围岩注浆后渗透系数可以降低到原值的 1/100~1/25，取 k_m/k_g=25，根据图 4-18 所示的计算结果，Q_g/Q_m=0.23，围岩注浆的减排效果是十分明显的。

4.7.4　水压力的消减问题

从渗流问题轴对称解可得到在围岩注浆情况下，衬砌水压力折减系数为：

$$\beta=\frac{\ln\frac{r_c}{r_0}}{\frac{k_c}{k_m}\ln\frac{H}{r_g}+\frac{k_c}{k_g}\ln\frac{r_g}{r_c}+\ln\frac{r_c}{r_0}} \tag{4-27}$$

上式中令 k_c=0，仍然得到 β=1=const（k_m），也就是说，如果在围岩注浆后、地下水的排量被控制的情况下，不将注浆后的“剩余”流量 Q_g 通过排导系统加以排放（尽管其量值很小），而采用了封闭型衬砌，则衬砌结构会照样地承受全水头水压力荷载，不能折减。

水压力的缓解，关键仍然在于排导系统。

从解析解还可以得到一个十分清晰的简化公式，来表达水压力的折减系数：

$$\beta=\frac{Q_g-Q_c}{Q_g} \tag{4-28}$$

令上式中衬砌后的排水量 Q_c=0，根据上式，无论注浆后可以将排水量 Q_g 降得多么小，总有：

$$\beta=\frac{Q_g-Q_c}{Q_g}=\frac{Q_g-0}{Q_g}=1=\text{const}(Q_g) \tag{4-29}$$

这个结论，其实在本书讨论静水压力分布规律时就已经说明：无论岩体渗透性多么差（包括用注浆降低围岩渗透系数），只要是封闭型，不设置排导系统的衬砌，水压力都不能折减。

有一种思路，认为注浆后会在围岩中形成一个厚壁圆筒状的环形“结构物”，分担水压力荷载，因此，即使采用封闭衬砌，水压也可以考虑折减。这又是认识上的一个误区。

如果注浆能使围岩成为密不透水的介质，即 k_g=0，注浆圈外缘（半径 r_g）成为静水压力作用的界面，注浆形成的“厚壁圆筒”确实可以成为水压力承载结构的一部分，“分担”衬砌结构的外水压力荷载，如图 4-19b）所示。可惜的是，通过注浆使围岩密不透水是不可能的，无论注浆效果多么好，恒有 $k_g\neq 0$，也就是说注浆后的围岩仍然是渗透介质，只不过渗透系数小一些。因此，如果衬砌结构是全封堵的，静水压力的作用界面仍然在衬砌外缘。静水压力的量值丝毫不能折减。

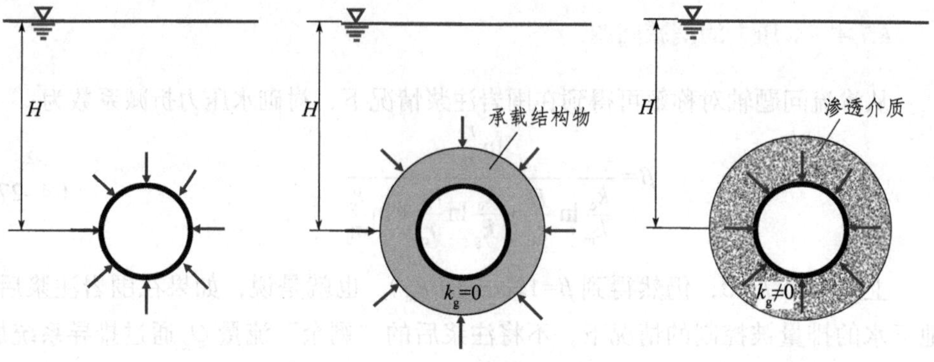

图 4-19 厚壁圆筒承载结构的设想和实际情况

4.8 “限量排放”理念的内涵

在采用围岩注浆控制地下水的排量的同时，认真设置排导系统，保持地下水渗流状态，对缓解水压力荷载仍然是必要的。因此，高水头地下水的处治不是“以堵为主”，也不是“以排为主”，而是二者兼而有之，不可或缺，不存在“主辅关系”。可以将这种理念表达为“限量排放”。其中，“限量”是借助围岩注浆降低岩体的渗透系数来实现的，不能企图靠不透水的全封闭衬砌，或设置调节阀门等措施来实现；设置和完善排导系统则是不可或缺的水压缓解措施。

“限量排放”理念可以表达为注浆前、注浆后、衬砌后的 3 个流量 Q_m、Q_g、Q_c 和排放限量 $[Q]$ 之间的关系：

$Q_g < [Q]$，围岩注浆后流量小于排放限量。

$Q_c \approx Q_g$，衬砌后的地下水的排放量尽量接近围岩注浆后的流量。

案例 3 渝怀铁路歌乐山隧道

如图 4-20 所示，乐山隧道围岩地下水发育，开挖后出现涌水现象，水头大于 200m。经围岩注浆及施作初期支护（锚喷支护）后，壁面上仅有渗水及局部滴水，因此曾经计划不再设置排导系统，做成封闭型衬砌，按照《水工隧洞设计规范》（SL 279—2016）“外水压力折减系数表”中的折减系数，将水压力折减为 1.0MPa，采用 d=80cm 钢筋混凝土衬砌；还认为由于围岩中存在厚度为 6.0m “注浆加固圈”可以“分担”水压力。这显然是一种误判。

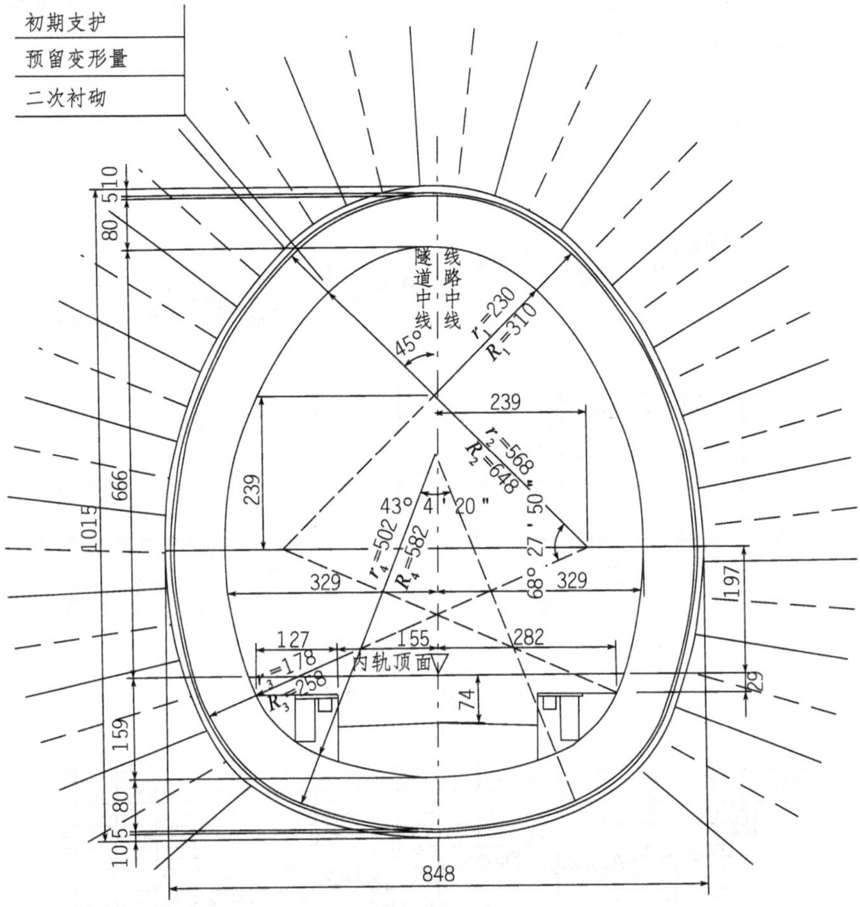

图 4-20 歌乐山隧道（尺寸单位：cm）

幸运的是，为安全稳妥，本隧道最后还是设置了排导系统，缓解了可能作用在衬砌上的水压。

案例 4 青函隧道

诚如上文所述，青函隧道通过围岩注浆在减小地下水排量方面取得了很好的效果。与此同时，在水头高达 240m 的条件下，水压力荷载则通过排导系统成功得到了缓解，衬砌采用 70cm 厚素混凝土（有利于耐久性）。

然而，在隧道运营开始后对排放量的监测一直没有间断，以判断排导系统的通畅性（图 4-21、表 4-9）。为了防止被析出或沉淀的固体物质堵塞，在盲沟位置设置了拉链装置，以便定期用高压水进行冲洗、维护（图 4-22），可见高水头情况下排导系统的重要性。

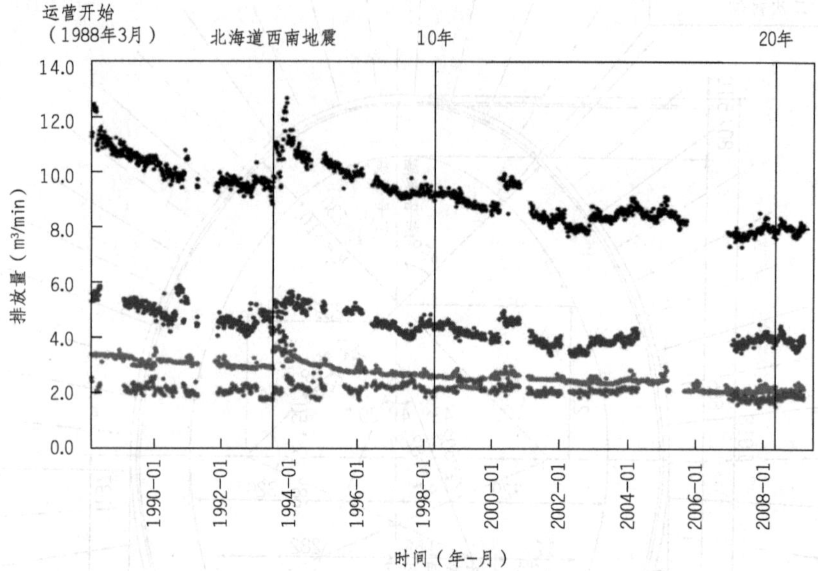

a）水下段地下水排放量

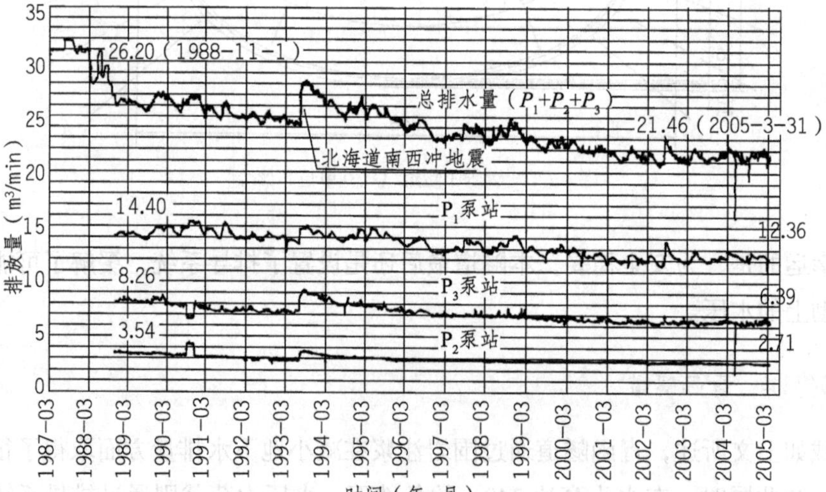

b）全隧道排放量

图 4-21　青函隧道地下水排放量

注：a）分图从上到下的 4 条不连续点状线，分别代表总量、超前导坑、主隧道、服务隧道的地下水排放量

表 4-9　地下水排放量动态 [49]

时间		开通时（1988 年 3 月）		后期		
量测参数		排放量（m^3/d）	排放强度［$m^3/(m \cdot d)$］	排放量（m^3/d）		排放强度［$m^3/(m \cdot d)$］
水下段 23.3km	主隧道	4896		2008-3	3024	
	服务隧道	3600			2736	
	导坑	7920			5760	
	总量	16416	0.7045		11520	0.4944
全隧 53.8km	总量	44640	0.8297	2005-3	30902	0.57

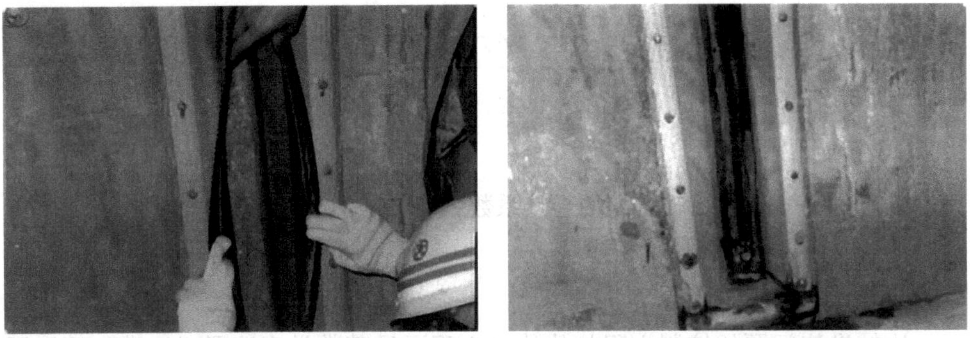

a）　　b）

图 4-22　青函隧道“可维护”盲沟

4.9　渗流计算的数值方法 [51]

4.9.1　温度比拟法

借助于轴对称解析解，可以对隧道修建诱发的渗流现象及其对围岩和衬砌结构的力学作用，做出正确分析，对工程措施的合理性进行论证。但是在大多数场合，隧道围岩渗流并不是轴对称问题。首先，隧道断面不一定呈圆形；其次，对于设置了防水板和排导系统的“双重型衬砌”，混凝土二次衬砌本身并不透水，在计算中不能作为渗透介质处理；最后，当隧道埋深较浅时也不能按轴对称问题考虑。因此，数值方法对于渗流计算仍然是必要手段。

FLAC3D 是根据显式有限差分法而编制的软件，可以模拟地下水在岩土体中的渗流问题。但 FLAC3D 的渗流计算耗时较多，对于一些复杂问题更是如此。

郑波（2010）提出可用“温度场比拟法”计算渗流场，具体如下。

符合达西定律的三维非均质各向异性渗流问题的控制方程可以写为：

$$k_x \frac{\partial^2 h}{\partial x^2} + k_y \frac{\partial^2 h}{\partial y^2} + k_z \frac{\partial^2 h}{\partial z^2} = S \frac{\partial h}{\partial t} \tag{4-30}$$

式中：h——水力势；

x，y，z——空间坐标；

k_x，k_y，k_z——x, y, z 轴方向的渗透系数；

S——储水率；

t——时间。

而热传导方程可以表示为：

$$\lambda_x \frac{\partial^2 T}{\partial x^2} + \lambda_y \frac{\partial^2 T}{\partial y^2} + \lambda_z \frac{\partial^2 T}{\partial z^2} = C_{\mathrm{p}} \frac{\partial T}{\partial t} \tag{4-31}$$

式中：T——温度；

x，y，z——空间坐标；

λ_x，λ_y，λ_z——x，y，z 轴方向的导热系数；

C_{p}——热容量；

t——时间。

比较渗流问题的控制方程与热传导方程可见其数学表达形式一致。可以用 ANSYS 软件提供的热传导分析功能来求解渗流问题，与 FLAC3D 相比，可以节省计算时间。利用 ANSYS 进行渗流分析时，可把水力势 h 视为温度 T，渗流量视为热流量 Q，渗透系数视为热传导系数 k，将储水率 S 视为热容量 C_{p}，就可得到渗流分析的相关结果。

4.9.2 轴对称解的适用性 [51]

可以通过圆形隧道轴对称解析解和数值解的对比来判断轴对称解的适用性。

算例 2 轴对称解的适用性

已知：圆形隧道，衬砌内径 6.0m，采用整体式混凝土衬砌，衬砌厚度 0.4m，衬砌渗透系数 $k_{\mathrm{c}}=1\times10^{-6}$cm/s，围岩渗透系数 $k_{\mathrm{m}}=2\times10^{-4}$cm/s，没有实施围岩注浆，作用水头考虑 H=100m、H=200m 两种情形，分别采用 FLAC3D 与 ANSYS 进

行计算。表 4-10 为 FLAC3D、ANSYS 的计算结果与轴对称解的对比情况。

表 4-10　FLAC3D、ANSYS 计算结果与轴对称解的对比情况

水头（m）	类　型	水压力 p（MPa）			涌水量 Q [m^3/（m·d）]
		拱顶	边墙	仰拱	
100	FLAC3D	0.78	0.83	0.90	7.22
	ANSYS	0.69	0.80	0.92	6.68
	轴对称解	0.82			6.93
200	FLAC3D	1.62	1.68	1.74	14.43
	ANSYS	1.42	1.54	1.66	12.83
	轴对称解	1.58			13.28

由此可知，利用解析解得出的计算结果与两种不同数值方法所得接近，误差较小。

随后，再研究一下轴对称解析解对不同形状横断面隧道的适用性。

算例 3　不同形状横断面隧道的适用性

4 种不同形状的隧道断面如图 4-23 所示。为了与等效圆形断面轴对称解析解相比较，给出断面等效半径：

$$r_0=\frac{l_0}{2\pi} \qquad r_c=\frac{l_c}{2\pi}$$

式中：l_0、l_c——衬砌内、外缘周长。

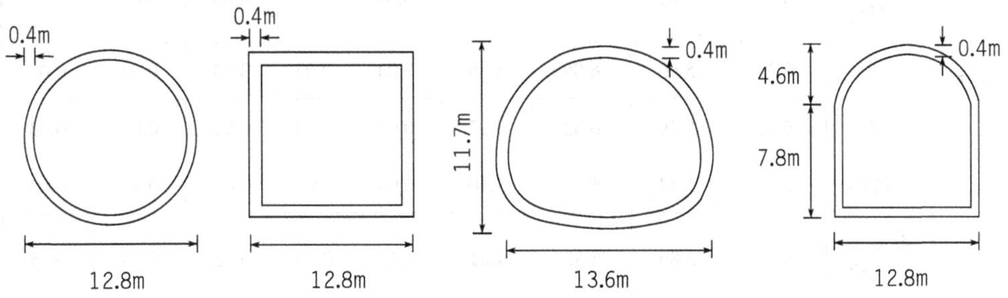

a）圆形断面　b）正方形断面　c）客运专线双线断面　d）马蹄形断面

图 4-23　不同形状的隧道断面

表 4-11 为不同断面的等效尺寸。

表 4–11　不同断面的等效尺寸

断 面 形 状	等效内半径（m）	等效外半径（m）	等效厚度（m）	实际厚度（m）
圆形	6.00	6.40	0.40	0.40
正方形	7.64	8.15	0.51	0.40
马蹄形	6.84	7.29	0.45	0.40
客运专线	6.12	6.53	0.40	0.40

取 H=200m，$k_m=2\times10^{-5}$cm/s，不考虑围岩注浆，采用不设防水板的整体式衬砌，衬砌渗透系数按混凝土材料的渗透系数考虑。分别采用轴对称解析解和数值方法（ANSYS）计算各种不同形状横截面的隧道衬砌前后的涌水量 Q_m、Q_c 以及水压力的折减系数 β，并示于表 4–12。表中 β_t 为根据数值方法计算得到的衬砌前后地下水的排放流量，按 $\beta_t=\dfrac{Q_m-Q_c}{Q_m}$ 计算的水压力折减系数，称为"折减系数特征值"。

表 4–12　轴对称解和数值方法计算结果的比较

k_c/k_m	断面形状	排水流量［m³/（d·m）］ 毛洞流量 Q_m 轴对称解析解	毛洞流量 Q_m 数值解	衬砌后流量 Q_c 轴对称解析解	衬砌后流量 Q_c 数值解	水压力折减系数 $\beta=p/(\gamma H)$ 轴对称解析解	数值解 β_t	数值解 $\beta_{顶}$	数值解 $\beta_{墙}$	数值解 $\beta_{仰}$
0.5	客运专线双线	6.34	5.86	6.12	5.54	0.04	0.05	0.03	0.03	0.03
	圆形	6.31	5.60	6.08	5.35	0.04	0.04	0.03	0.03	0.04
	正方形	6.78	5.49	6.52	5.27	0.04	0.04	0.02	0.02	0.03
	马蹄形	6.56	5.73	6.31	5.40	0.04	0.06	0.03	0.03	0.03
0.1	客运专线双线	6.34	5.86	5.35	4.81	0.16	0.18	0.12	0.15	0.15
	圆形	6.31	5.60	5.31	4.72	0.16	0.16	0.12	0.14	0.16
	正方形	6.78	5.49	5.65	4.77	0.17	0.13	0.09	0.11	0.13
	马蹄形	6.56	5.73	5.49	4.84	0.16	0.16	0.12	0.15	0.15

续上表

k_c/k_m	断面形状	排水流量［$m^3/(d \cdot m)$］				水压力折减系数 $\beta=p/(\gamma H)$				
		毛洞流量 Q_m		衬砌后流量 Q_c						
		轴对称解析解	数值解	轴对称解析解	数值解	轴对称解析解	数值解			
							β_t	$\beta_{顶}$	$\beta_{墙}$	$\beta_{仰}$
0.05	客运专线双线	6.34	5.86	4.62	4.19	0.27	0.28	0.22	0.25	0.26
	圆形	6.31	5.60	4.59	4.13	0.27	0.26	0.22	0.25	0.28
	正方形	6.78	5.49	4.83	4.27	0.29	0.22	0.17	0.20	0.23
	马蹄形	6.56	5.73	4.72	4.28	0.28	0.25	0.22	0.25	0.26
0.01	客运专线双线	6.34	5.86	2.22	2.08	0.65	0.64	0.59	0.63	0.65
	圆形	6.31	5.60	2.19	2.07	0.65	0.63	0.59	0.63	0.66
	正方形	6.78	5.49	2.25	2.31	0.67	0.58	0.53	0.57	0.61
	马蹄形	6.56	5.73	2.23	2.23	0.66	0.61	0.59	0.63	0.65
0.005	客运专线双线	6.34	5.86	1.34	1.28	0.79	0.78	0.73	0.77	0.80
	圆形	6.31	5.60	1.33	1.27	0.79	0.77	0.73	0.77	0.80
	正方形	6.78	5.49	1.35	1.46	0.80	0.73	0.68	0.73	0.77
	马蹄形	6.56	5.73	1.34	1.39	0.80	0.76	0.73	0.77	0.80
0.001	客运专线双线	6.34	5.86	0.32	0.31	0.95	0.95	0.91	0.94	0.98
	圆形	6.31	5.60	0.32	0.31	0.95	0.94	0.91	0.94	0.97
	正方形	6.78	5.49	0.32	0.37	0.95	0.93	0.89	0.93	0.97
	马蹄形	6.56	5.73	0.32	0.35	0.95	0.94	0.91	0.94	0.98

根据表 4–12 所示的计算结果表明，将各种横断面形状的隧道，均视为等效直径的圆断面隧道，采用轴对称解析解算得的水压力和涌水量同考虑断面形状的不同，用数值方法计算结果十分接近（图 4–24、图 4–25、表 4–13）。

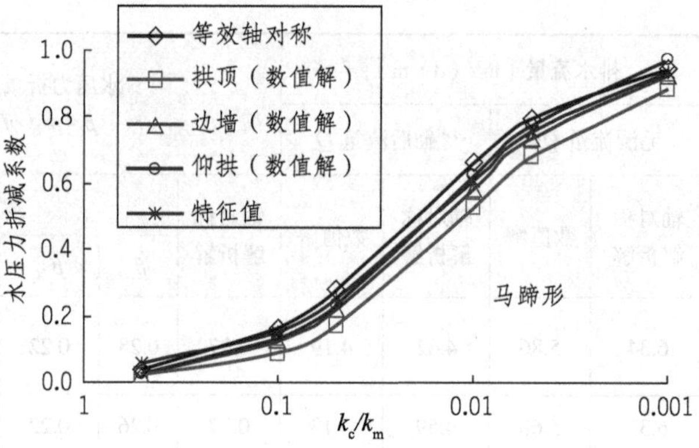

图 4-24　水压力折减系数（马蹄形断面）

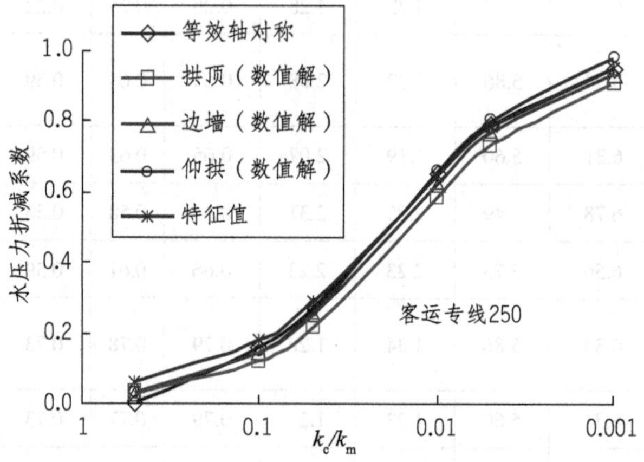

图 4-25　水压力折减系数（客运专线 250 断面）

表 4-13　水头量值对轴对称解计算准确度的影响

H（m）	Q_m［m³/（d·m）］			Q_c［m³/（d·m）］			β_t		
	轴对称解	数值解	误差（%）	轴对称解	数值解	误差（%）	轴对称解	数值解	误差（%）
60	2.94	2.69	8.5	0.76	0.86	12	0.74	0.68	8.1
100	3.98	3.82	4.0	1.19	1.34	11	0.7	0.65	7.1
200	6.34	5.86	7.5	2.22	2.08	6.7	0.65	0.64	1.5
500	12.51	11.89	5.0	5.07	4.8	5.6	0.59	0.6	1.7
800	18.06	17.45	3.4	7.77	7.4	5.0	0.57	0.58	1.8
1000	21.58	21.05	2.5	9.52	9.11	4.5	0.56	0.57	1.8

当然，对于埋深与横截面尺寸同等量级的浅埋隧道（低水头），水力势场的非轴对称性是不可忽视的。因此，即使是圆形断面隧道，采用轴对称解析解计算也有一定的误差。

算例 4　低水头情况非轴对称性的影响

对内径 6.0m，衬砌厚度 0.4m 的圆形隧道进行计算，取 H=20m（相对于拱顶高程），$k_m=2\times10^{-4}$cm/s，$k_c=2\times10^{-6}$cm/s，得出结果如下。

毛洞排水量：数值解 Q_m=12.11m³/（d·m），轴对称解析解 Q_m=19.6m³/（d·m），误差 36%。

仰拱水压力：数值解 p=0.31MPa，轴对称解析解 p=0.18MPa，误差 41%。

算例 5　高水头情况非轴对称性的影响

表 4-13 所示为对水头为 60m 以上速度 250km/h 客运专线双线隧道的计算结果，取 $k_m=2\times10^{-5}$cm/s，$k_c=2\times10^{-7}$cm/s。

计算分析表明，随着水头的增高，数值方法计算的地下水排放流量及水压力特征值与轴对称解析解不断趋近。因此，同低水头情况不同，在高水头情况下，轴对称解析解可以适用于非轴对称的一般情况，可以定量探讨非圆形隧道的渗流规律和地下水对衬砌的力学作用。

本节中以上关于排导型衬砌的透水性对水压力的影响，对围岩注浆作用的分析以及关于高水头隧道地下水处治要点的结论，定量适用于高水头非圆形隧道的一般情况。

4.10　“双重型衬砌”的水力特性[51]

4.10.1　“双重型衬砌”排导系统

“双重型衬砌”（《铁路隧道设计规范》（TB 10003—2016）称为“复合式衬砌”）由锚杆和喷混凝土为主的初期支护和模筑二次衬砌组成，在二次衬砌和初期支护之间设有不透水的防水板，地下水不可能通过衬砌混凝土渗透而排出。因此要在衬砌中设置地下水排导系统（图 4-26），具体包括：

（1）贴合在防水板背面的透水垫层；

（2）设置在防水板和初期支护之间的纵向和环向盲沟；

（3）衬砌边墙脚的泄水孔。

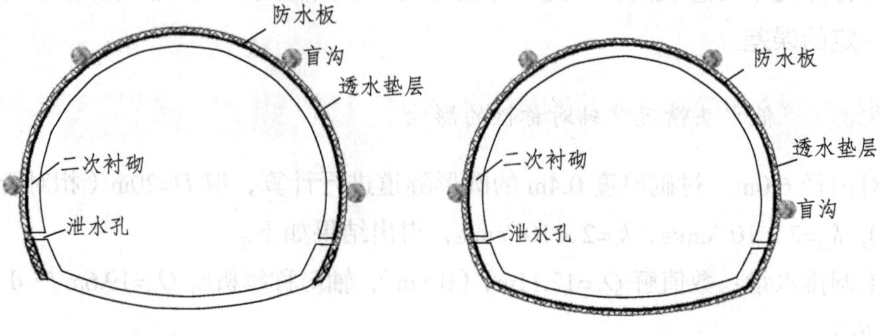

a）隧底不设防水板和透水垫层　　b）隧底设防水板和透水垫层

图 4–26　“双重型衬砌”的地下水排导系统

一般情况下，隧底不设防水板和透水垫层。在研究中发现，在隧道底部设置防水板和透水垫层不但能改善隧道防水效果，而且有助于缓解作用在仰拱的水压力荷载。下文将对此进行讨论。

与水工隧洞混凝土衬砌不同，“双重型衬砌”在衬砌与喷混凝土之间设有防水板。由于防水板的不透水性，衬砌混凝土中并无渗流力作用，而喷混凝土层具有一定的透水性，因此，衬砌结构承受的水压力荷载并不是体积力而是作用在外缘的表面力，其量值即为防水板与喷混凝土界面上喷混凝土介质中的孔隙水压力。由于喷层一般较薄，在计算中近似忽略其渗透系数相对于围岩介质渗透系数的差异。如果采用渗透系数很小的高性能喷混凝土，或者喷层厚度较大，则在计算中应考虑喷混凝土层的隔水特性。采用数值方法，这是不困难的。

在二维计算中，泄水孔用折算宽度为 d 的纵向缝表示为：

$$d=\frac{\pi D^2}{4L} \tag{4–32}$$

式中：D——泄水孔直径；

L——泄水孔纵向间距。

透水层折算厚度为：

$$\delta=t_0+\frac{\pi d_{\mathrm{m}}^2}{4}\left(\frac{n}{l}+\frac{1}{l_{\mathrm{m}}}\right) \tag{4–33}$$

式中：t_0——透水垫层厚度；

d_{m}——盲沟直径；

n——纵向盲沟根数；

l——衬砌周长（设置排导部分）；

l_m——环向盲沟间距。

根据对土工织物透水特性试验研究的有关文献，计算中取透水层渗透系数 $k_f=2\times10^{-1}$ cm/s。

4.10.2 “双重型衬砌”排导系统设计的关键参数——透水垫层厚度

衬砌排导系统的设计参数包括透水垫层厚度 δ（考虑盲沟）、墙脚泄水孔直径 D 及泄水孔纵向间距 L。通过数值计算可以分析这些参数对于水压力的影响。

算例 6 透水层厚度和排水孔间距对排水卸载效果的影响

已知：H=200m，$k_m=2\times10^{-4}$cm/s，衬砌厚度 0.4m，仰拱混凝土渗透系数 $k_y=1\times10^{-6}$cm/s，D=0.1m 透水垫层渗透系数 $k_f=2\times10^{-1}$cm/s，采用温度比拟法计算渗流。

计算结果见表 4-14，由此可以得出，在相同透水层厚度下，排水孔间距分别为 5m、10m、20m 时，相同位置的水压力几乎相等，相应的涌水量也几乎相等。说明排水孔间距对作用在衬砌上的水压力值和涌水量影响很小，通常设定的排水孔纵向间距 5~10m 可以满足要求。

表 4-14 不同透水层厚度和排水孔间距对衬砌水压力的影响

（隧底不设排导，围岩不注浆）

透水层厚度（m）	排水孔间距（m）	拱顶（MPa）	仰拱（MPa）	排水量［m^3/（m·d）］
0.002	5	0.83	0.81	37.65
	10	0.83	0.82	37.43
	20	0.83	0.82	37.39
0.003	5	0.74	0.78	39.45
	10	0.74	0.78	39.48
	20	0.75	0.78	39.37
0.005	5	0.61	0.73	42.25
	10	0.61	0.73	42.24
	20	0.62	0.73	42.22
0.010	5	0.43	0.68	45.79
	10	0.44	0.68	45.70
	20	0.44	0.68	45.61

而透水垫层厚度 δ（考虑盲沟）则是影响排水卸压效果的主要因素（图 4–27）。在图 4–28 中同时显示了隧底设置排导情况下透水层厚度对卸载效果的影响。

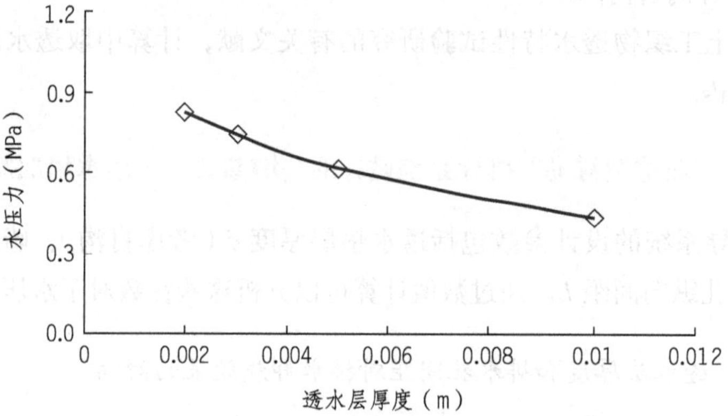

图 4–27　拱顶水压力与透水层厚度（隧底不设排导）

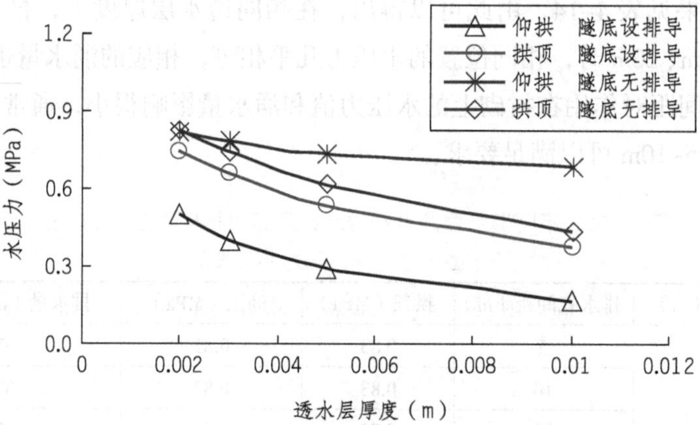

图 4–28　透水层厚度对卸载效果的影响

因此，保证透水垫层（考虑盲沟）具有足够的厚度，对于高水头深埋隧道衬砌水压力荷载的缓解至关重要，在设计和施工中必须予以重视，并采取相应措施。

为了保证透水层厚度，可以将防水板后面透水垫层的厚度加大（例如厚度 8mm 透水垫层，图 4–29），或采用“凹凸型”防水板（图 4–30）。瑞士列奇堡隧道（Loetschberg Base Tunnel）最大埋深超 2000m，采用过一种 VALPLAST 排导系统，在衬砌防水板背后填充砾石，不但提高了排导能力，而且可以调整喷射混凝土表面的不平整度，改善防水板的密贴性（图 4–31）。

图 4–29　厚度 8mm 透水垫层

图 4–30　凹凸型防水板

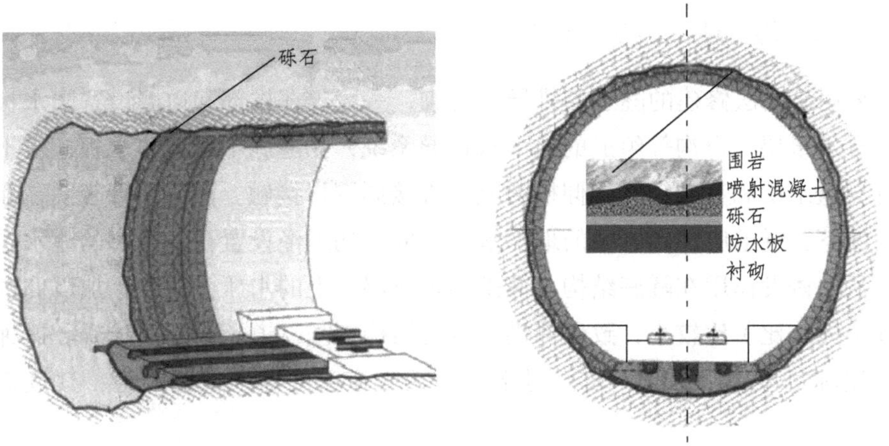

图 4–31　砾石充填的排导系统

隧道运营中排导系统堵塞会引起水压力增大。

算例 7　透水层堵塞的影响分析

已知：H=200 m，$k_m=2\times10^{-4}$cm/s，δ=0.003m，d=0.0016，衬砌厚度 0.40m。

假设透水层被堵塞时，其渗透系数与围岩渗透系数相同，即 $k_f=k_m=2\times10^{-4}$ cm/s，计算结果如图 4–32 所示，由此得出，如果衬砌背后的排水系统（盲沟、透水层）堵塞、水压力荷载显著增大，仅靠设在边墙底部的泄水孔难以有效卸载。

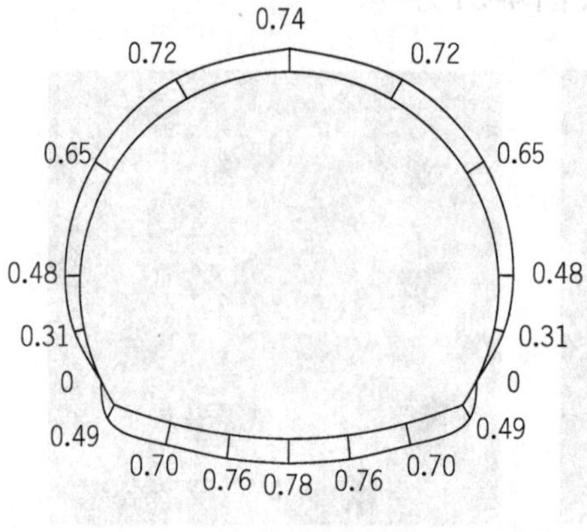

a）排导系统通畅

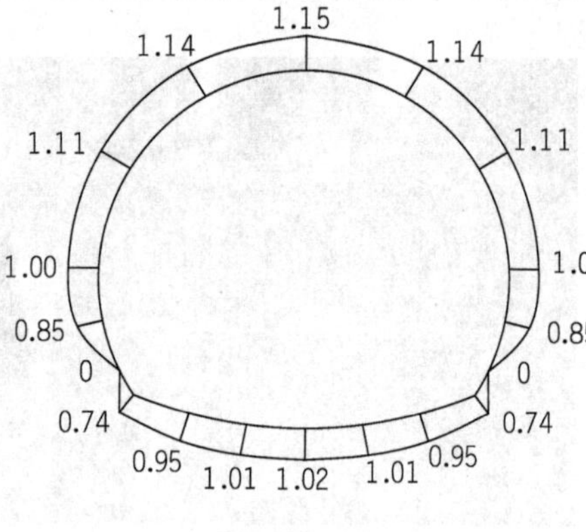

b）排导系统堵塞

图 4-32 排导系统堵塞引起水压力增大（单位：MPa）（隧底不设排导）

4.10.3 隧底地下水的排导问题

采用矿山法修建的隧道的排导型衬砌，一般仅在拱部和边墙设置防水板以及由透水垫层、盲沟等组成的地下水排导系统，在隧底不设置防水板，也不设置排导透水层和盲沟，衬砌仰拱混凝土直接同围岩接触。渗流计算表明，在这种情况下，隧道底部围岩中的地下水并不能顺畅地经设置在边墙脚的泄水孔排出，从而诱发作用在隧底结构（仰拱和填充层）上的水压力荷载，加以仰拱的拱度（矢跨比）比较小，致使仰拱或填充结构裂损，道床或路面抬升。这种例子在实际工程中以屡见不鲜。对于采用无砟道床的高速铁路隧道，其危害性更大。

案例 5 雪峰山隧道隧底病害 [52]

雪峰山隧道进口段围岩级别为Ⅳ或Ⅴ级，最大埋深约 60m，地下水发育，穿越宽度约 15.0m 的断层带。在隧道边墙与拱部设置防水板和由透水垫层和盲管等组成的排水系统，隧道底部未设地下水排导系统。根据钻孔地质勘察资料可知：地下水水位高度在 30~60m 之间。

在隧道施工过程中，隧底填充层开裂（图 4-33），裂缝上宽下窄，呈Ⅴ字形，左、右线隧道填充层最深裂缝分别达到 82cm 和 129cm（图 4-34），填充层明显向上抬升（图 4-35）。在填充结构顶面钻孔可发现承压水涌出（图 4-36）。

图 4-33 隧底填充层裂损

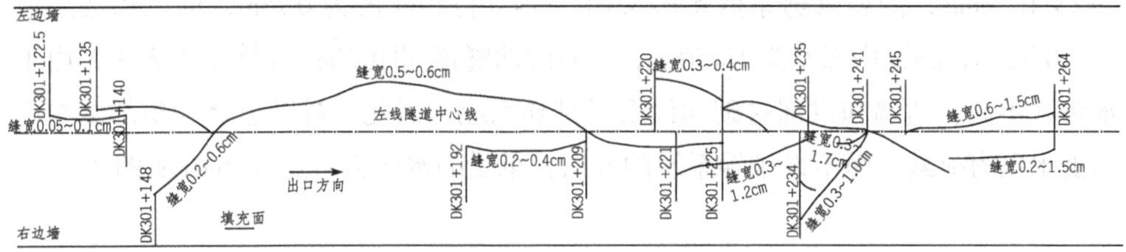

图 4-34 填充层顶面裂缝素描

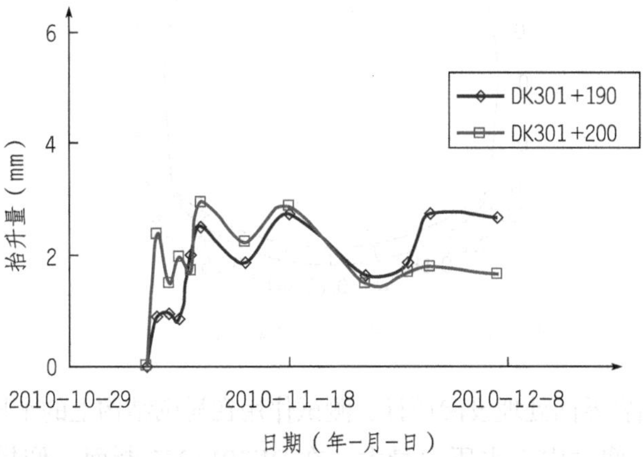

图 4-35 填充层的抬升

图 4-36　承压水涌出

取排水孔等效宽度 d=0.0016m 透水层厚度 δ=0.003m，透水层渗透系数 $k_f=2\times10^{-1}$cm/s，围岩渗透系数 $k_m=2\times10^{-6}$cm/s，衬砌厚度为 0.75m，仰拱渗透系数 1×10^{-8}cm/s，隧道拱部水头 H=50 m，左右线两隧道间距 20m. 计算结果表明，由于水头并不高，边墙和拱部衬砌均设置了排导系统，因此，衬砌边墙和拱部基本不承受水压力荷载。而不设排导系统的仰拱，承受的水压力可达 0.18MPa(图 4-37)。

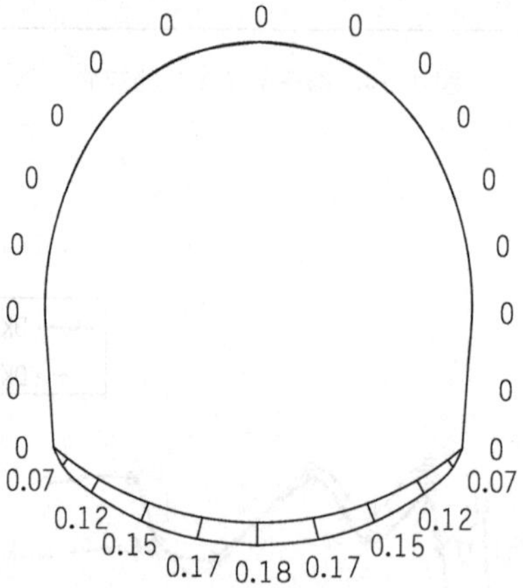

图 4-37　隧底水压力计算结果（单位：MPa）

在仰拱与围岩界面处埋设渗压计，测试作用在衬砌结构上的水压力 (图 4-38)。

量测结果：仰拱中心水压力最大，在 DK301+227 断面，仰拱底部中心水压力最大约 0.2MPa，两侧水压力相对于仰拱底部中心水压力较小，与数值计算结果基本吻合 (图 4-39)。

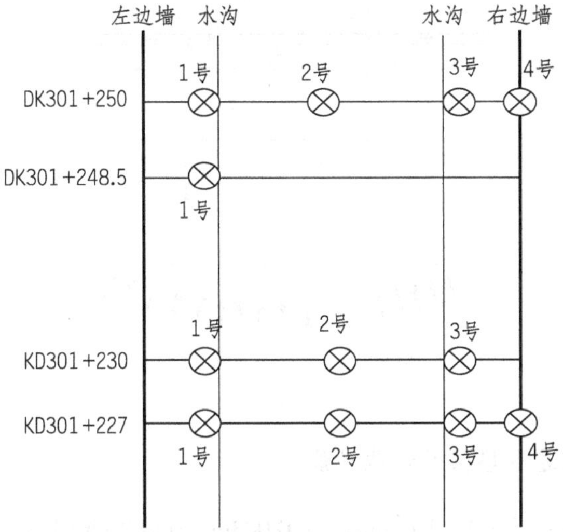

图 4-38 隧底水压力测试

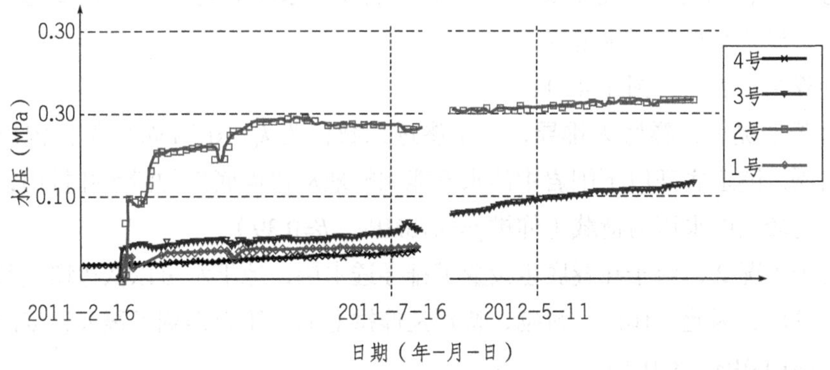

图 4-39 DK301+227 断面水压力实测

病害段经采用隧底锚杆、钻凿泄水孔等措施进行整治，取得了效果。

在高速铁路隧道中还可以发现，由于隧底围岩地下水未能顺畅排导，承压地下水可以经由仰拱止水带施工的薄弱环节渗入仰拱和填充孔结构之间的裂隙，致使素混凝土的填充结构因直接承受水压力荷载而裂损和抬升。因此，在高速铁路隧道施工中要特别重视仰拱止水带的安装质量（图 4-40）。

工程实例已经证明，隧底围岩地下水的排导往往是一个薄弱环节。在隧底敷设防水板和排导透水层（包括盲管）不但可以改善隧道的防水条件，而且可以缓解仰拱的水压力。

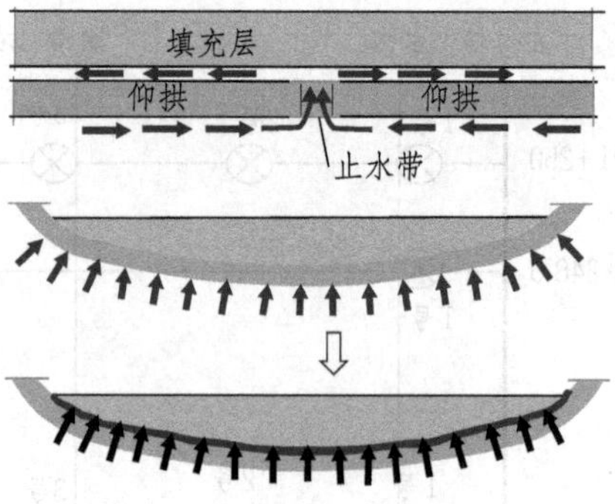

图 4-40　隧底地下水的渗入

算例 8　隧底透水垫层的卸载功能

已知：H=200m，k_m=2×10^{-4}cm/s，δ=0.003m，仰拱混凝土 k_y=1×10^{-6}cm/s，衬砌厚度 0.40m，泄水孔纵向间距 5m，泄水孔直径 0.1m，时速 250km，双线隧道断面。

考虑两种工况：①隧底无排导，即不敷设防水板和透水垫层；②隧底设排导，即敷设防水板和透水垫层。

计算结果表明（图 4-41）：

对于工况①，隧底无排导，由于渗透系数仅为 k_c=10^{-6}cm/s 的仰拱混凝土材料的阻隔，隧道底部以下围岩中的水不能顺畅地从边墙底部的泄水孔排出，致使仰拱承受较大的水压力荷载（仰拱 p=0.78MPa，β=0.39）。

对于工况②，由于在隧底也设置了排导透水层，地下水可以从边墙底部的泄水孔中排出，因此，作用在衬砌，特别是仰拱上的水压力得到了很大程度的缓解（仰拱 p=0.4MPa，β=0.2）。

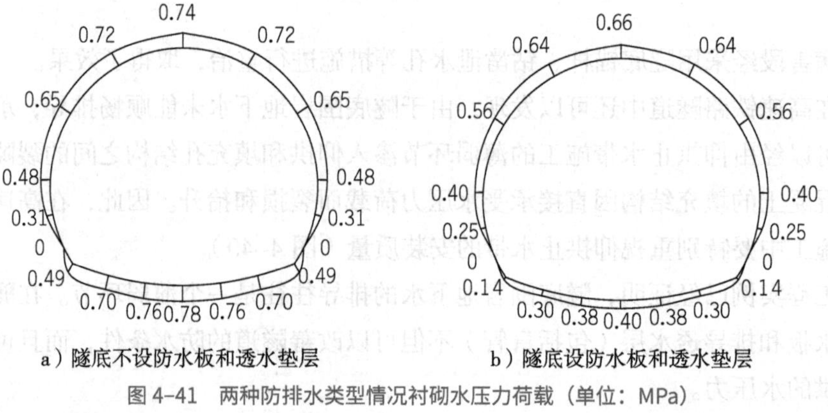

a）隧底不设防水板和透水垫层　　b）隧底设防水板和透水垫层

图 4-41　两种防排水类型情况衬砌水压力荷载（单位：MPa）

室内模型试验也证实，如果没有透水层的排导作用，仅靠衬砌的泄水孔，其缓解水压力的作用是十分有限的。

但是，在隧底敷设防水板，施作排导透水层，施工有一定难度，要防止透水垫层和盲管在浇筑混凝土时被压实而失效。这种情况下，在仰拱以下设置排水沟是一个好办法。

针对由于仰拱下地下水排导不畅致使隧底结构裂损、道床抬升的病害，中铁第四勘察设计院集团有限公司（以下简称“铁四院”）提出了在水沟底钻凿眼孔深入围岩，设置竖向泄水盲沟的治理方案（图 4–42）。

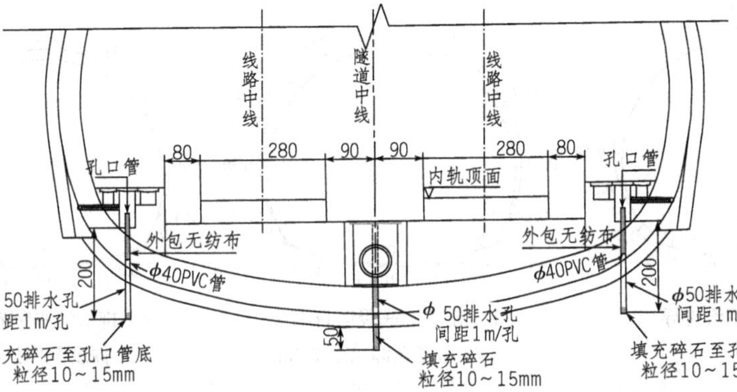

图 4–42 双线有仰拱隧道排水降压处理图（铁四院提供）

算例 9 水沟底竖向泄水盲沟功能分析

已知：如图 4–43 所示，在隧道双侧排水沟与中心排水管处分别钻凿眼孔，孔径为 50mm，间距为 1.0m，深入仰拱下 0.2m 或 1.2m。孔中采用砾石（或卵石）填充，形成一系列竖向盲沟。

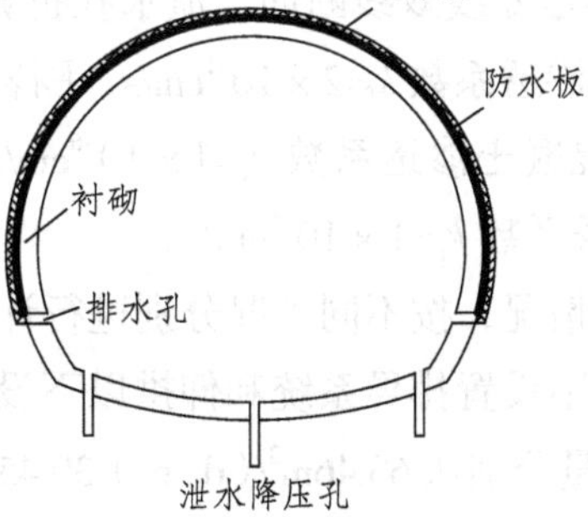

图 4–43 水沟底竖向泄水盲沟计算图式

计算参数：竖向盲沟折算宽度 d=0.00196m，渗透系数 $k_h=1\times10^{-1}$ cm/s，透水层厚度 δ=0.003m，透水层渗透系数 $k_f=2\times10^{-1}$ cm/s，围岩渗透系数 $k_m=2\times10^{-4}$ cm/s，仰拱混凝土渗透系数 $k_y=1\times10^{-6}$cm/s，竖向泄水盲沟（考虑用砾石或卵石填充）渗透系数 2×10^{-1}cm/s，水头 H=200m。

如图 4-44 所示，当设置深入围岩 0.2m 和 1.2m 泄水盲沟后，作用在仰拱上的最大水压力由原来的 0.78MPa 分别减小为 0.29MPa（原水压力的 37%）及 0.14MPa（原水压力的 18%）。可见，设置竖向泄水盲沟明显降低了作用在仰拱上的水压力。泄水盲沟的深度对降低仰拱水压力效果显著。

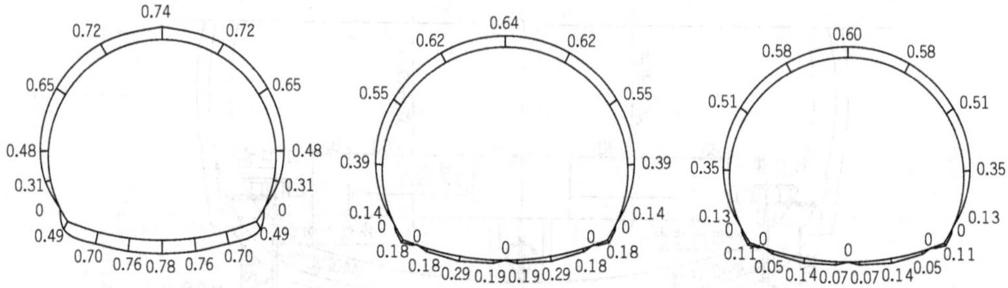

a）隧底不设排导　　b）排水沟底竖向盲沟（深度至仰拱下 0.2m）　　c）排水沟底竖向盲沟（深度至仰拱下 1.2m）

图 4-44　隧底不设排导与设竖向盲沟情况的水压力分布（单位：MPa）

4.10.4　围岩注浆效应的再论证

在 4.7 节曾经用轴对称解析解分析了围岩注浆对减小地下水排放流量的作用。针对"双重型衬砌"，可以采用数值方法对此再加以印证。

算例 10　围岩注浆的效果

已知：时速 250km 客运专线双线断面，泄水孔折算宽度 d=0.0016m，透水层厚度 δ=0.003m，透水垫层渗透系数 $k_f=2\times10^{-1}$cm/s，围岩渗透系数 $k_m=2\times10^{-4}$cm/s，衬砌厚度为 0.4m，仰拱混凝土渗透系数 $k_y=1\times10^{-6}$cm/s，水头 H=200m，注浆圈厚度 4m，注浆后围岩渗透系数 $k_g=1\times10^{-5}$cm/s。

考虑隧底排导的不同情况，按不同工况分别进行计算，结果见表 4-15。

对于毛洞、仰拱以下不设置排导系统和仰拱以下设排导系统的各种情况，围岩注浆后，地下水的排放量分别从 63.46m³/（d·m）、39.45m³/（d·m）、46.24m³/（d·m）降低至 15.7m³/（d·m）、10.36m³/（d·m）、14.96m³/（d·m）效果是明显的。由于采用了排导型衬砌，水压力也有所下降。不过值得注意的是，对于仰拱下不设排导的情况，由于地下水不能顺畅排出，注浆后作用在仰拱的水压力不但没有得到消减，反而有所增长，如图 4–45b）所示。这再一次证明了通过围岩注浆“减排”，只有同通过衬砌的排导系统“畅排”相结合才能取得“双赢”的结果。

表 4–15　围岩注浆的效果

工　况		排水流量 Q［m^3/（d·m）］	水压力（MPa）			水压力折减系数			折减系数特征值 **	图示
			拱顶	泄水孔	仰拱	拱顶	泄水孔	仰拱		
毛洞		63.46*								
注浆后（不衬砌）		15.7*								
仰拱下不设排导	衬砌（不注浆）	39.45	0.74	0	0.78	0.37	0	0.39	0.38	图 4–45a）
	衬砌 + 围岩注浆	10.36	0.53	0	0.96	0.27	0	0.47	0.34	图 4–45b）
仰拱下设排导	衬砌（不注浆）	46.24	0.66	0	0.40	0.34	0	0.20	0.27	图 4–45c）
	衬砌 + 围岩注浆	14.96	0.51	0	0.17	0.26	0	0.08	0.047	图 4–45d）

注：* 采用轴对称解析解计算；** 定义见 4.9.2 节。

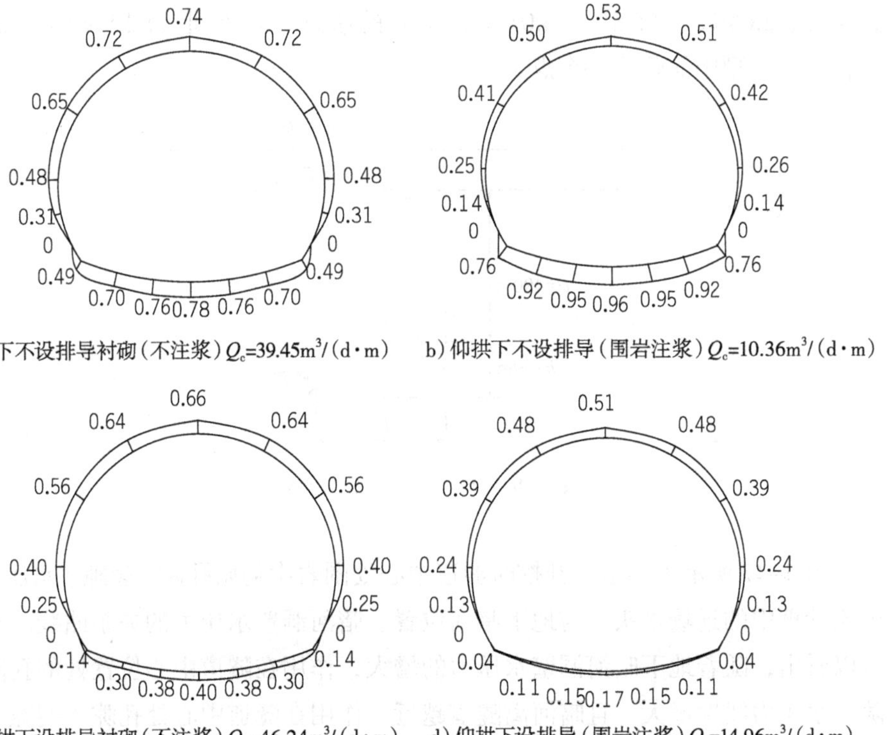

a）仰拱下不设排导衬砌（不注浆）Q_c=39.45m^3/（d·m）　b）仰拱下不设排导（围岩注浆）Q_c=10.36m^3/（d·m）

c）仰拱下设排导衬砌（不注浆）Q_c=46.24m^3/（d·m）　d）仰拱下设排导（围岩注浆）Q_c=14.96m^3/（d·m）

图 4–45　围岩注浆水压力（单位：MPa）

4.11 关于初始水头问题[51]

由于隧道开挖前围岩中业已存在的初始渗流场，本书渗流计算中采用的远场水力势即初始水头 H 有时并不等于地下水水位 H_0。

这种初始渗流场是由于围岩的地质地形条件引起的，例如，溶洞、暗河等的影响。

暗河是地下岩溶地貌的一种，是经过岩石溶蚀、坍塌以及水的搬运而形成的地下河道，主要是在岩溶发育中期形成的。有一部分暗河水流具有承压性。在岩溶地区修建隧道，隐伏暗河对衬砌水压力有一定影响。

计算中，隧道中心位置处的地下水头取为 400m，认为地表水对地下水进行补给充分，地下水水位恒定，隧道与地下暗河的水平距离分别取 25m、50m、100m、200m、暗河处于隧道中心水平下 50m，如图 4–46 所示。由于部分暗河具有承压性特点，暗河洞壁水压力大小分别取 0、0.5MPa、1.0MPa、1.5MPa、2.0MPa、2.5MPa、3.0MPa、3.5MPa、4.0MPa，围岩的渗透系数 k_m 取为 2.5×10^{-4} cm/s，暗河在计算模型中简化为一个点。

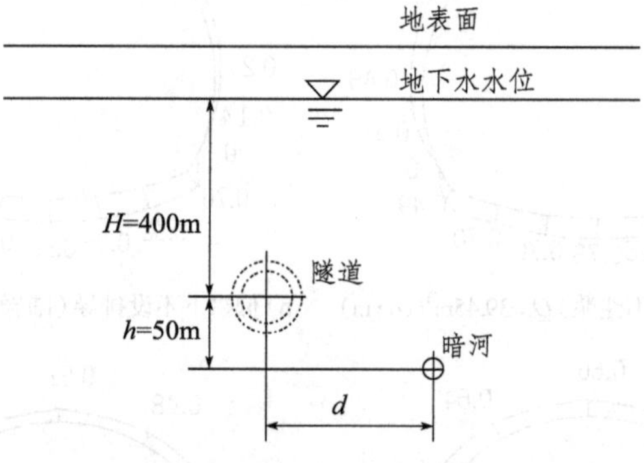

图 4–46 暗河与隧道相对位置示意图

图 4–47 所示为隧道未开挖时隧道中心处围岩中初始孔隙（裂隙）水压力（即渗流计算中的远场水头）与地下暗河位置、暗河洞壁水压力的关系曲线。从图中可以看出，随着地下暗河洞壁水压力的增大，作用在隧道中心位置处的孔隙（裂隙）水压力线性增大，且暗河离隧道越近，作用在隧道中心处孔隙（裂隙）水压力直线斜率越大。当洞壁水压力为 4.5MPa 时，即与该处的静力水头相当时，暗

河对隧道中心位置处孔隙（裂隙）水压力没有影响，其值都为 4.0MPa，与该位置初始水头一致。

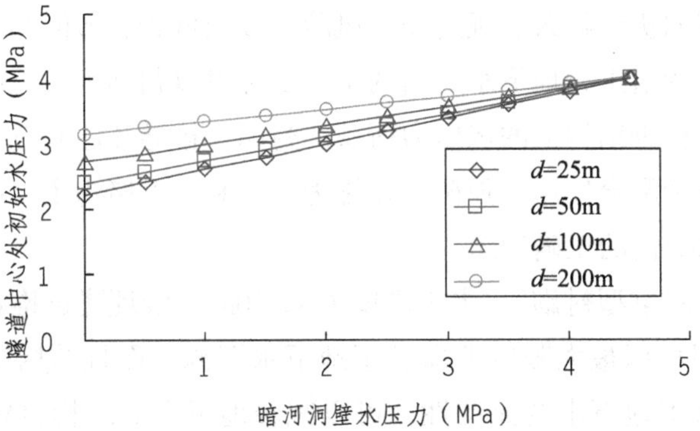

图 4-47 初始水头的折减

表 4-16 表示了当暗河洞壁水压力为 0MPa 时（无压流），隧道位置处围岩孔隙水压力 p、初始水头 H 和初始水头的折减值。

表 4-16 暗河为无压流时初始水头的折减值

暗河水平距离（m）	p（MPa）	H（m）	$\alpha=H/H_0$
25	2.22	222	0.555
50	2.39	239	0.598
100	2.73	273	0.682
200	3.15	315	0.782

在渗流计算中，除介质的渗透系数外，初始水头 H 是主要参数，严格地说，并不能根据地下水位 H_0 直接取值，而应该将隧道开挖前的地下水初始渗流，以及地下水补给的不稳态等因素以修正系数 α 考虑到计算中去，即：

$$H=\alpha H_0 \tag{4-34}$$

鉴于水文地质问题的复杂性以及地下水初始渗流和补给等问题定量研究的难度，忽略初始渗流等因素所做的计算分析结论，有必要通过地质勘察加以完善，补充。

4.12 隧道工程地下水处治的基本理念和要点

（1）从工程的优质耐久、规避安全风险，以及低碳、节能和生态环境保护出发，富水地层中隧道工程地下水处治的主要目标可以归结为：控制地下水排放流量和缓解作用在衬砌结构上的水压力荷载。封闭、排导和注浆三大手段根据工程的具体情况选择和配合使用。强调“以排为主”和“以堵为主”都不能准确、全面地反映地下水处治的正确理念。

（2）对于“双重型衬砌”、水头高度 $H < 30$m 的浅埋隧道推荐采用不排水的封闭结构，不但可以最大限度地保护了地下水资源，而且结构简单、维修量较小。此外，降低了地下水的流动性，可以减轻地下水对结构材料可能产生的侵蚀，提高隧道的耐久性。

如果衬砌采用不设排导的封闭结构，无论水头大小、岩体渗透性能如何，作用于衬砌的水压力荷载须按全水头计算，一概不能折减。《水工隧洞设计规范》（SL 279—2016）中的“外水压力折减系数表”不适用于不排水的封闭结构衬砌，也不适用于设置排导系统的“双重型衬砌”，只适合在围岩面上直接浇筑而形成的水工隧洞混凝土衬砌，不能在设计中套用。

（3）水头高度大于或等于阈值的地下水的处治理念是“限量排放”，体现为：

通过围岩注浆，地下水排放流量小于限量，即 $Q_g < [Q]$；

设置排导系统，使衬砌后排放量尽量接近围岩注浆后的流量，即 $Q_c \approx Q_g$。

关于排放限量 [Q]，我国尚未统一的标准，是一个尚待深入研究的复杂问题。

要注意的是，对于初始水头大于阈值的高水头情况，采用封闭型衬砌在经济上和技术上都是不合理的。

（4）可以通过流量监控量测，用“排导率”估算衬砌结构的水压力荷载。

未实施围岩注浆，按式（4-25）：

$$\beta = \frac{Q_m - Q_c}{Q_m}$$

实施围岩注浆，按式（4-28）：

$$\beta = \frac{Q_g - Q_c}{Q_g}$$

式中：β——衬砌排导率，即水压力折减系数；

Q_m——未注浆毛洞的排放流量；

Q_g——注浆后的流量；

Q_c——衬砌后的流量。

围岩注浆的作用在于降低围岩的渗透系数，不能理解为在围岩中形成了能抵御水压力的“承载圈”，围岩注浆后能否缓解作用在衬砌上的水压力荷载仍然要取决于衬砌的透水性能，即衬砌排导系统的排导能力。

因此，对于高水头地下水的隧道，在采用围岩注浆控制地下水排放流量的同时，仍然要设置良好的排导系统，使围岩注浆后流量已经减小的地下水尽量排出，以达到缓解衬砌水压力的目的。

（5）“双重型衬砌”排导系统设计中防水板后面的透水垫层厚度是最主要的设计参数。保证透水垫层（考虑盲沟）具有足够的厚度，这对于高水头深埋隧道衬砌水压力荷载的缓解至关重要，在设计和施工中必须予以重视，并采取相应措施。透水垫层的厚度不应小于 3mm，也可采用“凹凸型”排水板，或者在防水板后面填充小粒径的砾石。

（6）对于高水头富水地层中的隧道，隧底围岩地下水的排导十分重要。本书介绍了以下几种排导形式：

同拱部和边墙一样，在仰拱以下设置防水板，透水垫层和盲沟，形成“全包式”的排导型衬砌；

在仰拱以下的围岩中，开挖泄水坑道；

在水沟底钻凿眼孔深入围岩，设置竖向泄水盲沟。

（7）经数值方法印证，在渗流计算中，轴对称解析解对于非轴对称情况也有一定的适用性。对于高水头情况，轴对称解析解计算所得的排放流量和水压力荷载数据具有定量意义。

（8）由于在隧道开挖前围岩中业已存在的初始渗流场，本书渗流计算中的远场水力势即初始水头有时与地下水水位 H_0 并不一致，应按 $H=\alpha H_0$ 计算。随地形地质等条件的不同，修正系数 α 可以小于或大于 1。

INNOVATIVE CONCEPTS IN

CONVENTIONAL TUNNELLING

第 5 讲

与时俱进的多样性

——隧道衬砌结构形式的拓展

5.1 隧道衬砌结构的演变

按传统理念修建的隧道工程，把在开挖后构建的“人工构造物”明确分为两部分：

“支撑”——在开挖过程中，为规避施工风险，防范围岩坍塌架设的临时结构物。

“衬砌”——开挖到位后构筑的永久性结构物。其功能除了顶替临时性的支撑，维护围岩稳定外，还在于使隧道的适用性和服务品质得到保证（例如，防水性能和外观等）。

在引进喷射混凝土和岩土锚固技术以前，临时支撑一般采用木棚架，尽管其背后有荆条、背柴一类填充物，仍然难以控制开挖后围岩变形的进一步发展。浇筑混凝土衬砌时，一般要将支撑拆除，所承受的荷载要转嫁至衬砌结构。“支撑顶替”的操作，会进一步扰动围岩，为了规避安全风险，需要施工人员具有高超的手艺。

用喷射混凝土和锚杆取代木支撑在隧道工程发展史上的重要意义，并不仅仅在于大量节约木材，与传统的木支撑相比，这种新型支护不仅施作方便、紧密贴合围岩、具有更强的围岩支护能力，而且并不占据隧道净空，不需要拆除，免除了支撑顶替作业，规避了相应的安全风险，为将分部开挖的工法优化为大断面开挖创造了条件。

随着锚喷支护的推广，术语“临时支撑”改成了“初期支护”。这就是说，锚喷支护并不是施工中的过渡措施，而是永久性的围岩支护系统的组成部分。

但是，节约木材和优化工法的喜悦，并没有激发工程师们更深层次的思考，反而认为所谓的新奥法（或者称喷射混凝土工法），只不过是用一种施工方便的无模板混凝土浇筑工艺和以“悬吊方式”阻止岩块塌落的构件，进而取代传统的排架木支撑而已。

在喷射混凝土和锚杆已普遍推广的背景下，1999 年版和 2001 年版《铁路隧道设计规范》（TB 10003）仍然将不包括初期支护在内的“整体式衬砌”作为隧道永久性结构的主要形式，承担塌方统计公式确定的垂直和水平方向的离散压力荷载，还做了在整体式衬砌背后注浆填充的规定。2005 年版《铁路隧道设计规范》（TB 10003）才规定“优先采用”由初期支护，二次衬砌和防水层组成的“复合式衬砌”（其实，应称为“双重型衬砌”更为合适，详见下文）。直至 2016 年版《铁路隧道设计规范》（TB 10003）终于放弃了有关“整体式衬砌”的条文。

对隧道衬砌结构的认识有这样一个过程是很自然的。

在国外也仍有人认为，初期支护是施工中的临时措施，其作用仅在于保证施工安全，为施作二次衬砌创造条件。而二次衬砌则是稳定围岩的主要手段。

根据文献报道，英国隧道二次衬砌设计时不考虑初期支护对围岩压力的分担作用，完全由二次衬砌承受全部围岩荷载[53]。

这种意见恐怕主要出自对初期支护施工质量和耐久性的疑虑。

时至今日，施工机具、材料和相关技术的进展已为控制初期支护的施工质量提供了条件。关于喷射混凝土的品质，可以引用 K.Garshor 早在 2002 年第 9 届喷射混凝土国际讨论会上的主题报告中的话：“早期，在采用干喷的情况下，隧道工程中的喷混凝土支护是施作现浇混凝土衬砌前围岩临时防护的同义词。由于湿喷方法的引入以及速凝剂自动精确计量设备的使用和各种纤维材料加固的选择，目前，喷混凝土作为一种高品质的混凝土被越来越多的人所接受，经常作为隧道的永久衬砌。”

从现代隧道工程理念出发，开挖后及时施作的初期支护，应起到加固围岩，控制围岩变形，防止岩体离散，发挥围岩自承能力的作用，是包括二次衬砌在内的整个围岩支护系统的主体。在一般情况下，二次衬砌的作用仅在于提供安全储备和耐久性。

这种观点反映在日本《隧道标准示方书》(2006 年版)中[54]。

按《隧道标准示方书》(2006 年版),在一般情况下对于各种不同围岩级别,隧道的二次衬砌普遍采用厚度为 30cm 的素混凝土。而衬砌参数随不同围岩稳定性等级的变异,主要通过初期支护来体现。只有在浅埋、土质隧道、洞口段考虑偏压和水压力荷载等场合,才对二次衬砌进行承载计算。

按主动维护围岩的现代隧道工程理念,来自围岩的荷载主要以径向的形变压力为主。但是,目前对二次衬砌的检算,仍采用按塌方统计公式确定的垂直方向和水平方向的离散压力荷载,只是加了一个折减系数以考虑初期支护的作用(表 1-2)。之所以这样做,可能是出自对随机因素产生的岩体离散的防范考虑。这些随机因素包括:爆破振动的影响,开挖轮廓不平整引起围岩局部应力集中,岩体地质情况的局部特异性。

此外,更主要的原因可能出自对初期支护施工质量管理的疑虑。事实上已经出现过离散压力荷载致使二次衬砌裂损的案例。

图 5-1 所示为某隧道衬砌裂损情况。围岩为泥质粉砂岩夹泥岩,强风化,破碎。隧道最大埋深仅 83m。该隧道做到了“二次衬砌紧跟”,距开挖面小于 40m。衬砌裂纹分布在拱部,其形态与按规范荷载计算的相似。据此,可以认为本工程初期支护未能防止围岩的离散。除了以上所述的随机因素,如果初期支护缺失或施工质量低劣,加之支护系统整合性差,与围岩不密贴,仍然会诱发岩体的离散,形成离散压力荷载。

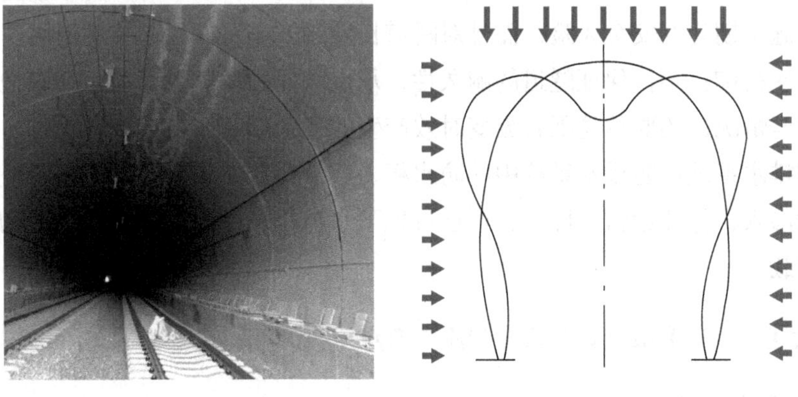

a)　　　　b)

图 5-1　二次衬砌裂损情况

初期支护之所以成为我国矿山法隧道工程中突出的薄弱环节，除了某些技术方面的原因，“初期支护是临时支护”的不正确认识是主要原因，已成为新型衬砌结构使用中存在的严重问题。在我国隧道界，还是有不少同志认定，围岩的稳定主要靠二次衬砌，强调“二次衬砌紧跟”，认为“只有二次衬砌是硬道理”。可是，上述案例做到了二次衬砌紧跟，衬砌却裂损破坏，显然并没有支持这种观点。

如何正确理解新型衬砌的作用机理，对其优越性和关键问题有全面的认识，须从现代隧道工程理念出发，进行一番探讨。

5.2 挂板防水和“双重型衬砌”（DSL）

如上所述，我国铁路隧道规范中，把由初期支护，二次衬砌和防水层组成的隧道围岩支护系统均以“复合式衬砌”相称。国外隧道界则认为，如果采用挂板防水（Sheet Membranes），由于防水板（包括透水垫层）的阻隔，初期支护和二次衬砌各自对荷载的响应具有独立性，加在一起只能是“叠合”而非“复合”，可称其为 Double Shell Lining（本书译为“双重型衬砌”）。只有当采用双面黏结的喷膜防水（Spray Applied Membranes），初期支护和二次衬砌可以通过界面传递剪应力和拉应力而共同作用，才能称“复合型衬砌”（Composite Shell Lining）

本节先对普遍采用的“双重型衬砌”进行讨论。

与形形色色各种不同隧道衬砌结构相比，“双重型衬砌”最重要的特点是结构各组分的功能明确、关联性弱，设计思路清晰。

初期支护：及时控制围岩对开挖的响应，是稳定围岩的主要力学措施，不仅可规避施工期间的安全风险，而且对隧道长期的安全可靠性起关键作用。

二次衬砌：不仅保证隧道的耐久性，承受水压力等特殊荷载，在高地应力挤压性围岩情况，还要承受围岩流变时效产生的残余形变压力荷载。

防排水系统：防排水系统中的防水板、透水垫层、盲管等，不仅阻止地下水经衬砌渗入，保证运营环境，还可通过地下水疏排，缓解作用在二次衬砌上的水压力荷载。

5.2.1 “双重型衬砌”特征和施工要点

1）初期支护

初期支护除了锚杆、喷射混凝土外，还可能包括钢架、格栅、钢筋网和开挖后暴露的小导管一类超前支护构件。初期支护施工质量控制的关键在于，用喷射混凝土将它们组成密实、与围岩贴合的整体结构。而这些可能包括的组分又都是喷射混凝土作业的障碍，在施工中要注意到这一点，根据工程的具体情况采取相应措施。例如，可掺入钢纤维取代钢筋网，尽量用格栅或喷射混凝土加筋肋取代型钢钢架，避免阴影效应影响喷射混凝土的密实性和对初期支护的组合作用。

2）二次衬砌

从保证隧道耐久性的功能要求出发，对于二次衬砌，除了承受水压力或残余形变压力等荷载情况须配置钢筋加强其承载能力外，素混凝土应是优选。与初期支护的喷射混凝土允许在变形中产生少量裂纹不同，二次衬砌混凝土表面暴露于空气中，要控制裂纹的产生。要注意水化或气象原因致使混凝土收缩形成的非结构性裂纹。

2.1 节指出，聚丙烯纤维一类非金属纤维由于其弹性模量相对较低，而且在混凝土中高度分散，对于控制水泥硬化过程中的塑性收缩，特别是对于早期潜在裂缝的反应十分灵敏，具有良好的阻裂性能，在我国高速铁路隧道施工中已有成功的实例。

3）防水板

防水板与初期支护的喷射混凝土和二次衬砌均互不粘接。这种“两不粘”的防水板，除了防水外，在围岩支护系统中还具有以特殊功能：

（1）为处于两个工作缝之间的二次衬砌混凝土段提供了无约束自由收缩的条件，防止二次衬砌混凝土的非结构性收缩裂纹的形成（图 5–2）。

图 5–2　二次衬砌混凝土无约束自由收缩

（2）由于防水板材料的低弹模性能以及其背后的垫层等填充物，给围岩和初期支护留下了变形的余地，有助于消减可能传递至二次衬砌的形变压力。

（3）设置在防水板背后的透水垫层和纵向、环向盲沟，提供了地下水排导空间和通道，以此缓解衬砌水压力荷载。这对于高水头的深埋山岭隧道是至关重要的，如果采用“两面粘”的喷膜防水，做到这一点则要费些功夫。

这些可能就是乐此不疲地采用挂板防水和“双重型衬砌”的原因。

但是，“双重型衬砌”亟待解决的“致命伤”是围岩支护系统的整合性问题。

5.2.2 衬砌系统的整合性问题

近年来发生的隧道裂损病害中，由于衬砌背后脱空或不密实所致者占很大比例。其中有以上所述初期支护密实性的问题，也有防水板基面平整度和材料柔性问题。由于喷层表面不平整，如果防水板材料缺乏柔性，二次衬砌浇筑时混凝土凝固前产生的侧压力就不足以使防水板与喷射混凝土基面良好贴合，这不但会使防水板接缝撕裂，而且会在二次衬砌和喷层之间形成空腔，破坏了“双重型衬砌”的整合性（图 5-3）。

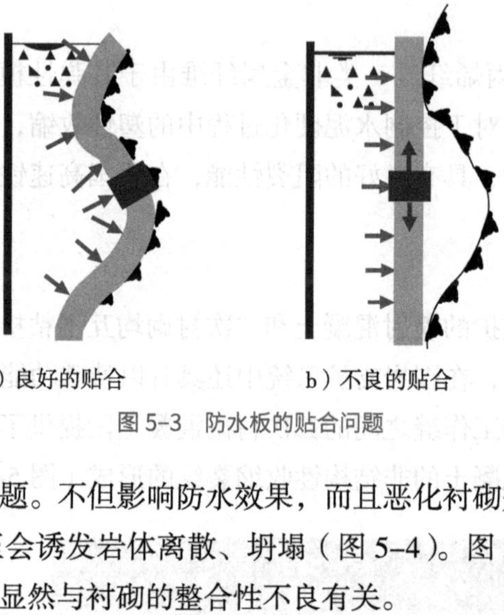

a）良好的贴合　　b）不良的贴合

图 5-3　防水板的贴合问题

衬砌的整合性问题。不但影响防水效果，而且恶化衬砌受力条件，降低支护能力和耐久性，甚至会诱发岩体离散、坍塌（图 5-4）。图 5-5 所示为地震后二次衬砌的崩塌情况，显然与衬砌的整合性不良有关。

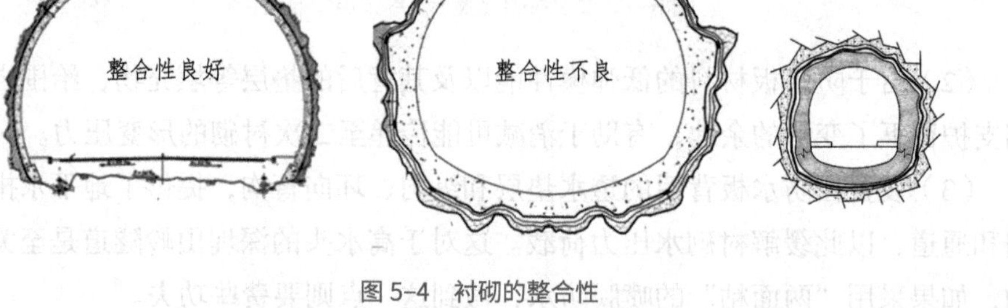

图 5-4　衬砌的整合性

a）　　　　　　　　　　　　　　　　　　b）

图 5-5　地震引起的二次衬砌的崩塌

衬砌结构的整合性已经成为我国隧道工程质量管理中的一个重要课题，防水板的影响是其中主要因素之一。解决防水板引起的整合性问题，一方面要控制隧道开挖轮廓形状，使防水板基面即喷射混凝土表面的平整度达到规定的指标；另一方面要对防水板材料的柔度提出要求。

图 5-6 所示为挪威的平整度量测，表达为用“靠尺”量测的凹形基面的矢跨比[55]。

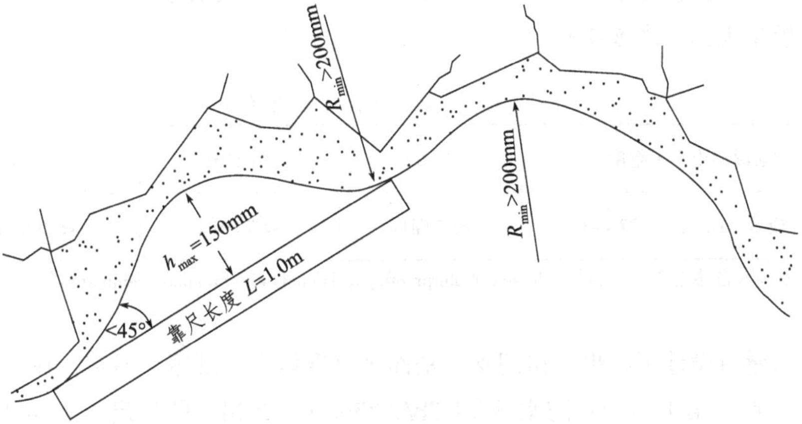

图 5-6　平整度量测

平整度指标：测得的凹形基面的矢高不超过 150mm，即 $h/L < 0.15=1/6.67$；基面曲率半径 $R_{min} > 200$mm。

我国《铁路隧道设计规范》（TB 10003—2016）规定：基面“平整度应符合

$D/L \leqslant 1/10$ 的要求，D 为两凸面间凹进去的深度；L 为基面相邻两凸面间的距离”（条文 10.2.5）。

《公路隧道施工技术规范》（JTG/T 3360—2020）则规定 $D/L \leqslant 1/6$（条文 11.3.6）。对于隧道拱部，有的工程项目提出，基面的平整度应达到 $D/L \leqslant 1/8$。

德国铁路隧道设计规范 DS853（2002—2003 版）M4101 规定的基面平整度指标，根据基面轮廓横截面上相邻的“至高点”和“至低点”坐标确定，如图 5-7 所示，要求 $l \geqslant 10a$、高差 $a \leqslant 20\text{cm}$、曲率半径 $r \geqslant 5a$[56]。这种规定，为基面平整度的评定借助于非接触式量测和数字化处理提供了条件。

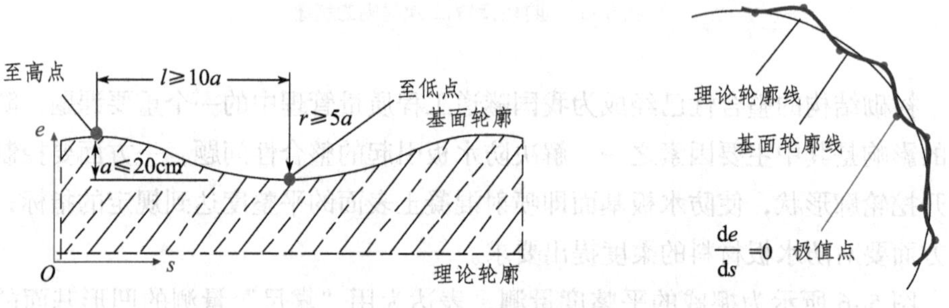

图 5-7　基面平整度指标规定

瑞士 SIKA 公司还针对不同的平整度提出了相应的防水板材料的柔性指标，用弹性模量表达（表 5-1）。

表 5-1　相应于基面不平整度的防水板材料柔性指标

喷射混凝土不平整度	约 1/5	约 1/10	约 1/15
弹性模量（DIN ISO 527 1–3）	＜ 20MPa	＜ 70MPa	＜ 100MPa

注：本表摘自瑞士 SIKA 公司“Flexible Waterproofing of Tunnels with Sikaplan Membranes”。

我国隧道设计规范也对初期支护基面平整度做出了规定。但是，在《铁路隧道防水材料　第 1 部分：防水板》（TB/T 3360.1—2014）的规定（表 5-2）中并无材料柔度指标，只有表达材料延性的“扯断拉伸率”和“断裂拉伸强度”两个指标，并不能准确表达材料的柔性。

表 5-2 铁路隧道防水板性能指标表

序号	项目		指标		
			乙烯-醋酸乙烯共聚物(EVA)	乙烯共聚物改性沥青(ECB)	聚乙烯(PE)
1	拉伸性能	断裂拉伸强度(MPa)	≥ 18	≥ 17	≥ 18
		扯断伸长率(%)	≥ 650	≥ 600	≥ 600
2	撕裂强度(kN/m)		≥ 100	≥ 95	≥ 95
3	不透水性(0.3MPa · 24h)		无渗漏	无渗漏	无渗漏
4	低温弯折性(-35℃)		无裂纹	无裂纹	无裂纹
5	加热伸缩量	延伸(mm)	≤ 2	≤ 2	≤ 2
		收缩(mm)	≤ 6	≤ 6	≤ 6
6	热空气老化(80℃,168h)	断裂拉伸强度(MPa)	≥ 16	≥ 14	≥ 15
		拉断伸长率(%)	≥ 600	≥ 550	≥ 550
7	耐碱性[饱和 $Ca(OH)_2$ 溶液,168h]	断裂拉伸强度(MPa)	≥ 17	≥ 16	≥ 16
		拉断伸长率(%)	≥ 600	≥ 600	≥ 550
8	人工候化	断裂拉伸强度保持率(%)	≥ 80	≥ 80	≥ 80
		扯断伸长率保持率(%)	≥ 70	≥ 70	≥ 70
9	刺破强度	厚度 1.5mm(N)	≥ 300	≥ 300	≥ 300
			≥ 400	≥ 400	≥ 400
			≥ 500	≥ 500	≥ 500
			≥ 600	≥ 600	≥ 600

此外,对于衬砌整合性,防止二次衬砌拱顶脱空也是一个难题,需要通过混凝土浇筑工艺的革新来解决(图 5-8)。

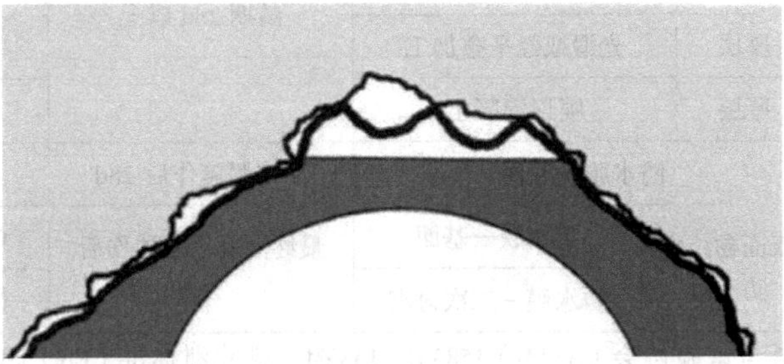

图 5-8 拱顶脱空

有资料介绍[50]，通过掺入粉煤灰一类混合材以及高效减水剂等措施增加混凝土的流动性，使混凝土具有自充填性，有利于衬砌密实。同时，浇筑时对模板的侧压力也会有所增加。日本有对隧道衬砌使用“中流动性混凝土”的规定。这些措施也能对提高“双重型衬砌”结构的整合性起到作用。

5.3 喷膜防水和“复合型衬砌”（CSL）

为从根本上解决隧道衬砌结构的整合性问题，要借助于喷膜防水技术。

采用喷射工艺制备的防水膜由高分子材料经聚合反应而成（据资料报道，也有采用水硬性或气硬性材料生成的）。[61] 夹在初期支护和二次衬砌之间的防水膜可以单独与初期支护表面粘合（称为“单粘型”喷膜），也可以将初期支护和二次衬砌均粘合在一起（称“双粘型”喷膜），形成“三明治”状的结构。由于防水膜在接触界面上具有一定的抗拉强度和抗剪强度以及切向和法向刚度（表 5-3），这种结构具有整体性，可称为“复合型衬砌”（Composite Shell Lining）。但是，由于防水喷膜低弹性模量材料的间隔，初期支护和二次衬砌之间实际上不具有界面位移唯一性，所以，严格说是一种“准整体结构”（Quasi-monolithic Structure），有的文献将其称为“局部复合型衬砌”（Partially Composite Shell Lining）。

表 5-3　防水喷膜界面参数

<table>
<tr><th colspan="3">界 面 参 数</th><th>法向刚度（GPa/m）</th><th>切向刚度（GPa/m）</th><th>抗拉强度（MPa）</th><th>抗剪强度（MPa）</th></tr>
<tr><td colspan="3">Su，等 2013[57]</td><td>4.0</td><td>2.0</td><td>0.8</td><td>2.0</td></tr>
<tr><td rowspan="5">Su 和 Bloodworth 2016[58]</td><td>防水膜</td><td>基面</td><td colspan="2" rowspan="5">龄期 28d 以上</td><td></td><td></td></tr>
<tr><td>薄层</td><td>光滑或经平整加工</td><td>0.7</td><td>2.1</td></tr>
<tr><td>薄层</td><td>喷射混凝土</td><td>0.7</td><td>2.0</td></tr>
<tr><td>厚层</td><td>光滑或经平整加工</td><td>0.7</td><td>2.0</td></tr>
<tr><td>厚层</td><td>喷射混凝土</td><td>0.7</td><td>1.7</td></tr>
<tr><td rowspan="3">国际隧道协会喷膜指南建议最低值[61]</td><td colspan="2">防水膜—基面</td><td colspan="2">防水膜施作后 28d</td><td>0.5*</td><td rowspan="3"></td></tr>
<tr><td rowspan="2">双面黏结型防水膜</td><td>防水膜—基面</td><td colspan="2" rowspan="2">最终混凝土层施作后 28d</td><td>0.5**</td></tr>
<tr><td>防水膜—二次衬砌</td><td>0.5**</td></tr>
</table>

注：* 美国材料与试验协会（ASTM）1583/C、1583M，或欧洲标准（EN）ISO 4624 或 EN 1542；
** ASTM 1583/C、1583M。

5.3.1　喷膜防水的工艺特点

从 1970 年开始，土建和结构工程部门就已经逐渐注意到，可以把喷膜防水技术用于处治地下结构、市政设施、明挖隧道和沉管隧道等工程中的防水问题。这种喷射而成的防水薄膜除了具有不透水性外，最能吸引隧道工程师的是高效和机动灵活的独特工艺。

喷膜防水工效高。据统计，3 人工班的工效为 50~100m^2/h，用机械手时工效可达到 180m^3/h。

防水膜具有连续性、无接缝的特点，搭接处只需少量覆喷即可，免除焊接工艺。

防水膜对后续的混凝土浇筑作业有很好的相容性，消除了挂板防水衬砌因混凝土浇筑作业而拉断或折曲之虞。此外，与挂板防水不同，喷膜防水为二次衬砌改用喷射混凝土提供了“硬性基面”。

更突出的优点是，喷膜防水的工艺对隧道净空壁面复杂三维几何形状区段具有很强的适应性，可以方便地用于隧道变截面段、喇叭口、避让洞、分叉口等特殊地段。在这些地段挂板防水施工是很困难的，由于喷膜防水技术提供了“硬性基面”，可以采用无需模板浇筑的喷射混凝土二次衬砌，省工省时（图 5-9）[60]。

图 5-9　复杂三维几何形状区段

但是，对于隧道工程地下水的处治，与挂板防水技术相比，喷膜防水也并非只有“优点”。关于治水理念和结构设计方面的问题将在本讲后面讨论，这里先从工艺特性方面提出以下两点注意事项：

（1）对基面质地粗糙度的限制

防水膜的施作虽然对基面的平整度没有特殊要求，但是对受喷基面的粗糙度有一定的要求。这是为了防止从基体表面捕集的空气在防水膜下面经膨胀形成气泡。基面质地粗糙度可分 3 个等级：

①初期支护喷射混凝土。防水膜虽然可以直接喷射，但是防止气泡小孔以及控制防水膜厚度和材料消耗均难以实现。

②细集料喷射混凝土整平 / 光面层。可以施作高品质的防水膜，减低材料消耗，并不明显降低工效。

③通过补充作业精细、全面进行表面光滑处理的基面。防水膜品质可以达到用户要求的最高水准。

整平 / 光面层的厚度为 1~3cm，最大集料为 4mm，在施作防水膜前覆盖初期支护喷射混凝土层。

在施工中，基面粗糙度的测量可以采用一种叫作梳形测量器的简单工具（图 5-10）。

图 5-10　基面粗糙度测量

为了解决喷射混凝土表面粗糙度的问题，有的工程还模仿挂板防水施工，先将土工布挂设于喷射混凝土层上，然后再在土工布上喷射防水膜。仔细想想，这样一来，实际上改变了喷膜防水的机制，失掉了其特点和优越性。

（2）对基面潮湿程度的限制[61]

图 5-11 所示为国际隧道协会衬砌和防水专业组提出的“喷膜防水设计指南”中的一个图。图中明确指出，只有完全干燥或基本干燥的基面才能施作防水喷膜，对于“毛细管湿润，局部潮湿小块”或“个别点微量滴水”要进行去湿处理，对于混凝土表面“大面积滴水”情况，喷膜防水不可用。

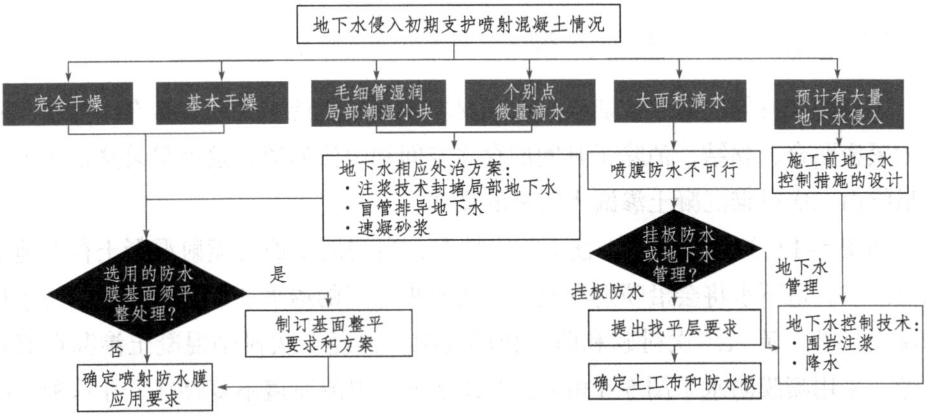

图 5–11　基于地下水侵入初期支护喷射混凝土情况防水方案的选择

在施作喷射防水膜前，常用处理侵入喷射混凝土的水流方案如下：

①采用约 300mm 宽的酒窝形排水板条固定于初期混凝土层，将水引入仰拱作为临时或永久的疏排措施，酒窝形排水条按喷射防水膜要求的喷射混凝土找平层覆盖。然后全表面用喷射防水膜覆盖，水流即可自由排放至隧道的排导系统。

②在水侵入区插入药包，附上排导管，如方案①将排导管连接至隧道仰拱处临时或永久的排导系统。全表面喷射防水膜后拆除排导管，通过药包注浆止水，或者采用管道设置永久排导。

③先避开浸水处，在其余表面喷射防水膜，养护。然后在浸水处灌注树脂止水，待凝固后完成防水膜的喷射。

为了避开潮湿基面，也可以采用在仰拱铺防水板，基面的其余部分喷膜的混合防水方案（图 5–12）。

图 5–12　混合防水方案 [60]

5.3.2 喷膜防水特异的防水效能

喷膜防水特异的防水效能不仅在于材料本身的不透水性，关键在于防水膜和基面紧密贴合、黏结，消除了其间的存水空间和串流通道，这就显著降低了地下水最终由二次衬砌混凝土渗漏入隧道的概率。

如图 5–13a）所示，对于挂板防水情况，当初期支护的喷射混凝土存在地下水泄漏点，地下水将会沿喷射混凝土与防水板之间的透水通道串流，寻找防水板的薄弱环节，流入二次衬砌和防水板的间隙，再经二次衬砌混凝土渗漏点流入隧道。采用喷膜防水［图 5–13b）］，上述地下水串流通道不复存在。在这种情况下，由二次衬砌某一定点渗漏的概率为：

$$p=p_1 p_2 p_3 \tag{5-1}$$

式中：p_1、p_2、p_3——喷层、防水板和二次衬砌分别在该定点出现渗漏的概率。

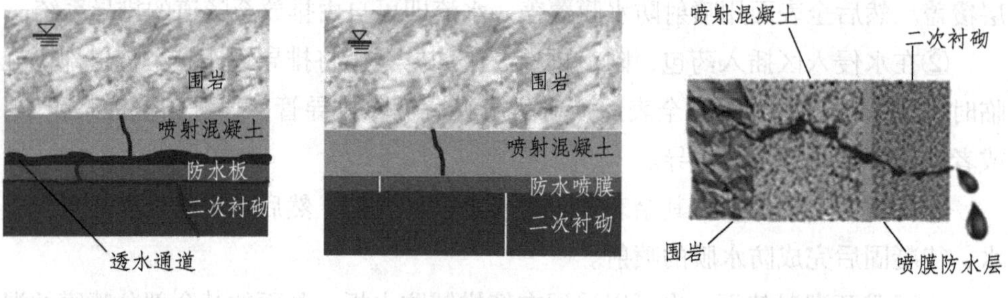

a）挂板防水　　b）喷膜防水　　c）喷膜防水渗漏概率

图 5–13　喷膜防水的特异防水功能

同样的道理，隧道检修时，渗漏水的维修点可局限于发现渗漏处。

但是，在深埋隧道地下水水头很高、须经排导缓解衬砌水压力荷载时，防水膜和基面紧密贴合、黏结，其间无存水空间和串流通道的特异性反而变成了麻烦。国际隧道协会提出的“喷膜防水设计指南”要求采用“酒窝形排水板条”（Dimpled Drainage Sheet），按 5~10m 的纵向间距在初期支护喷射混凝土基面上设置环向盲沟，必要时在拱部和边墙设置纵向盲沟，相互连接成排导系统（图 5–14），用喷射混凝土找平后，再喷射防水膜[61]。

图 5-14　盲沟的敷设

5.3.3　“复合型衬砌”结构的力学特性

采用喷膜防水的“复合型衬砌”和挂板防水的“双重型衬砌”结构，在力学特性上有很大不同。由于防水膜“双面胶”的贴合粘接特性，将叠合的初期支护与二次衬砌变成了共同作用的复合结构。如 Johannes Jäger 的计算结果所示（图 5-15）[59]，随着防水膜抗剪刚度的增大，构件的抗弯能力会加大到接近整体结构的程度。

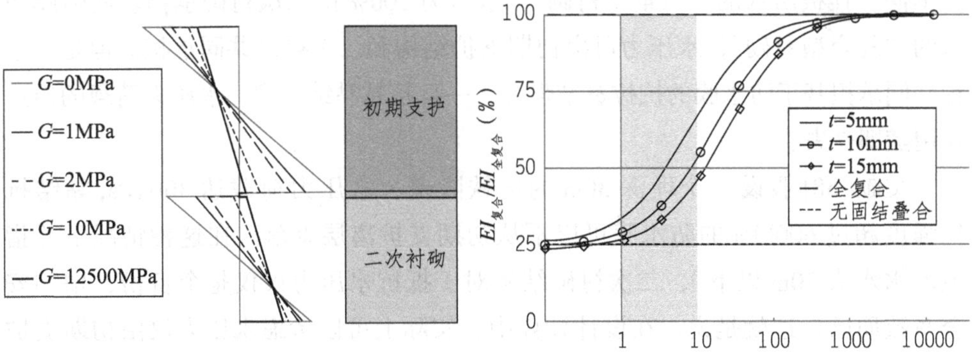

图 5-15　结构的复合效应

按“荷载—结构”概念，隧道衬砌结构的荷载一般由以下两部分组成：

（1）**围岩压力**。由隧道开挖后地应力重分布引起的围岩变形和离散所致的围岩压力。按现代隧道工程理念修建的矿山法隧道，围岩压力主要为遏制围岩变形的形变压力，也要考虑随机显现的离散压力。

（2）**水压力**。对于节理岩体和大部分软弱岩体，一般可用渗流理论计算地下水的渗流场，据以计算水压力荷载。

实际上，围岩应力场和渗流场是耦合的。为便于分析，本书采用惯用的“水岩分算”，而没有考虑它们的相互耦合作用。

从围岩压力荷载角度看，与叠合而成的“双重型衬砌”相比，采用“复合型衬砌”在承载性能方面是否“占便宜”？问题没有那么简单。Thomas 和 Pichett（2012）的计算表明，考虑防水膜的复合作用只能使总厚度为 700mm 的结构减薄 50mm（7%），如此微薄的优点，可被耗费所抵消，不能成为“双重型衬砌”被取代的理由。Su 和 Uhrin（2016）认为，采取零粘接的防水板（将水压力转嫁至二次衬砌），其效果不一定是负面的[58]。原因正如表 1-4 所示，形变压力与结构刚度密切相关，“复合型衬砌”加大了结构的刚度，增大了形变压力的量值，诚如文献 [58] 指出，这就“吸引了更多的荷载”。相反，“双重型衬砌”由于“两不粘”的防水板和土工布等填充物的存在，为初期支护后围岩残余变形的伸展提供了空间，从而缓解了可能传递到二次衬砌的形变压力荷载。

水压力荷载的量值与衬砌结构的刚度无关，但两种形式的衬砌结构传递的途径不同。挂板防水的“双重型衬砌”，水压力 100% 由二次衬砌承担。而喷膜防水的“复合型衬砌”，水压力可由初期支护结构和二次衬砌共同承担。但是，这种共同承担基于防水膜的抗拉黏结强度，一旦超越黏结强度，水压力荷载的传递作用随即丧失。

文献 [58] 假设一个埋深 30m 的地铁隧道，水压力荷载达 300kPa，黏结抗拉强度超过 600kPa 的防水膜可以不从初期支护离层剥落。在这种情况下（指地下水水头 30m 以下），二次衬砌结构对于抵抗水压力仅仅是个备份，增加安全系数而已。这就是说，在设计计算中，实际上可以考虑水压力仅由初期支护承受。如果水压力对防水膜的作用和渗流力反向增量在喷射混凝土和围岩的作用下，抗拉黏结强度足以保持防水膜和初期支护的粘合，从结构受力上看，二次衬砌是多余的，可以代之以喷射工艺施作的保护性薄层。这样一来，借助喷膜防水，衬砌结构形式实际上演变成了仅有初期支护构成的“单一型衬砌”（SSL）。

5.4 “单一型衬砌”（SSL）

5.4.1 关于术语和内涵

在对喷射混凝土的自防水性没有把握的情况下，“单一型衬砌”也可以设置喷射防水膜和喷射工艺施作的保护性薄层。实际上，高性能喷射混凝土技术的发展提高了喷射混凝土不透水性，已经使得采用不设置防水层的衬砌结构成为可行。

取消模筑混凝土二次衬砌，单一将初期支护作为永久性隧道结构的案例很多。挪威莱达尔（Lærdal）隧道（图 5-16）、斯德哥尔摩地铁（图 5-17）和瑞士菲尔艾娜（Vereina）隧道（图 5-18）都是著名的案例。我国早在 20 世纪 60 年代引进喷射混凝土技术时就在布祖湾隧道进行了“单一型衬砌”的尝试（图 5-19），万军回隧道的“单一型衬砌”则在喷射混凝土中掺加了微硅粉等混合材料，提高其性能（图 5-20）。

a）

b）

图 5-16　挪威莱达尔隧道

图 5-17　斯德哥尔摩地铁

图 5-18　瑞士菲尔艾娜隧道

图 5-19　布祖湾隧道（1967 年）

图 5-20　万军回隧道

长期以来，中文文献常把取消了模筑混凝土二次衬砌的“Single Shell Lining”译为“单层衬砌”，似欠准确，“层”乃相对于施工工艺而言。实际上，“单一型衬砌”工艺上可由喷射混凝土等多层材料组合而成。从结构形式角度，称“单一型衬砌”为宜。

5.4.2　“单一型衬砌”的设计

喷射混凝土和锚杆的支护能力和耐久性，提供了初期支护作为永久性衬砌结构的可行性。但是，对于各种稳定性不同的围岩，取消了模筑混凝土二次衬砌的“单一型衬砌”结构的可靠度，使用条件和应用前景仍然是备受关心的问题。

本书第 1 讲曾提到，国际隧道协会（ITA）关于隧道衬砌结构设计模型除了 3 种计算模型外，还包括“经验方法”。与地面结构不同，由于工程环境条件的不确定性和数量化表达的困难，在很多情况下，数值计算并不是隧道工程的设计的主要手段，特别是对于由喷射混凝土和锚杆等组件组成，和围岩岩体交混一起的“单一型衬砌”结构，用数值计算来定量地得出支护参数不是一件容易的事。虽然在相关设计规范中有初期支护也可采用“地层 + 结构”模型进行计算一类的条文，但是，很少见到初期支护设计参数通过数值计算定量得出的案例。因此，对于隧道设计，经验方法具有格外重要的地位。

20 世纪 70 年代，挪威岩土技术研究所（NGI）（Barton 等，1974 年）开始研究一种被称为 Q 系统的地下工程岩体分级和支护设计方法[62]。本书第 1 讲已经对 Q 值岩体分级做了论述，以下介绍 Q 系统在“单一型衬砌”设计中的应用。

如图 5-21 所示，采用综合参数 Q 值表征岩体品质，据以对围岩稳定性分级。在此基础上，根据 Q 值和地下工程的线性尺度（跨度或高度）确定支护结构的形式和设计参数，见表 5-4。

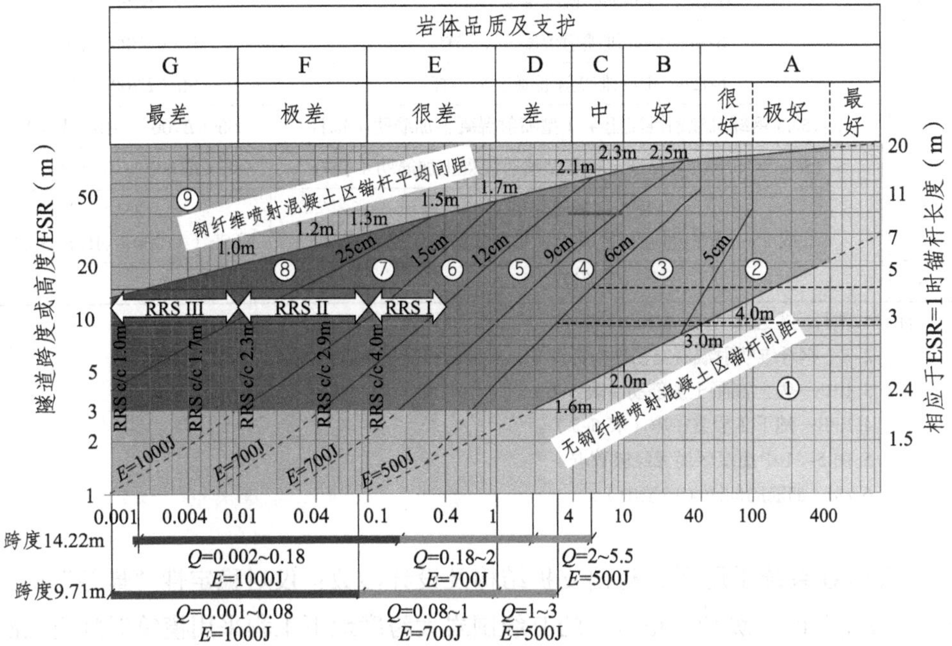

图 5-21　地下工程岩体分级

岩体品质计算公式如下：

$$Q=\frac{\mathrm{RQD}}{J_\mathrm{n}}\times\frac{J_\mathrm{r}}{J_\mathrm{a}}\times\frac{J_\mathrm{w}}{\mathrm{SRF}} \tag{5-2}$$

式中：RQD——岩石质量指标；

J_n——节理组数；

J_r——节理粗糙系数；

J_a——节理蚀变系数；

J_w——节理水折减系数；

SRF——应力折减系数。

表 5-4　岩体支护设计参数

编号	设计参数	标识
1	无支护或随机点状布置锚杆	
2	随机点状布置锚杆	SB
3	系统锚杆 +5~6cm 钢纤维喷射混凝土	B+Sfr
4	6~9cm 钢纤维喷射混凝土 + 锚杆	Sfr（*E*500）+B
5	9~12cm 钢纤维喷射混凝土 + 锚杆	Sfr（*E*700）+B
6	12~15cm 钢纤维喷射混凝土 + Ⅰ型喷射混凝土加筋肋 + 锚杆	Sfr（*E*700）+RRS Ⅰ +B
7	＞ 15cm 钢纤维喷射混凝土 + Ⅱ型喷射混凝土加筋肋 + 锚杆	Sfr（*E*1000）+RRS Ⅱ +B
8	模筑混凝土衬砌 或 25cm 钢纤维喷射混凝土 + Ⅲ型加筋肋 + 锚杆	CCA 或 Sfr（*E*1000）+RRS Ⅲ +B
9	专项设计	

注：1. 锚杆间距主要基于 ϕ 20mm 杆径。
2. *E*—钢纤维喷射混凝土韧性指标即平板实验所得能量吸收值。
3. RRS—喷射混凝土加筋肋（表 5-6）。
4. ESR—地下工程支护率（表 5-7）。
5. 图 5-21 中虚线区尚无经验数据。
6. *c*/*c*—加筋肋间距（中至中）。

根据 Q 系统手册[62]，得出支护结构及设计参数：仅对稳定性“最差”的 G 级，“极差”的 F 级和“很差”的 E 级围岩大跨度地下工程采用模筑混凝土二次衬砌。随后，Q 系统手册又进行了更新，将原来规定要采用模筑混凝土二次衬砌的恶劣情况围岩支护，改为“也可以采用由钢纤维喷射混凝土，锚杆和喷射混凝土加筋肋组成的初期支护”直接作为“单一型结构”的永久性衬砌。这就进一步拓宽了“单一型衬砌”的应用范围。所提出的“地下工程岩体分级和支护设计 Q 系统”可以说为“单一型衬砌”的设计参数表。

Q 系统要求在喷射混凝土中掺加钢纤维，并针对岩体品质 *Q* 值不同的各种情况按《欧洲喷射混凝土标准》（EFNARC）提出了 500J、700J 和 1000J 的韧度指标（见本书第 2 讲）。锚杆长度主要根据隧道的跨度或高度确定，布设间距则与 *Q* 值相关。

运用 Q 系统分级，根据围岩稳定性等级和隧道横断面线性尺度可以得到钢纤维喷射混凝土的韧性指标设计值。以跨度为 14.22m 和 9.71m 的隧道（250km/h 双线及单线隧道）为例，以 *Q* 值表征的不同稳定性围岩喷射混凝土韧性指标设计值见表 5-5、图 5-21，此表可供类似技术标准设计参考。

表 5-5　韧性指标设计值

隧道跨度（m）	14.22			9.71		
Q 值	0.002~0.18	0.18~2	2~5.5	0.001~0.08	0.08~1	1~3
围岩稳定性等级	G，F，E 最差，极差，很差	E~D 很差 ~ 差	D~C 差 ~ 中	F 最差，极差	E~D 极差 ~ 很差	D 差
韧度指标 E（J）	1000	700	500	1000	700	500

此外，为了进一步减少钢构件对混凝土喷射料束阻挡引起的阴影效应，增强支护系统的整合性和密实度，除了由钢纤维取代钢筋网外，还用表 5-6 所示的"喷射混凝土加筋肋（RRS）"取代常用的格栅钢架或型钢钢架。

表 5-6　喷射混凝土加筋肋（RRS）设计参数

型号	跨度（m）	结构形式	厚度（cm）	钢筋数量（根）	钢筋直径（mm）
I	10	单层	30	6	16~20
	20	双层	40	6+2	16~20
II	5	单层	35	6	16~20
	10	双层	45	6+2	16~20
	20	双层	55	6+4	20
III	5	双层	40	6+4	16~20
	10	双层	55	6+4	20
	20	专项设计			

注：布设钢筋前基面找平层厚度 12~15cm（钢纤维喷射混凝土）。

Q 系统在确定支护参数的图表中考虑了一个"支护率"ESR（表 5-7），实质上反映了工程不同类型、用途的安全系数。

表 5-7　根据地下工程类型确定的支护率

地下工程类型			ESR
A	矿山临时巷道等		3~5
B	竖井：按用途确定，可小于右列数值	圆形断面	约 2.5
		矩形 / 方形断面	约 2.0
C	永久性矿山坑道、水电站输水隧洞（不包括高压水管道）、供水隧洞、先行隧道、辅助坑道、大型地下工程的导坑		1.6

续上表

	地下工程类型	ESR
D	小型公路和铁路隧道、救援洞室、引入隧道、排水隧洞等	1.3
E	电站、储物洞库、水处理厂、主要铁路公路隧道、人防洞、入口部、交叉部等	1.0
F	地下核电站、铁路车站、体育和公共设施	0.8
G	非常重要的洞库和地下建筑，使用年限100年或不设维修通道	0.5

"单一型衬砌"由不同时间施作的双层或多层喷射混凝土组成。对含水地层，大体上说，先行施作的靠近围岩的外层衬砌结构是围岩压力（包括形变压力和随机产生的离散压力）主要承载体。因此，外层喷射混凝土宜掺入钢纤维增强韧性，保持裂后强度；内层结构则起到阻止地下水渗入隧道的防水作用，应避免开裂，宜掺入低弹性模量的合成纤维材料阻裂，同时承受阻渗诱发的水压力荷载。如果对喷射混凝土的自防水性能没有把握，还可以在内外层喷射混凝土之间敷设喷膜防水层。这样一来，正如国际隧道协会技术报告[61]指出的"'单一型衬砌'设计涉及的一个主要课题是外层衬砌和内层衬砌之间的相互作用。通常在不同时刻施作的两层喷射混凝土，其应力应变状态不同，同时，不透水性亦各异。"

对于地下水水头不高的情况（如水头小于30m），选择"单一型衬砌"时，封闭地下水的方案是值得推荐的。如果"单一型衬砌"设置喷膜防水层（SSL1），防水膜的黏结强度足以将地下水引起的荷载传递到喷射混凝土结构。进一步而言，还可通过喷射混凝土传递至具有自承能力的围岩介质。如果采用喷射混凝土自防水方案（SSL2），借助喷射混凝土层间黏结强度及喷层—岩面黏结强度（一般情况均大于0.5MPa）可以将水压力荷载传递至外层喷射混凝土及围岩。

5.4.3 高水头深埋隧道的"单一型衬砌"

对于高水头的深埋隧道，如果要采用"单一型衬砌"，关键问题在于水压力荷载的缓解，应按5.3.2节（图5-14）所述，在施作喷射防水膜（SSL1）或内层喷射混凝土（SSL2）前设置盲沟疏排系统缓解水压力荷载。

尽管有些麻烦，但是在深埋隧道采用"单一型衬砌"的案例并不鲜见。除了瑞士菲尔艾娜隧道和挪威莱达尔隧道外，早在20世纪80年代，瑞士Furka深埋隧道就采用了"单一型衬砌"（图5-22）。从图5-22b）衬砌结构示意图可以看出，在喷射混凝土层背后设置了排水管和防水层。

a）　　b）

图 5-22　瑞士 Furka 深埋隧道（15.4km，1982 年）

5.5　衬砌结构形式的多样化

现将几种不同的隧道衬砌结构形式、结构组分及其功能示于表 5-8。

表 5-8　隧道衬砌结构形式、结构组分及其功能

衬砌	结 构 形 式	结构组分及其功能			
		承载结构体系		地下水处治体系	
		初期支护	二次衬砌	防水板（膜）	高水头疏排系统
双重型衬砌（DSL）	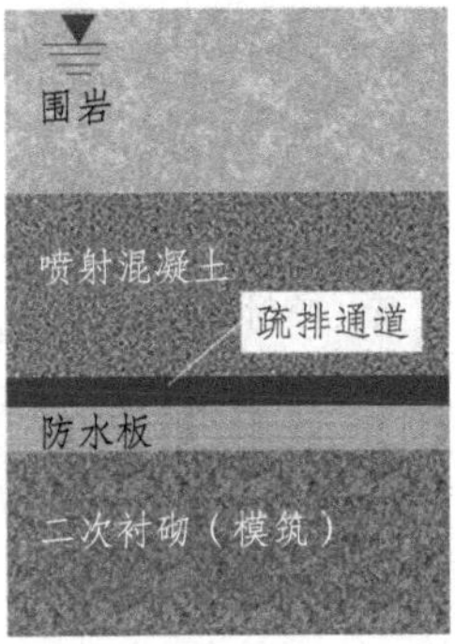	围岩压力	水压力、残余形变压力	防渗漏：防渗漏失效概率偏大 传力介质（压应力）： · 缓释形变压力； · 二次衬砌混凝土防裂	结构简单、排水通畅

续上表

衬砌	结构形式	结构组分及其功能			
		承载结构体系		地下水处治体系	
		初期支护	二次衬砌	防水板（膜）	高水头疏排系统
复合型衬砌（CSL）	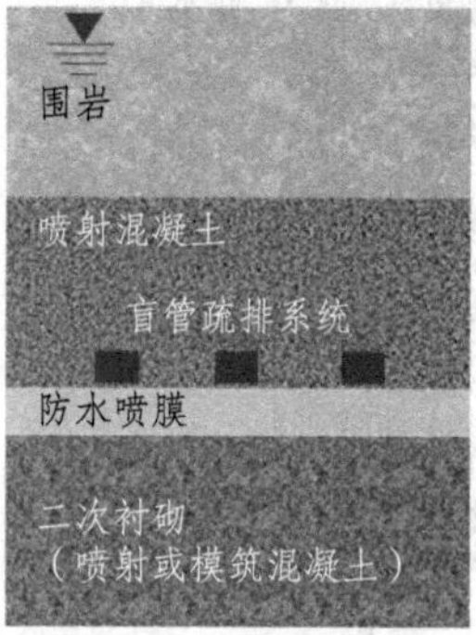	围岩压力 + 水压力		防渗漏：防渗漏失效概率小 传力介质（拉应力、压应力、剪应力） 结构组合	结构稍复杂
单一型衬砌（SSL1）		围岩压力 + 水压力		防渗漏：防渗漏失效概率小 传力介质（拉应力）	结构稍复杂
单一型衬砌（SSL2）	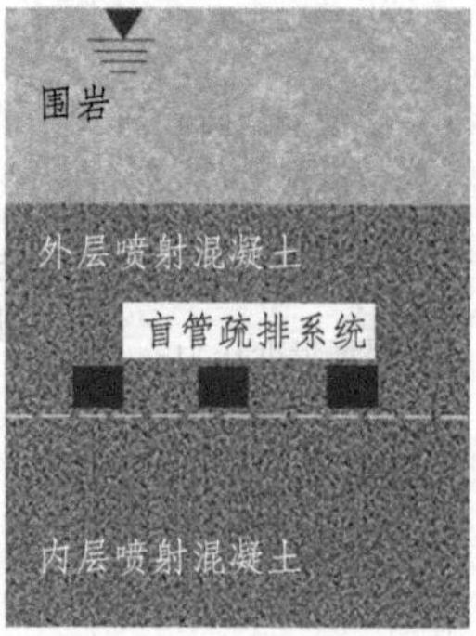	围岩压力 + 水压力		无（喷射混凝土自防水）	结构稍复杂

随着隧道工程技术进步和理念更新，隧道衬砌结构形式不断拓展，这就提供了根据环境条件和隧道服务功能要求不同，选择合理、优化衬砌结构形式的可能。综上所述，可归纳如下：

（1）“双重型衬砌”

这是我国目前矿山法隧道工程普遍采用的衬砌结构形式，《铁路隧道设计规范》（TB 10003—2016）称其为“复合式衬砌”。

由于柔性防水板（包括垫层）的间隔，“双重型衬砌”结构的两大组分——初期支护和二次衬砌的功能分割明确，设计概念清晰。考虑由初期支护承担围岩压力，二次衬砌承担地下水渗流或全封闭衬砌（低水头）诱发的水压力荷载，采用“水岩分算”。

“双重型衬砌”的挂板防水结构有利于地下水的排导，这对高水头地下水情况有特别重要的意义。对于通过地下水疏排，水压力荷载得以消减的情况，二次衬砌只需起到提供整个衬砌结构安全度和耐久性的作用。

当然，对于大量级变形的挤压性围岩，二次衬砌还须承担围岩流变效应引起的“残余形变压力”。

从工艺角度上看，防水板作为二次衬砌的低弹性模量柔性垫层，提供了混凝土无约束自由收缩条件，有益于防止非结构性裂纹的形成，这对衬砌的耐久性起到重要作用。

因此，“双重型衬砌”在目前情况下应该是矿山法隧道工程衬砌结构的主要形式。国际隧道与地下空间协会（ITA）技术报告[61]甚至认为，“对于须疏解高水压力的深埋隧道一类情况，双重型衬砌是唯一可能采用的方案。”

“双重型衬砌”存在的结构整合性问题，通过采取光面爆破技术提高开挖面的平整性，对防水板材料提出与基面平整度相应的柔度要求，以及加大衬砌混凝土物料的流动性等措施，是可以解决的。

（2）“复合型衬砌”

喷膜防水层不但具有很强的防渗漏性能，而且对基面的平整度和三维几何形状有很强的适应性，用以取代挂板防水，从根本上解决了衬砌的整合性问题。同时，防水膜后还能提供硬性基面，为二次衬砌采用喷射混凝土或以喷射工艺敷设的非结构性功能层创造条件。

但是，对喷膜防水的应用条件和工艺的复杂性（主要是对受喷基面的粗糙度和干燥程度的要求）要有足够的认识。用“两面粘”的防水膜会加大衬砌的刚度，不利于围岩变形的释放，冲淡了二次衬砌的安全储备功能。此外，在高水头地下水情况下，地下水的疏排要比“双重型衬砌”复杂得多。因此，在一般情况下，这不是一种值得推荐的衬砌结构形式。

（3）“单一型衬砌”

在对喷射混凝土的不透水性缺乏足够把握的情况下，采用“单一型衬砌”时，还必须附加防水喷膜和相应的保护层，见表 5-8 中 SSL1。这样一来，又增加了施工的复杂性。

采用如表 5-8 中 SSL2 所示清一色的喷射混凝土，无论从技术上还是经济上都是理想的方案，高性能喷射混凝土的韧性和不透水性的技术开发成果，以及锚杆—喷射混凝土对不同类型围岩的支护能力的研究成果，为此提供了可行性。

采用“单一型衬砌”的关键技术仍然在于高水头地下水的疏排，盲管疏排系统设置在内喷层和外喷层之间的喷层中，也可设置在围岩和外喷层之间[63]。

从经济和技术角度上看，“单一型衬砌”形式的开发和完善具有重要意义。从目前条件上看，至少在地下水低水头情况下，采用全封闭的“单一型衬砌”是一种优选。

附 录

术语的更新

随着技术的发展和理念的更新，隧道工程的术语不断丰富、完善，并力求科学、准确。兹将本书中几个不同于技术文献流行的术语列于下表。

本书使用的术语		文献中流行的其他表述	
中文	英文	中文	英文
设计计算模型			
作用和反力模型	Action and Reaction Model	荷载—结构模型	
连续体模型	Continuum Model	地层 + 结构模型	
收敛—约束模型	Convergence-Confinement Model		
围岩压力荷载			
离散压力	Discrete Pressure	松散压力	Loosening Pressure
形变压力	Genuine Pressure		
隧道衬砌类型			
双重型衬砌	Double Shell Lining (DSL)	复合式衬砌	Composite Lining
单一型衬砌	Single Shell Lining (SSL)	喷锚衬砌 单层衬砌	Shotcrete and Rockbolt Lining
复合型衬砌	Composite Shell Lining (CSL)		
岩体分级			
岩体品质	Rock Mass Quality	岩体质量	

INNOVATIVE CONCEPTS IN

CONVENTIONAL TUNNELLING

参考文献

[1] Heinz Duddeck. Views on structural design models for tunnelling, Synopsis of answers to a questionnaire [R]. Braunschweig: Technische Universitat Braunschweig, 1981.

[2] 国家铁路局 . 铁路隧道设计规范 :TB 10003—2016 [S]. 北京 : 中国铁道出版社 , 2017.

[3] 范文田 . 铁路隧道围岩压力的计算 [J]. 铁路标准设计通讯 , 1975 (06):37-41.

[4] 王建宇 . 喷锚支护原理和设计 [M]. 北京 : 中国铁道出版社 , 1980.

[5] 徐志英 . 岩石力学 [M]. 北京 : 水利电力出版社 , 1993.

[6] 铁道部工程设计鉴定中心 , 等 . 软弱围岩隧道变形特征与稳定性控制技术 [R]. 北京 , 2014.

[7] 铁道部第二勘测设计院 . 铁路隧道设计规范 :TB 10003—2005 [S]. 北京 : 中国铁道出版社 , 2005.

[8] M Panet, A Guenot. Analysis of convergence behind the face of a tunnel[C]// Tunnelling 82, IMM, Brighton, 1982.

[9] W Schubert. The development of the observational method[J]. Geomechanik und Tunnelbau, 2008, (5): 352-357.

[10] 梁炯鋆 . 岩土工程技术与概念发展 [M]. 北京 : 中国矿业大学出版社 , 1998.

[11] Hideo Wagatsuma. Clean capsule treatment plant[R]. Tokyo:Japan Tunnelling Association, 1998.

[12] E Hoek. Big tunnels in bad rock [J]. ASCE Journal of Geotechnical and Geoenvironmental Engineering, 2001, 127 (9): 726-740.

[13] Marc Vandewall. Tunnelling is an Art[M].Zwevegem: NV Bekaert SA, 2005.

[14] Olav Torgeir Blindheim, et al. Norwegian sub_sea tunnelling[J]. Sustainable Underground Concepts, 2006 (15).

[15] European specification for sprayed concrete[S]. EFNARC, 1999.

[16] Testing sprayed concrete-Part5:Determination of energy absorption capacity of fibre reinforced slab specimens: EN 14488-5 [S]. 2006.

[17] 胡元芳 . 隧道工程钢纤维喷混凝土支护力学原理 [D]. 北京 : 铁道部科学研究院 , 2002.

[18] 王建宇 . 隧道工程的技术进步 [M]. 北京 : 中国铁道出版社 , 2004.

[19] Bekaert. Dramix safe concrete reinforcement for safe shotcrete structures test [J]. Specify and Build. 2008: 18.

[20] 王梦恕 , 等 . 中国隧道及地下工程修建技术 [M]. 北京 : 人民交通出版社 , 2010.

[21] Махно Е Я. К вопросу о расчете штанговой крепи[J].Уголь, 1959, (5).

[22] М Протодьяконов. Вопросы разрушения и давления горных пород[M]. Москва: Углетехиздата, 1955.

[23] 铁道部科学研究院西南研究所 . 地下工程锚杆—喷混凝土支护设计理论及施工方法实验研究报告 [R]. 上海 : 同济大学科技情报组 , 1978.

[24] L Mueller. Introductory Lecture, Rock Mechanics[M]. Udine, 1974.

[25] M Panet. Ground reinforcement by bolts in tunneling[C] // Ⅱ Consolidamento del Suolo e delle Rocce nelle Realizzazioni in Soteraneo. Milan: Cocieta Italiana Gallerie, 1991.

[26] 王思敬 , 杨志法 , 刘竹华 . 地下工程岩体稳定分析 [M]. 北京 : 科学出版社 , 1984.

[27] Pietro Lunardi. The design and construction of tunnels using the approach based on the analysis of controlled deformation in rocks and soils[J]. T & T, International special supplement, 2000, 5.

[28] Pietro Lunardi. Design and Construction of Tunnels, Analysis of Controlled Deformations in Rock and Soils (ADECO-RS)[M]. Berlin Heidelberg: Springer-Verlag, 2008.

[29] Giuseppe Lunardi, et al. ADECO & NATM comparison: the case of višňové tunnel[C] // ITA-AITES World Tunnel Congress, 2018.

[30] 中铁第一勘察设计院集团有限公司 . 铁路挤压性围岩隧道技术规范 :Q/CR 9512—2019 [S]. 北京 : 中国铁道出版社 , 2019.

[31] L Gantieni, G Anagnoston. The interaction between yielding supports and squeezing ground [J]. Tunnelling and Underground Space Technology (2009) 24: 309-322.

[32] 铁道部工程管理中心 . 乌鞘岭特长铁路隧道修建技术与工程管理 [M]. 成都 : 西南交通大学出版社 , 2009.

[33] 中铁二院工程集团有限责任公司 . 玄真观隧道有砟轨道方案汇报材料 [R]. 成都 , 2014.

[34] 孙韶峰 , 袁竹 , 赵万强 . 高地应力区砂泥岩地层隧道开裂原因分析及处理原则 [R]. 成都 , 2014.

[35] Giovanni Barla. Tunnelling under squeezing rock conditions [R]. Torino: Department of Structural and Geotechnical Engineering, Politecnico di Torino, 1995.

[36] E Hoek, P Marinos. Predicting tunnel squeezing problems in weak heterogeneous rock masses[J]. Tunnels and Tunnelling International, 2000.

[37] G Anagnoston, L. Gantieni. Design and analysis of yielding support in squeezing ground [C]// 11th ISRM Congress, The Second Half-Century of Rock Mechanics, Lisbon, 2007.

[38] Giovanni Barla, et al. Time dependent deformation in squeezing tunnels[J]. International Journal Case Hostories, 2010, 2 (1): 40–65.

[39] 王石春，何发亮，李苍松．隧道工程岩体分级 [M]. 成都：西南交通大学出版社，2007.

[40] 近藤敏達．NATM 調査・計測と施工管理の問題点 [J]. 施工技術，1977.

[41] 谭成中．圆梁山隧道特殊岩溶段处理[C]. 岩溶地区隧道修建技术专题研讨会论文集，北京，2004.

[42] 中铁西南科学研究院．不同防排水方式下衬砌背后水压力特征的模型试验 [R]. 成都，2003.

[43] 张有天．岩石隧道衬砌外水压力问题的讨论 [J]. 现代隧道技术，2003 (3): 1–4, 10.

[44] J D Chabot. Draining underground tunnels [J].Tunnel, 2002 (2): 19.

[45] Eda de Quadros, Nick Barton. Short Course Engineering and hydraulics in rock tunnelling[R]. Singapore: Tunnelling and Underground Construction Society, 30th November–1st, 2000.

[46] 黄涛，杨立中．山区隧道用水量计算中的双场耦合作用研究 [M]. 成都：西南交通大学出版社，2002.

[47] 张有天，张武功．隧洞水荷载的静力计算 [J]. 水利学报，1980 (3): 52–62.

[48] 张有天，张武功，王镭．再论隧洞水荷载的静力计算 [J]. 水利学报，1985 (3): 22–32.

[49] Katsuji Akita, et al. Evaluation of long–term properties and performance of grouting material based on cement and sodium silicate grouted in undersea tunnel[C]. Proceedings of the World Tunnel Congress.

[50] 关宝树．矿山法隧道关键技术 [M]. 北京：人民交通出版社股份有限公司，2016.

[51] 郑波．隧道衬砌水压力荷载的实用化计算研究 [D]. 北京：中国铁道科学研究院，2010.

[52] 中铁十八局集团有限公司，中铁西南科学研究院．雪峰山隧道进口段衬砌开裂机理及处理措施研究 [R]. 天津，2011.

[53] 赵东平，喻渝．中英钻爆法铁路隧道设计方法比较研究 [J]. 铁道标准设计，2014, 58 (05): 99–104.

[54] 曾满元，陈赤坤，赵东平．中日铁路隧道工程技术标准对比分析研究 [J]. 铁道标准设计，2010 (S1): 27–32.

[55] Arne Grønhaug. Tunnel kledninger [R]. Norge, 1998.

[56] Eisenbahn tunnel planen, bauen und instand halten: DS 8532002–2003 richtlinie 853 [S]. 2003.

[57] Jiang Su, Michal Uhrin, Mott MacDonald. Primary–secondary lining interactions for composite sprayed concrete lined tunnels using sprayed waterproofing membrane[C]. Proceedings of the World Tunnel Congress, 2016.

[58] A H Thomas, R H Dimmock. The design philosophy for permanent sprayed concrete linings[C]. Proceedings of the World Tunnel Congress–Surface Challenges–Underground Solutions, Bergen, Norway, 2017.

[59] Johannes Jäger. Structural design of composite shell linings[C]. Proceedings of the World Tunnel Congress, 2016.

[60] Frank Clement, Karl Gunnar Holter. Experiences with spray applied waterproofing membranes[C]. Proceedings of the World Tunnel Congress, 2016.

[61] ITA tech Activity Group Lining and Waterproofing. ITA tech design guidance for spray applied waterproofing membranes[R]. ITAtech Report, 2013.

[62] NGI Handbook. Rock mass classification and support design using the Q–system[R]. Oslo: NGI, 2015.

[63] 罗朝廷，阳大福，李荣，等. 隧道喷层结构防排水技术及其应用 [C]// 中国土木工程学会 2017 年学术年会论文集，北京：中国城市出版社，2017.